中国社会科学院创新工程学术出版资助项目

金融蓝皮书
BLUE BOOK OF FINANCE

中国金融发展报告（2017）

ANNUAL REPORT ON CHINA'S FINANCIAL DEVELOPMENT (2017)

顾　问／李　扬
主　编／王国刚

社会科学文献出版社
SOCIAL SCIENCES ACADEMIC PRESS (CHINA)

图书在版编目（CIP）数据

中国金融发展报告．2017 / 王国刚主编．-- 北京：
社会科学文献出版社，2017.2
（金融蓝皮书）
ISBN 978-7-5201-0346-6

Ⅰ．①中… Ⅱ．①王… Ⅲ．①金融事业-经济发展-
研究报告-中国-2017 Ⅳ．①F832

中国版本图书馆 CIP 数据核字（2017）第 028760 号

金融蓝皮书
中国金融发展报告（2017）

顾　　问 / 李　扬
主　　编 / 王国刚

出 版 人 / 谢寿光
项目统筹 / 周　丽　冯咏梅
责任编辑 / 冯咏梅

出　　版 / 社会科学文献出版社·经济与管理出版分社（010）59367226
地址：北京市北三环中路甲 29 号院华龙大厦　邮编：100029
网址：www.ssap.com.cn
发　　行 / 市场营销中心（010）59367081　59367018
印　　装 / 北京季蜂印刷有限公司

规　　格 / 开　本：787mm × 1092mm　1/16
印　张：20.25　字　数：266 千字
版　　次 / 2017 年 2 月第 1 版　2017 年 2 月第 1 次印刷
书　　号 / ISBN 978-7-5201-0346-6
定　　价 / 79.00 元

皮书序列号 / PSN B-2004-031-1/7

本书如有印装质量问题，请与读者服务中心（010-59367028）联系

主要编撰者简介

王国刚　江苏无锡人，中国社会科学院学部委员，博士生导师，经济学教授，经济学博士，享受国务院政府特殊津贴。现任中国社会科学院金融研究所所长，兼任国家社会科学基金学科规划评审组专家、中国开发性金融促进会副会长、中国市场学会副会长、中国外汇投资协会副会长、中国金融学会副秘书长兼常务理事、中国城市金融学会常务理事、中国农村金融学会常务理事、中国城市经济学会常务理事等职，曾任江苏兴达证券投资服务有限公司总经理、江苏兴达会计师事务所董事长、中国华夏证券有限公司副总裁等职。近年来主要从事货币政策、金融运行和资本市场等相关理论与实务问题研究，出版《中国企业组织制度的改革》《资本账户开放与中国金融改革》《中国金融改革与发展热点》《资金过剩背景下的中国金融运行分析》《货币政策与价格波动》《资本市场导论》《中国金融体系改革的总体构架和可选之策》等著作40多部，发表论文900多篇，主持过近百项科研课题，其中省部级重大、重点课题40多项，获得“孙冶方经济科学奖”和40多项省部级以上科研教学奖。

摘　要

《中国金融发展报告（2017）》是中国社会科学院金融研究所组织编写的年度性研究报告，旨在对2015年第四季度至2016年第三季度中国货币政策运作、金融运行和金融发展的主要情况进行概括和分析，对此期间发生的一些主要金融事件展开研讨和评论，以期弄清中国货币金融运行的内在机理和操作机制。本报告由三部分构成，分别对2016年的“中国宏观金融形势”“中国金融业发展”“中国金融市场运行”进行了全面系统的回顾和梳理，并对2017年的货币政策、金融运行等进行了简要展望。本报告可为金融监管部门、高校、科研机构、各类金融机构等开展相关研究提供参考，也有助于国际机构和学界了解中国金融改革与发展的最新进展。

Abstract

Annual Report on China's Financial Development (*2017*), as the annual report of Institute of Finance and Banking, Chinese Academy of Social Sciences, aims to summarize and analyze the various aspects of China's financial developments and practices during the period from October 2015 to September 2016, while making discussion and review on major financial events. The report consists of three parts, which cover China's monetary policy and financial dynamics, development of financial industries, and operation of financial markets in 2016, as well as providing a concise outlook of China's monetary policy and financial operations in 2017. The report can be a useful reference for scholars, financial professionals, and policy makers. It also contributes to foreign academic understanding of China's financial development.

前　言

《中国金融发展报告（2017）》是中国社会科学院金融研究所组织编写的年度性研究报告，旨在对2015年第四季度至2016年第三季度中国货币政策运作、金融运行和金融发展中的主要情况进行概括和分析，对此期间发生的一些主要金融事件展开研讨和评论。

与《中国金融发展报告（2016）》相比，本报告在结构、内容和篇幅等方面没有大的调整，报告主要数据的截止时间为2016年9月。但根据中国金融业的发展状况，本报告在“中国金融市场运行”篇中增加了“互联网金融”一章。这是因为，2010年以后互联网金融快速发展，泥沙俱下，成为备受瞩目的重要金融现象。2015年7月，中国人民银行等十部委发布了《关于促进互联网金融健康发展的指导意见》，强调指出要按照“鼓励创新、防范风险、趋利避害、健康发展”的总体要求，从金融业健康发展全局出发，进一步推进金融改革创新和对外开放，促进互联网金融健康发展。2016年10月，国务院办公厅公布了2016年4月12日出台的《互联网金融风险专项整治工作实施方案》，以“鼓励和保护真正有价值的互联网金融创新，整治违法违规行为，切实防范风险，建立监管长效机制，促进互联网金融规范有序发展”。此轮专项整治之后，中国互联网金融的发展将迈上新的征程。

2016年是“十三五”规划的开局之年，在推进供给侧结构性改革过程中，货币政策运作和金融运行有三个特点。第一，有效改善了货币金融的供给结构。实体经济部门的供给侧结构性问题在一定程度上是由货币金融的供给不协调引致的。为了支持供给侧结构性改革，货币当局不仅强化了流动性管理，通过货币供给机制创新和结构性调整，加大了向实体经济部门的资金投放力度，而且强化了货币政策的针对性、灵活性和前瞻性，保障了在“去产能、去库存”过程中的货币金融运行平稳。第二，强化股债结合，加快了“去杠杆”的步伐。2016 年 10 月，国务院出台了《关于积极稳妥降低企业杠杆率的意见》，强调要“以市场化、法治化方式，通过推进兼并重组、完善现代企业制度强化自我约束、盘活存量资产、优化债务结构、有序开展市场化银行债权转股权、依法破产、发展股权融资，积极稳妥降低企业杠杆率”。一年多来，通过投贷联动、债转股、股权融资和并购重组等机制，有效推进了“去杠杆”的进程。第三，加大了防范和化解金融风险的力度。在供给侧结构性改革过程中，一些实体企业的经营陷入窘迫之地，信用违约风险增大，同时，地方政府的债务风险也在增大，进而引致商业银行等金融机构的不良贷款率上升。对此，相关监管部门出台了一系列防范和化解金融风险的举措，推进了相关机制的建设。

通过多年来编写《中国金融发展报告》的实践，我们深深地感到，中国金融发展和改革是一个复杂庞大且持续展开的系统工程。我们的概括、分析和探讨只是其中的有限视角、有限方面和有限内容，因此，要比较系统地了解与把握中国金融发展和改革的脉络、规律及走势，一方面需要更加系统地参阅其他文献和资料，另一方面需要将各年的《中国金融发展报告》和其他相关文献作为一个连续性的过程，通过对比分析，探究各种变化的内在机理和机制。中国的经济和金融发展是人类社会历史上有着自身特点的实践过程，在解读和认识中国经济和金融运行走势时，切忌简单按照西方教科书的原理以“对号入座”的方式理解中国实践中的各种现象和问题。

本报告是中国社会科学院金融研究所的集体研究成果，作者主要由金融研究所的研究人员、博士后和博士生等组成。李扬对本报告的写作进行了指导，王国刚对本报告进行了统编、修改和定稿，刘戈平对本报告的格式等进行了编辑加工。由于本报告的作者已在各章中署名，在此不再一一列出。

我们一如既往地期盼各种批评和建议。

编 者

2016 年 11 月 25 日

目　录

Ⅰ　总报告

Ⅱ　上篇　中国金融业发展

Ⅲ　下篇　中国金融市场运行

皮书数据库阅读**使用指南**

CONTENTS

I General Report

II The First Part: Development of China's Financial Industries

III The Second Part: State of China's Financial Markets

总 报 告

General Report

B.1
2016年的中国宏观金融形势

费兆奇*

摘 要： 2016年，全球经济依然处于漫长而艰辛的复苏历程，中国经济在筑底的过程中加快推进供给侧结构性改革。在此背景下，本报告首先从货币供应量与基础货币、信贷、社会融资规模、货币市场、资本市场、外汇储备与外汇市场等角度对2016年的中国金融运行态势进行了描述和分析；其次对2016年中国货币政策操作的特点进行了评述；最后对中国2017年的经济形势做出了简要的判断，认为2017年中国宏观调控需要在“稳增长、调结构与防风险”之间寻求平衡。在此背景下，稳健的货币政策将成为适应国情的

* 费兆奇，经济学博士，中国社会科学院金融研究所货币理论与货币政策研究室副研究员。

现实选择。

关键词： 宏观经济 金融形势 货币政策

一 2016年的中国宏观经济形势

金融危机以来，全球经济在经历了短暂的反弹后，进入深度调整期，其复苏的历程漫长而艰辛，主要体现在以下几个方面。第一，全球经济增速持续下行，从2010年的5.4%下降至2015年的3.2%，据IMF最新预测，2016年全球经济增速将进一步下降至3.1%（见图1）。全球经济潜在增长率近年来一直处于较低水平，金融危机对生产性资本投资、潜在就业、全要素生产率等造成了不同程度的冲击，再加上人口老龄化，这些因素严重制约了全球经济潜在增长率的上升。此外，受总需求持续萎缩的影响，全球经济的实际增速小于潜在增长率呈现长期化趋势。第二，全球通货紧缩的态势在延续。自2011年以来，全球原油价格和大宗商品非燃油价格呈现大幅下滑的走势，二者在2015年的同比增长率分别为-47.2%和-17.5%，虽然2016年有较大幅度的回升，但仍然处于负增长区间。在主要经济体中，美国、欧元区和日本的PPI在2016年尚未脱离负增长区间。第三，全球贸易增速持续下滑。全球贸易增速在危机之前通常是经济增速的1倍多，但在2008年首次滑落至经济增速的下方，并自2012年以后持续低于经济增速。导致贸易增速持续下滑的原因是多方面的，包括总需求萎缩、大宗商品价格下滑、贸易保护主义抬头、全球消费逐渐转向服务业等。为了刺激需求和增加实际产出，频频挑战赤字上限的财政政策、用到极致的货币政策在全球大行其道，其结果是各主要经济体债务激增，利率水平持续下行甚至出现名义负利率，从需求端发力的调控政策面临越来越多的瓶颈。

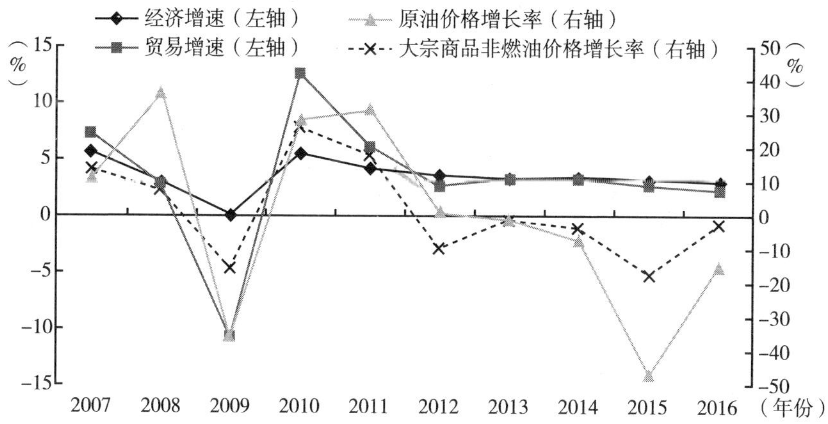

图1　全球经济运行情况

注：2016 年数据为 IMF 预测值。

资料来源：根据 IMF 数据整理。

美国经济复苏不及预期，加息进程更趋谨慎。美国经济在 2015 年表现出了较强的修复能力：GDP 增速达到 2.6%，核心 CPI 稳步上升到 2.1%，失业率下降至 5% 以内，新增非农就业人口在 2015 年末实现了超预期的 292 万人。基于这一系列“光鲜亮丽”的经济数据，美联储于 2015 年 12 月实现了危机以来的首次加息，甚至曾预计在 2016 年还可能加息 4 次。但美联储在量化宽松后的首次加息一度引起全球金融市场的极度混乱，美国自己也深陷其中：不仅美国股票市场明显下跌，美元汇率指数也在加息后迅速下挫。美国金融市场的这一系列表现似乎都在向美联储表示，过快加息将牵绊美国经济复苏的脚步。进入 2016 年，美联储的加息进程更是陷入两难。一方面，美国核心 CPI 在 2016 年前三季度稳定在 2% 的目标值之上；以房地产为首的资产价格不断飙升，美国 20 个大中城市的标准普尔房价指数在 8 月底达到 191.66，逐步逼近 2006 年 7 月 206.52 的历史峰值。另一方面，美国非农就业人数波动较大，且在 8 ~ 9 月未及预期；第二季度 GDP 年化收益率只实现 1.1%，远低于市场预期，IMF 更是将美国

2016 年全年经济增长的预期大幅下调至 1. 6% 。此外，在近年来超低的利率环境下，美国公共部门和私人部门都积累了巨量的债务，在经济增速不及预期的背景下，加息进程的提速无疑会刺破美国庞大的债务泡沫，再加上全球政治、经济运行的不确定性加剧，美联储的加息进程（包括加息的幅度和频率）更趋谨慎。日本经济陷入通货紧缩，负利率短期难逆转。日本央行于 2016 年 1 月推出名义负利率政策，以期提振经济，但量化加码和负利率未能将日本经济拉出通货紧缩状态。2016 年以来日本的 CPI、核心 CPI 和 PPI 全面落入零值以下运行：CPI 和核心 CPI 由 2015 年末的 0. 2% 和 0. 1% 均跌至 2016 年 8 月的 -0. 5% ；PPI 延续 2015 年的负增长态势，其负值缺口未见缩窄迹象。一系列数据表明，日本距离 2% 的通胀目标渐行渐远。虽然日本 2016 年第二季度的 GDP 年化增速高于预期，但日本经济在近年来波动较大，季度之间常交替出现扩张和收缩，增大了经济前景的不确定性。综合上述分析，即使日本央行内部对负利率的分歧较大，短期内也难踩急刹车，甚至会呈现加码的趋势。欧元区经济复苏充满变数，量化宽松政策恐延长。2016 年 6 月以来，欧元区 CPI 逐步脱离负值区间，在 9 月末实现 0. 4% ，核心 CPI 更是接近 1% 的水平，但欧元区同样面临经济增长波动较大的问题。例如，GDP 经季调后的年化增速从第一季度的 2. 1% 大幅下探至第二季度的 1. 2% ，第三季度末，欧元区经济景气指数又快速升至 104. 9，高于预期值（103. 5）和长期均值（100. 0），这意味着 GDP 增速可能出现显著回升。此外，英国脱欧对欧洲主要经济体的影响尚不确定。综合来看，欧元区的经济复苏仍然充满诸多变数，在量化宽松政策结束之前，欧洲央行存在进一步延长量化宽松时间的可能。

2016 年中国经济在保增长的基础上，大力推进供给侧结构性调整。主要指标符合预期，且有部分指标不断优化。经济增长呈现企稳迹象：2016 年前三季度的经济增速均为 6. 7% ；工业增加值和工业企业利润增速分别回升至9月的6.0%和8.4%；PMI指数由2015年末的49.7升至2016年9月的50.4。物价水平平稳回升：CPI同比增速在2.0%的水平小幅波动；PPI同比增速结束了长达四年半的负增长，在9月转正，实现0.1%的同比增长；GDP平减指数结束了2015年的负增长，并在2016年9月稳步升至0.7%。经济结构持续优化：2016年前三季度，第三产业产值占GDP的比重升至52.8%，对GDP的贡献率达到58.3%；消费对GDP的贡献率升至71.0%；高新技术产业和装备制造业发展快于一般工业。就业市场表现良好：2016年前三季度城镇新增就业人口10667万人，提前完成预定目标；31个大城市城镇调查失业率降至5%以下。“三去一降一补”取得阶段性成果：在“去产能”方面，钢铁和煤炭行业在2016年前三季度已完成全年“去产能”目标任务量的80%以上；在“去库存”方面，全国商品房待售面积同比增速持续下行，从2016年初的15.6%快速下降至9月的4.7%；在“降成本”方面，全国公共财政收入同比增速从2016年初的8.4%下降至9月的5.9%，自第三季度以来持续低于同期经济增长水平；金融机构人民币贷款加权平均利率稳步下降，2016年6月的利率水平为5.26%，低于2015年同期的6.04%。

然而，转型期的中国经济仍然面临诸多挑战，2016年出现了一些新问题。第一，民间投资增速大幅下滑。2016年以来，民间投资增速从2015年末的10.10%快速下滑至2016年9月的2.47%。由于民间投资自2012年以来就占据了我国固定资产投资60%以上的份额，因此民间投资的任何波动都将对全国经济的运行带来重要影响。导致民间投资增速下滑的主要原因有二。一是制造业增速快速下滑和基础设施投资瓶颈的双重挤压。我国民间资本在制造业领域占据很高的比重，如2016年9月高达87.11%；制造业投资增速在近年来大幅下滑，直接拉低了民间投资的增速。此外，受基础设施投资瓶颈的制约，民间资本在基础设施领域占据较低的比重，2016年9月为

25.61%，这意味着基础设施投资在2016年的快速增长对民间投资增速的贡献非常有限。二是民营企业的内源性融资不足。由于我国民营企业外部融资的溢价较高，其投资的资金来源一直以自筹资金为主体：在我国固定资产投资的资金来源中，自筹资金所占的比重近年来一直在60%~70%的区间内波动。但在2016年初，固定资产投资资金来源中的自筹资金增速发生了大幅下滑，从2015年12月末的9.50%垂直跌落至2016年2月的-3.10%，之后虽有反弹，但力度微弱。从时间上看，这与民间投资增速在2月的“断崖式”下跌是一致的。第二，M1、M2增速剪刀差持续拉大。2015年10月以来，我国狭义货币M1和广义货币M2增速剪刀差持续拉大，截至2016年9月，虽然这一剪刀差有所回落，但仍然处于13.2个百分点的高位。导致剪刀差的原因是多方面的，其中最需要引起重视的是，宏观经济下行压力使得大量非金融企业持币观望，虽然市场中的资金比较充裕，但并不愿意投向实体经济。与此相佐证的一个现象是，在我国贷款增速相对平稳的背景下，固定资产投资增速近年来持续下滑，导致我国固定资产投资增速自2015年起持续低于贷款增速，这说明放出去的货币没有变成实际投资。第三，“保增长、去库存与去杠杆”之间的权衡。我国商品房销售面积在2016年前三季度的累计增速高达26.9%，比上年同期高出19.4个百分点。房地产行业的持续火热一方面使得“去库存”取得了显著成效，全国商品房待售面积的同比增速快速下行，9月仅为4.7%，比上年同期低11.7个百分点；另一方面对经济增长的拉动效应十分明显，房地产行业在2016年前三季度对GDP的累计同比贡献率高达8.02%，比上年同期高出5.02个百分点。然而，其成本是杠杆率的不断攀升，9月房地产企业整体负债率已达76.9%；个人购房贷款同比增速自2016年以来节节攀升，9月高达33.4%，比上年同期高出12.5个百分点。虽然我国居民部门的杠杆率较低，2015年仅为39.5%，但我国居民部门在近5年的时间里负债率上升速度很快，其幅度已超过了50%。因此，降低房地产企业过高的杠杆率，同时避免居民部门杠杆率过快上升，成为“去杠杆”任务中的一个重要问题。综合上述分析，如何协调“保增长、去库存与去杠杆”之间的关系，成为未来宏观调控的一道难题。

二　2016年的中国货币政策与金融运行态势

（一）货币供应量与基础货币

1. 货币供应量变化趋势

过去的10年间，M1和M2增速一直保持较高的水平，平均增速分别达到14.7%和16.3%。其中，为应对金融危机的负面冲击，我国政府从2008年第四季度开始启动了“四万亿经济刺激计划”，此期间M1和M2增速一度达到39.0%和29.7%，创历史新高。2012年之后，M2基本围绕在一个较平稳的水平上下波动，其中2015年10月至2016年9月M2的平均增速为12.6%，与2014年10月至2015年9月12.0%的增速水平基本持平。但M1则出现了较大幅度的波动，自2015年初起一路攀升，其中2015年10月至2016年9月M1的平均增速为20.8%，超出前一同期水平约15个百分点（见图2）。

同时，2015年10月，M1增速超过M2，之后差距持续拉大。2016年7月，M1与M2增速剪刀差为15.2个百分点，是2000年以来的最大剪刀差，虽然8月和9月剪刀差有所收窄，但仍处在13个百分点左右的高位（见图3）。出现增速剪刀差的原因主要包括以下几个方面。一是宏观经济下行压力较大，大量企业持币观望、谨慎投资，导致单位存款[①]大幅增加，进而拉升了M1的增速。二是自2015

① M1包括流通中的现金及企事业单位活期存款。

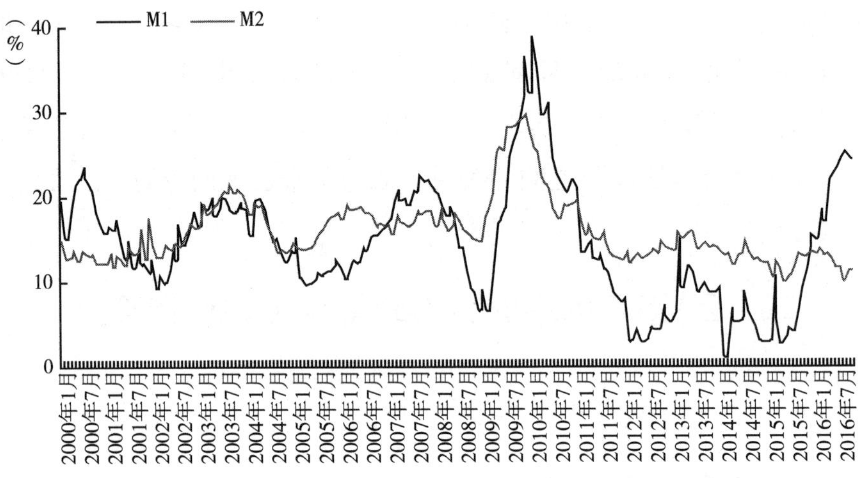

图 2　M1 和 M2 同比增速变化趋势

资料来源：中国人民银行。

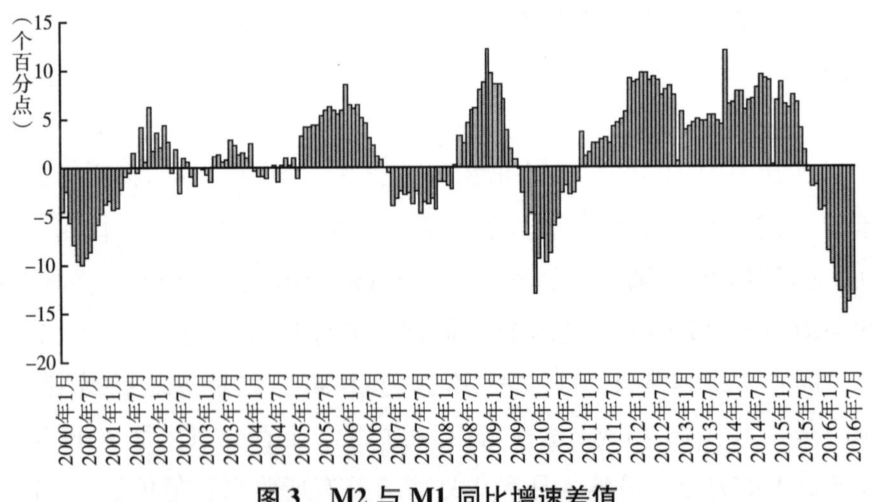

图 3　M2 与 M1 同比增速差值

资料来源：中国人民银行。

年以来中国人民银行多次降准降息，息差收窄后企业持有活期存款的机会成本降低，而且持有定期存款面临的约束较多，企业更倾向于持有活期存款。三是 2016 年初以来，房地产市场出现周期性反弹，交易活跃，销售额和个人按揭贷款均快速增长，而同期房地产投资增速较低，从而导致房地产企业沉淀资金较多，活期存款大量增加。四是2016年初以来地方政府置换债券发行较多，大量资金留存于机关团体账户，导致机关团体存款增加较多。五是相关行业的工业品和土地价格反弹，使周期性行业收入上升，进而带来税收的增加，带动了政府单位活期存款的增加。

2. **基础货币与货币乘数**

2011年以来，基础货币同比增长率总体呈现明显下降趋势，甚至出现了负增长。截至2016年9月末，基础货币余额为29.1万亿元，虽同比增长2.4%，但较2011年9月下降30.4个百分点。近年来，外汇占款增长持续放缓或下降，成为基础货币增速降低的主要原因。年底汇率冲击的风险较大，预计外汇占款将持续下行甚至加速下行。另外，近年来货币乘数持续上升，截至2016年9月末，货币乘数为5.22，较2015年9月末增长7.8%（见图4）。

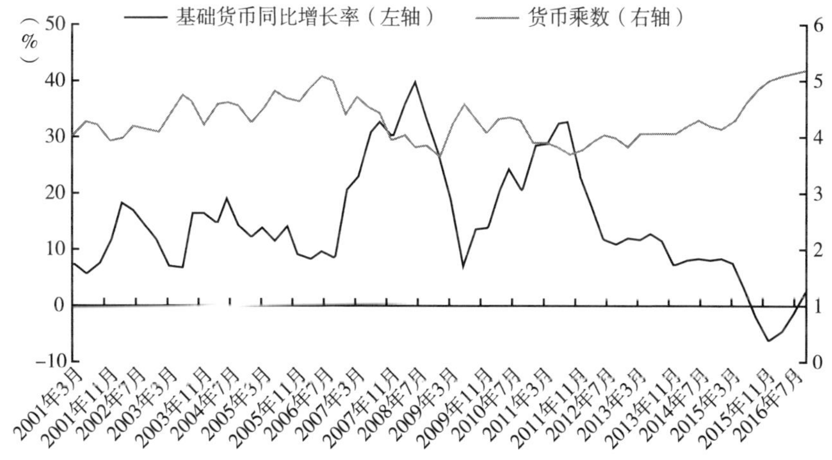

图4　基础货币同比增长率及货币乘数

2015年前三季度，中国人民银行主要通过降低存款准备金率向市场提供流动性，但2016年前三季度，中国人民银行主要通过公开市场逆回购、中期借贷便利及抵押补充贷款等工具向市场提供流动性，凸显货币政策操作方式更加灵活，货币政策工具更趋多元化，货币政策操作的前瞻性、针对性和有效性不断提高。

（二）信贷

1. 信贷总量变化趋势

2016 年 9 月末，金融机构人民币各项贷款余额为 104.11 万亿元，较 2015 年 9 月末增加 11.98 万亿元，同比增长 13%，其中 2016 年前三季度增加 10.16 万亿元。但自 2015 年 9 月以来，各项贷款余额同比增速呈现明显的下降趋势，由 2015 年 9 月的 15.78% 下降至 2016 年 9 月的 13%（见图 5）。总体来看，金融机构贷款较好地促进了实体经济的发展：一是加大了对交通运输等基础设施建设的信贷投放力度；二是个人住房贷款及汽车贷款等消费贷款增长显著；三是进一步加大了对夏粮收购加工、水利和扶贫等涉农领域的支持力度。受民间投资低迷、企业贷款需求乏力、债务置换对信贷存在挤压效应等因素影响，预计信贷总量短期内大幅反弹的可能性不大，2016 年第四季度仍将保持平稳增长。

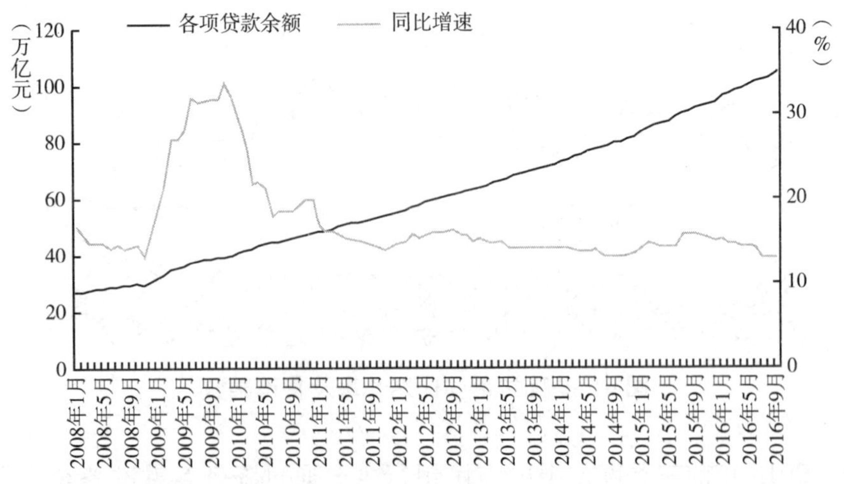

图 5　金融机构人民币各项贷款余额及其同比增速

资料来源：中国人民银行。

2.信贷结构分析

2016 年前三季度金融机构贷款结构呈现以下特点。一是企业贷款企稳回升。截至 2016 年 9 月末，非金融企业及机关团体贷款余额为 71.02 万亿元，同比增长 10.3%，其中 2016 年前三季度增加 5.26 万亿元。从期限看，中长期贷款余额为 37.60 万亿元，占非金融企业及机关团体贷款的比重为 52.9%，同比增长 11.3%；短期贷款余额为 26.01 万亿元，同比增长 4.7%；票据融资、融资租赁规模相对较小，分别为 5.72 万亿元、1.48 万亿元，同比增长 32.5%、25.5%。二是住户经营贷款增速回升。截至 2016 年 9 月末，住户贷款余额为 31.75 万亿元，同比增长 21.4%，其中 2016 年前三季度增加 4.73 万亿元（见表 1）。三是房地产开发贷款增速回落，但个人购房贷款快速增长。截至 2016 年 9 月末，房地产开发贷款余额为 7.04 万亿元，同比增长 7.6%，较上年同期低 11.9 个百分点。个人购房贷款余额为 17.93 万亿元，同比增长 33.4%，保持较快增速。四是“三农”贷款保持平稳增长态势。截至 2016 年 9 月末，农村、农户、农业贷款余额分别为 22.59 万亿元、6.93 万亿元、3.7 万亿元，同比增长 7.1%、15.1%、4.4%。五是小微企业贷款快速增长。截至 2016 年 9 月末，小微企业贷款余额为 19.92 万亿元，较上年同期增长 15.9%，分别比大型和中型企业贷款余额增速高出 6.8 个和 9.9 个百分点。小微企业贷款余额占所有企业贷款余额的比重为 31.4%，较上年同期高出 1.6 个百分点。其中，2016 年前三季度，小微企业贷款余额新增 2.08 万亿元，占所有企业贷款余额增量的 44.3%。

2016 年前三季度个人购房贷款增速较快，在一定程度上拉高了杠杆率，如果继续维持 2016 年上半年的个人贷款投放速度，预计 2016 年全年个人住房贷款杠杆率将接近 45%。可见，房地产“去库存”与“去杠杆”之间存在一定的矛盾，未来如何平衡好“去库存”与“去杠杆”之间的关系将成为宏观经济领域重要的挑战之一。

表1　金融机构人民币信贷收支情况

单位：亿元

项目	2015年3月	2015年6月	2015年9月	2015年12月	2016年3月	2016年6月	2016年9月
各项贷款	859069	887947	921337	939540	985613	1014859	1041138
(一)境内贷款	856785	885445	917947	936387	982366	1011385	1037376
1. 住户贷款	240384	251030	261515	270214	282755	299767	317526
(1)短期贷款	82871	86979	88565	89006	90497	92287	94273
消费贷款	33634	37059	38840	41008	42024	44100	46500
经营贷款	49237	49919	49725	47998	48472	48187	47774
(2)中长期贷款	157513	164052	172950	181208	192259	207480	223253
消费贷款	126934	132621	140775	148512	158729	172873	187397
经营贷款	30580	31431	32175	32696	33530	34607	35856
2. 非金融企业及机关团体贷款	610996	630088	643631	657633	691731	702833	710199
(1)短期贷款	243895	246710	248475	253371	262344	263279	260123
(2)中长期贷款	323587	332046	337861	344182	364529	369996	375982
(3)票据融资	30769	37817	43128	45756	49417	53218	57152
(4)融资租赁	10497	11254	11813	12398	13252	14195	14826
(5)各项垫款	2248	2261	2353	1927	2189	2145	2116
3. 非银行业金融机构贷款	5404	4327	12801	8539	7880	8785	9652
(二)境外贷款	2284	2502	3391	3153	3247	3474	3761

资料来源：中国人民银行。

3. 信贷资产质量变化

2011年底以来，商业银行资产质量持续恶化，不良贷款额和不良贷款率总体均不断攀升。截至2016年6月末，商业银行不良贷款额为 1.44 万亿元，较上年同期增加 3454 亿元；不良贷款率为 1.75%，较上年同期上升 0.25 个百分点（见图 6）。虽然不良贷款额增幅仍然较大，但商业银行资产质量持续下行态势有所减缓，尤其是 2016 年第二季度不良贷款率与第一季度持平是近年来少见的现象；关注类贷款余额较 2016 年初增长 4342 亿元，增幅已明显低于上年同期水平；拨备覆盖率和贷款拨备率均略有上升，且均高于监管要求，总体风险抵补能力保持稳健。

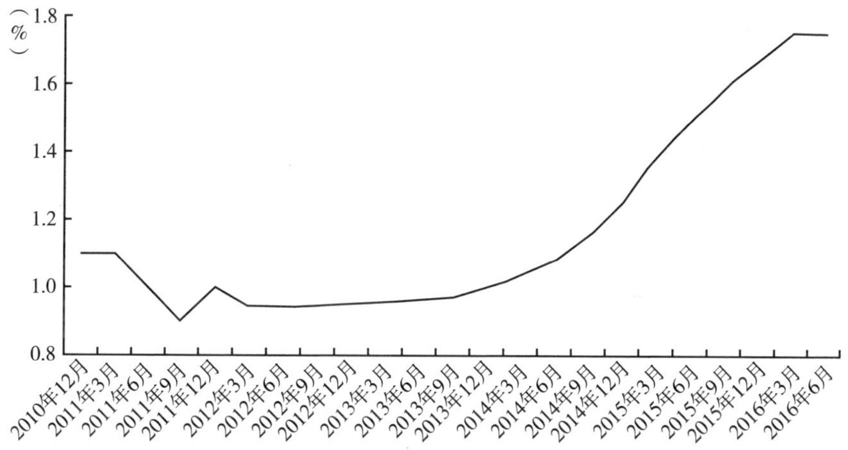

图 6　商业银行不良贷款率

资料来源：中国银监会。

虽然商业银行风险管控和不良资产核销力度不断加大使得资产质量持续下行的压力有所缓解，但是受小微企业风险持续暴露、产能过剩以及僵尸企业加速出清、债券市场违约风险进一步扩散、房地产市场深度分化等因素的影响，预计短期内商业银行不良贷款额和不良贷款率会小幅攀升，但资产质量总体仍处于风险可控范围内。

（三）社会融资规模

从增量上看，2016 年前三季度社会融资规模为 13.47 万亿元，较上年同期增加1.53万亿元。其中，人民币贷款增量为10.00万亿元，较上年同期增加1.01万亿元，占同期增加总量的66.0%；委托贷款增量为1.51万亿元，较上年同期增加0.5万亿元，占同期增加总量的32.7%；信托贷款增量为0.48万亿元，较上年同期增加0.42万亿元，占同期增加总量的27.5%；企业债券增量为2.61万亿元，较上年同期增加0.76万亿元，占同期增加总量的49.7%；非金融企业境内股票融资增量为0.96万亿元，较上年同期增加0.42万亿元，占同期增加总量的27.5%。外币贷款增量为-0.46万亿元，较上年同期减少0.19万亿元；未贴现银行承兑汇票增量为-2.05万亿元，较上年同期减少1.46万亿元（见表2）。

表2　社会融资规模增量和存量

单位：万亿元

项目	时间	社会融资规模	其中						
			人民币贷款	外币贷款	委托贷款	信托贷款	未贴现银行承兑汇票	企业债券	非金融企业境内股票融资
增量	2014年	16.46	9.78	0.36	2.51	0.52	-0.13	2.43	0.44
	2015年前三季度	11.94	8.99	-0.27	1.01	0.06	-0.59	1.85	0.54
	2015年	15.41	11.27	-0.64	1.59	0.04	-1.06	2.94	0.76
	2016年前三季度	13.47	10.00	-0.46	1.51	0.48	-2.05	2.61	0.96
存量	2014年	122.86	81.43	3.47	9.33	5.35	6.76	11.69	3.80
	2015年前三季度	134.80	90.42	3.20	10.34	5.41	6.17	13.54	4.34
	2015年	138.14	92.75	3.02	10.93	5.39	5.85	14.63	4.53
	2016年前三季度	151.51	102.75	2.63	12.52	5.93	3.80	17.31	5.49

资料来源：中国人民银行。

从存量上看，2016年前三季度社会融资规模为151.51万亿元，较上年同期增加16.71万亿元，增速为12.4%。其中，对实体经济发放的人民币贷款规模为102.75万亿元，较上年同期增加12.33万亿元；占同期社会融资规模的67.8%，占比上升0.7个百分点。委托贷款规模为12.52万亿元，较上年同期增加2.18万亿元；占同期社会融资规模的8.3%，占比上升0.6个百分点。企业债券规模为17.31万亿元，较上年同期增加3.77万亿元；占同期社会融资规模的11.4%，占比上升1.4个百分点。非金融企业境内股票融资规模为5.49万亿元，较上年同期增加1.15万亿元；占同期社会融资规模的3.6%，占比上升0.4个百分点。信托贷款规模为5.93万亿元，较上年同期增加0.52万亿元；占同期社会融资规模的3.9%，占比下降0.1个百分点。外币贷款规模为2.63万亿元，较上年同期减少0.57万亿元；占同期社会融资规模的1.7%，占比下降0.7个百分点。未贴现银行承兑汇票规模为3.80万亿元，较上年同期减少2.37万亿元；占同期社会融资规模的2.5%，占比下降2.1个百分点。

总体来看，2016年前三季度对实体经济发放的人民币贷款规模稳步扩大，同比增长13.6%；而对实体经济发放的外币贷款规模大幅缩减至上年同期水平的82.2%。以企业债券为代表的直接融资规模扩大明显，同比增长27.8%；而未贴现银行承兑汇票规模大幅缩减至上年同期水平的61.6%。委托贷款、信托贷款、非金融企业境内股票融资三项规模持续扩大，同比分别增长21.1%、9.6%、26.5%。

（四）货币市场

2015年以来，为应对经济下行压力，中国人民银行不断补充和完善货币政策工具组合，多次降准降息，有效地保持了银行体系流动性的总体充裕。货币资金利率总体平稳，但呈现“短升长降”的趋势，截至2016年9月30日，隔夜和1周Shibor利率分别报2.33%和2.48%，较上年同期高出0.34个和0.07个百分点；1个月和1年期Shibor利率分别报2.74%和3.03%，较上年同期分别低0.35个和0.39个百分点（见图7）。

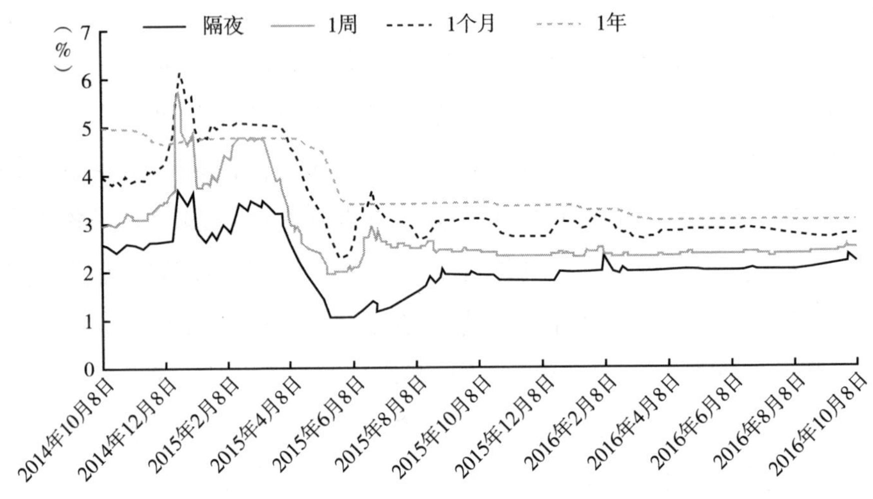

图7　Shibor 走势

资料来源：Wind 资讯。

银行间回购交易量和同业拆借交易量均快速增长。2016 年上半年，银行间市场债券回购累计成交 288.8 万亿元，同比增长 63.6%，较 2015 年上半年下降 22.1 个百分点；同业拆借累计成交 45.2 万亿元，同比增长 83.2%，较 2015 年上半年上升 45.5 个百分点。从期限结构看，隔夜品种是最主要的交易品种，回购和同业拆借隔夜品种的成交量占比分别高达 86.4% 和 88.4%，较 2015 年上半年上升 5.0 个和 8.9 个百分点。从回购和同业拆借市场的融资主体看，主要呈现以下特点。第一，货币市场资金融出方依然是中资大型银行，且 2016 年上半年回购和同业拆借净融出资金 117.8 万亿元，较 2015 年上半年增长 40.9%。第二，证券业机构回购和同业拆借净融入资金大幅增加，2016 年上半年净融入资金 33.7 万亿元，较 2015 年上半年增长 66.0%。第三，中资中小型银行 2016 年上半年回购融入资金相较于 2015 年上半年大幅减少，同时同业拆借融出资金也大幅减少至 414 亿元（见表 3）。

表3　金融机构回购和同业拆借资金净融出与净融入情况

单位：亿元

类别	回购			同业拆借		
	2014年上半年	2015年上半年	2016年上半年	2014年上半年	2015年上半年	2016年上半年
中资大型银行	-302247	-766013	-1062405	-29964	-69873	-115269
中资中小型银行	91888	304201	202445	-20890	-25204	-414
证券业机构	85322	153314	253768	37604	49915	83589
保险业机构	36632	38656	6550	99	38	20
外资银行	-3071	41900	45490	-2576	14604	4682
其他金融机构及产品	91477	227943	554151	15727	30520	27393

注：负数表示资金净融出，正数表示资金净融入。

资料来源：中国外汇交易中心。

（五）资本市场

1. 股票市场

2016年前三季度资本市场呈现以下特点。一是股票市场指数有所下跌，成交额继续减少。截至2016年9月末，上证综合指数收于3005点，较2015年末低534点；深证成分指数收于10567点，较2015年末低2098点。同时，沪深股市成交额逐季下滑，2016年前三季度日均成交额分别为5411.8亿元、5215.4亿元、4995.7亿元。二是上市公司及总股本数量均有所增加，但总市值出现明显下降。截至2016年9月末，上市公司总数达到2952家，较2015年末增加125家，增长4.4%，总股本增加5295亿股，其中流通股本增加3491亿股。总市值为53.29万亿元，较2015年末下降5.16万亿元，下降幅度为8.8%。其中，A股和B股流通市值分别为37.58万亿元和1930亿元，较2015年末下降3.97万亿元和278亿元（见表4）。三是融资融券余额明显下降，市场资金趋于理性。2016年是股票市场“去杠杆”的时期，沪深两市融资融券余额自 1 月降至万亿元以下后，一直维持窄幅波动状态，前三季度融资融券平均余额为 8712.9 亿元，较 2015 年前三季度下降近 40%。总体来看，股票市场投机氛围逐步回落，资金面也逐步回归理性。四是第三季度 IPO 发力，募集资金大幅增加。2016 年上半年发行新股 68 只，募集资金 328.84 亿元。从第三季度开始，IPO 发行明显提速，第三季度共发行新股 65 只，募集资金 484.64 亿元，约为前三季度新股发行募集资金的 60%。

表 4　沪深股市基本数据统计

时间	上市公司总数(家)	上市股票总数(只)	总股本(亿股)	流通股本(亿股)	总市值(亿元)	A 股流通市值(亿元)	B 股流通市值(亿元)
2006 年	1434	1520	14847	5563	103525	23702	1271
2007 年	1550	1636	22312	10182	401297	90734	2510
2008 年	1625	1711	24378	12374	148383	44551	777
2009 年	1718	1804	26207	19720	290727	149618	1775
2010 年	2063	2149	33282	25227	305215	191041	2160
2011 年	2342	2428	36195	28806	250116	163597	1419
2012 年	2494	2579	38488	31321	267849	180142	1533
2013 年	2489	2574	40662	36715	272500	198026	1627
2014 年	2613	2696	43931	39226	428621	314765	1668
2015 年	2827	2909	50093	44018	584464	415548	2208
2016 年 9 月	2952	3024	55388	47509	532885	375819	1930

资料来源：Wind 资讯。

当市场出现大幅波动时，为保护投资者利益，2016 年初股票市场熔断机制正式实施。该机制推出 4 天后，由于沪深 300 指数一度跳水大跌，A 股遇到了历史上的首次“熔断”。但恢复交易后，沪深 300 指数再度下跌，并触及 7% 的关口，上海证券交易所、深圳证券交易所及中国金融期货交易所均暂停交易至收市。第二天开盘之后，再度两次触发熔断，创造了2016年以来的第二次提前收盘。至此，期待已久的熔断机制被迫暂停。从熔断机制的实施效果看，实际效果与预期效果存在较大差距，总体来看负面影响远超正面作用。熔断机制在我国股票市场失败的原因主要包括以下几个方面。一是企业分红比例较低，促使投资者通过频繁买卖赚取价差，成交量大、换手率高成为当前A股市场的重要特征。二是近年来股票市场散户化情况越来越严重，散户投资主要以短线投资为主，通过快进快出赚取价差。三是相对于美国7%、13%和20%的股市熔断阈值，我国分别为5%和7%，熔断间距过小，投资者担心二次触发熔断而被迫在二次熔断前下达卖出交易指令，从而加速触发二次熔断。四是熔断机制推出之时正处于A股的季度脆弱状态之下，市场信心和流动性均需要一定时期的缓和与修复，此时熔断机制的推出无疑加剧了市场恐慌性情绪的蔓延。

我们预计2016年第四季度股票市场仍将保持震荡走势，且波动幅度可能进一步增大。一是随着经济震荡筑底，货币政策持续宽松的预期有所减弱。二是监管机构多次强调要防范和化解金融风险，预计金融监管将进一步趋严。三是随着美国经济回暖，以及美联储年内加息的预期升温，将对全球资产配置走向产生较大影响，加剧市场波动的风险。

2. 债券市场

2016年初以来，我国债券市场主要品种发行规模呈现波动增长态势，前三季度发行规模为11.32万亿元，较上年同期大幅度增加（见表5）。其中，政府支持机构债券、企业债券、资产支持证券、公司债、可交换债、同业存单、外国债券的发行规模环比和同比均有不同程度的增加。非金融企业债券发行期数和发行规模呈现先降后升的趋势，主要原因是2016年第二季度债券违约事件频发导致债券发行取消和推迟的数量较多。非金融企业债券发行最多的企业依然是国有企业，其中2016年第三季度债券发行期数和发行规模在非金融企业债券总发行期数和总发行规模中的占比分别为73.7%和81.2%，与上年同期相比总体保持稳定；外资企业及其他企业债券发行期数和发行规模占比仍然较低。在政策性银行债中，发行规模最大的依然是国家开发银行，其发行规模占政策性银行债的比重为44.1%，与上年同期相当。在非政策性金融债中，发行规模最大的依然是商业银行债券，其发行规模占非政策性金融债的比重保持在40%左右。

表5　债券发行量

单位：次，亿元

类别	2016年9月		2016年前三季度		2015年	
	发行期数	发行量	发行期数	发行量	发行期数	发行量
政府债券	117	5801	1004	74028	1126	58226
记账式国债	11	3066	98	21597	81	18016
储蓄国债(电子式)	0	0	8	1592	10	1859
地方政府债	106	2735	898	50839	1035	38351
央行票据	0	0	0	0	0	0
政策性银行债	32	1521	499	27497	460	25790
国家开发银行	9	481	195	12137	211	11360
中国进出口银行	9	360	86	4560	126	5780
中国农业发展银行	14	680	218	10800	123	8650
政府支持机构债券	4	400	4	400	21	1800
商业银行债券	2	20	46	2652	55	2009
普通债	2	20	46	2652	55	2009
次级债	0	0	0	0	0	0
混合资本债	0	0	0	0	0	0
资本工具	6	176	47	1454	62	2699
二级资本工具	6	176	47	1454	62	2699
非银行金融机构债券	3	80	21	549	22	793
企业债券	52	538	407	4849	303	3431
中央企业债券	0	0	0	0	8	360

续表

类别	2016 年 9 月		2016 年前三季度		2015 年	
	发行期数	发行量	发行期数	发行量	发行期数	发行量
地方企业债券	49	503	383	4607	285	2967
集合企业债	0	0	1	26	2	15
项目收益债	3	35	23	216	8	89
资产支持证券	36	473	194	1716	380	3987
中期票据	0	0	0	0	0	0
集合票据	0	0	0	0	0	0
外国债券	0	0	1	30	0	0
国际机构债券	0	0	1	30	0	0
其他债券	0	0	0	0	0	0
合　计	252	9009	2223	113175	2429	98735

资料来源：中国债券信息网。

截至 2016 年 6 月末，境外机构投资者持有境内人民币债券总规模为 6635 亿元，其中 6 月当月增持 400.9 亿元，较 5 月增持量多 222.9 亿元。境外机构增持人民币的主要原因包括以下几个方面。一是随着债券市场开放力度的不断加大，境外机构投资者进入中国债券市场的限制逐渐减少，中国债券市场日益成为境外机构青睐的市场。二是当前国际金融市场的不确定性持续上升，避险情绪升温。三是中国债券市场是能够长期提供稳定正收益的几个市场之一。四是持有人民币作为储备货币的需求渐增。五是近期人民币贬值预期趋缓。

我们预计未来一个时期债券市场将呈现以下发展趋势。一是随着 2016 年 8 月 31 日《关于构建绿色金融体系的指导意见》的出台和相关机制的不断完善，我国绿色债券市场发展将不断提速。二是随着债券违约风险的持续升温，监管机构将强化债券市场风险监管，监管将进一步趋严。三是随着人民币加入 SDR 货币篮子，我国债券市场的开放水平将进一步提高，熊猫债和境内企业海外发债有望保持稳步增长态势。

（六）外汇储备与外汇市场

改革开放以来，我国的外汇储备规模一直保持较快的增长势头（见图8）。尤其是我国加入WTO以来，外汇储备高速增长，其中2014年6月一度达到3.99万亿美元的历史峰值。之后，外汇储备规模总体呈现明显下降趋势。外汇储备规模由2015年10月的3.53万亿美元下降至2016年9月的3.17万亿美元，每月外汇储备规模同比均有不同程度的下降。其中，截至2016年9月末，外汇储备规模创下自2011年5月以来的新低，同比下降9.9%，并且连续三个月负增长。外汇储备规模此轮下降的原因主要包括以下几个方面。一是中国企业加快实施“走出去”战略，对外投资驶入“快车道”。近年来，中国企业海外投资步伐明显加快，尤其是“一带一路”战略提出以来，中国企业海外投资规模屡创新高。2016年前三季度，我国非金融类企业对外投资1342.5亿美元，同比增长53.7%。二是国际储备结构的优化调整。2016年初以来，中国人民银行逐步减持美国债券，同时增加黄金储备量，黄金储备代替了一部分美国债券。三是受美国加息预期的影响，人民币贬值压力增大，中国人民银行扩大了卖出美元、买入人民币的外汇干预。四是贸易顺差持续下降，在一定程度上影响了外汇储备的来源。

2015年10月以来，人民币汇率持续走低。截至2016年第三季度末，实际有效汇率指数和名义有效汇率指数分别为121.24和116.95，较同期分别下降6.89%和7.32%，尤其是自2016年2月开始，实际有效汇率指数和名义有效汇率指数环比均持续下降（见图9）。当前，人民币贬值的原因主要包括以下几个方面。一是美元升值预期。金融危机爆发后，美联储采取了多轮量化宽松政策，有效刺激了美国经济的复苏。但随着美国经济的逐步企稳，美联储加息的步伐渐行渐近。美国加息预期无疑对即期乃至远期的人民币带来贬值压

图 8　我国外汇储备规模及其同比增速

资料来源：国家外汇管理局。

力。二是降准降息的影响。2015 年以来，中国人民银行多次降准降息，推动人民币贬值。三是外资流入、外汇储备和贸易顺差的减少使得对人民币的需求量下降，在一定程度上导致人民币贬值。

图 9　实际有效汇率指数和名义有效汇率指数（2010 年 =100）

资料来源：Wind 资讯。

三　2016年的中国货币政策操作

2016 年以来，中国经济下行压力虽有所缓解，但仍处于筑底过程中；经济结构调整虽出现积极变化，但基础并不牢固。面对复杂多变的经济、金融运行环境，中国人民银行在坚持稳健货币政策的基础上，灵活运用各种货币政策工具，为经济稳增长和供给侧结构性改革营造了良好的货币金融环境。

（一）公开市场操作

中国人民银行在 2016 年的公开市场操作主要有三个特点。一是在外汇占款余额持续下行的背景下，中国人民银行的公开市场操作以净投放基础货币为主。中国人民银行在 2016 年前三季度通过公开市场操作累计向市场净投放基础货币约 1.7 万亿元，其中通过逆回购、央行票据、短期流动性调节工具（SLO）和国库现金管理分别向市场净投放基础货币 9450 亿元、4008 亿元、2050 亿元和 1900 亿元（见图 10）。从各月份来看，基础货币的净投放主要集中于季节性影响因

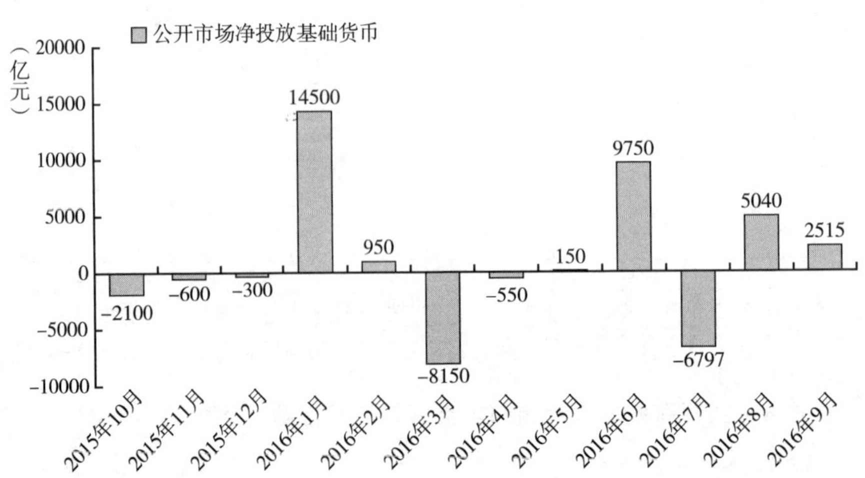

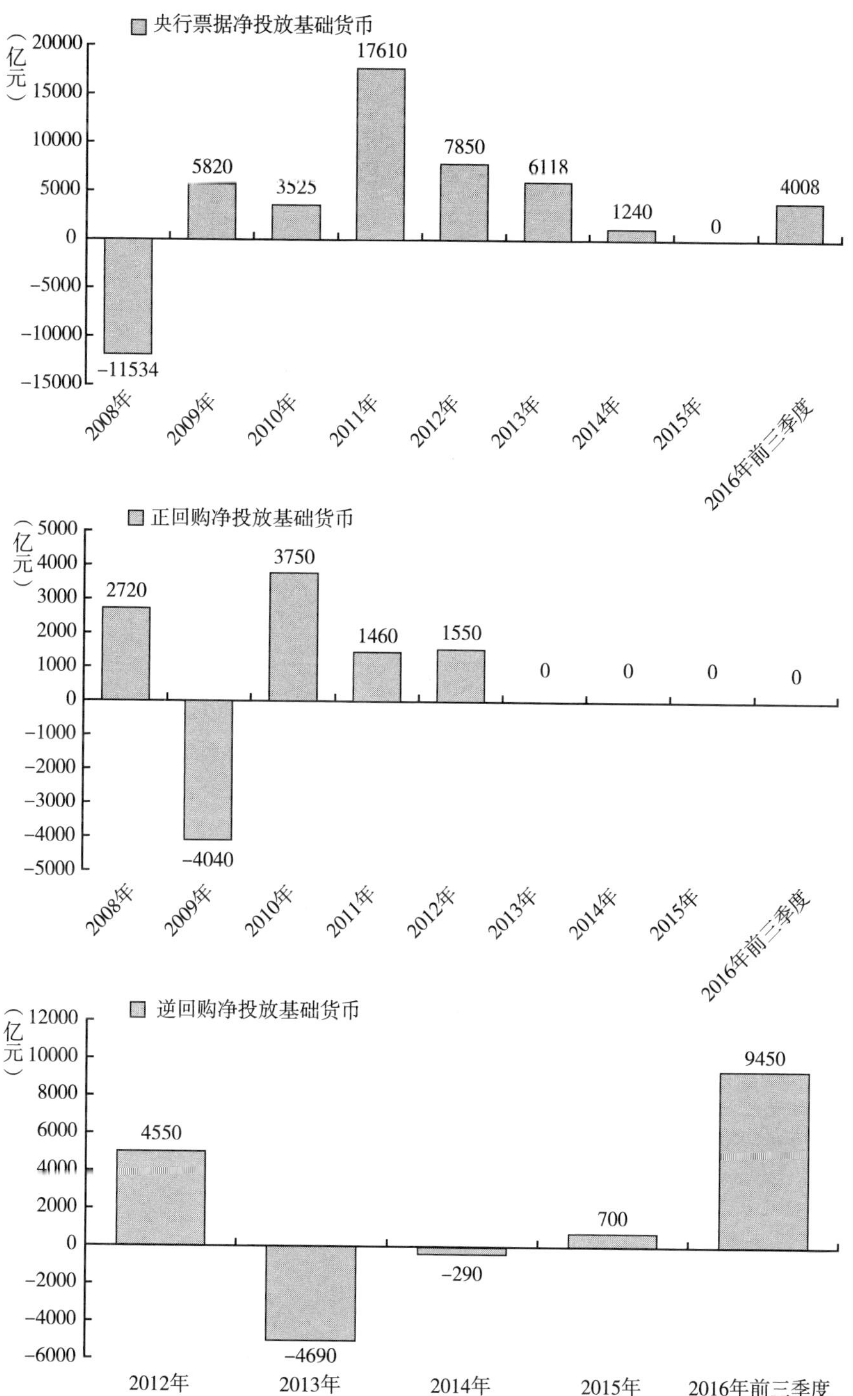

央行票据净投放基础货币
（亿元）
20000
15000
10000
5000
0
-5000
-10000
-15000
-11534
5820
3525
17610
7850
6118
1240
0
4008
2008年
2009年
2010年
2011年
2012年
2013年
2014年
2015年
2016年前三季度
正回购净投放基础货币
（亿元）
5000
4000
3000
2000
1000
0
-1000
-2000
-3000
-4000
-5000
2720
-4040
3750
1460
1550
0
0
0
0
2008年
2009年
2010年
2011年
2012年
2013年
2014年
2015年
2016年前三季度
逆回购净投放基础货币
（亿元）
12000
10000
8000
6000
4000
2000
0
-2000
-4000
-6000
4550
-4690
-290
700
9450
2012年
2013年
2014年
2015年
2016年前三季度

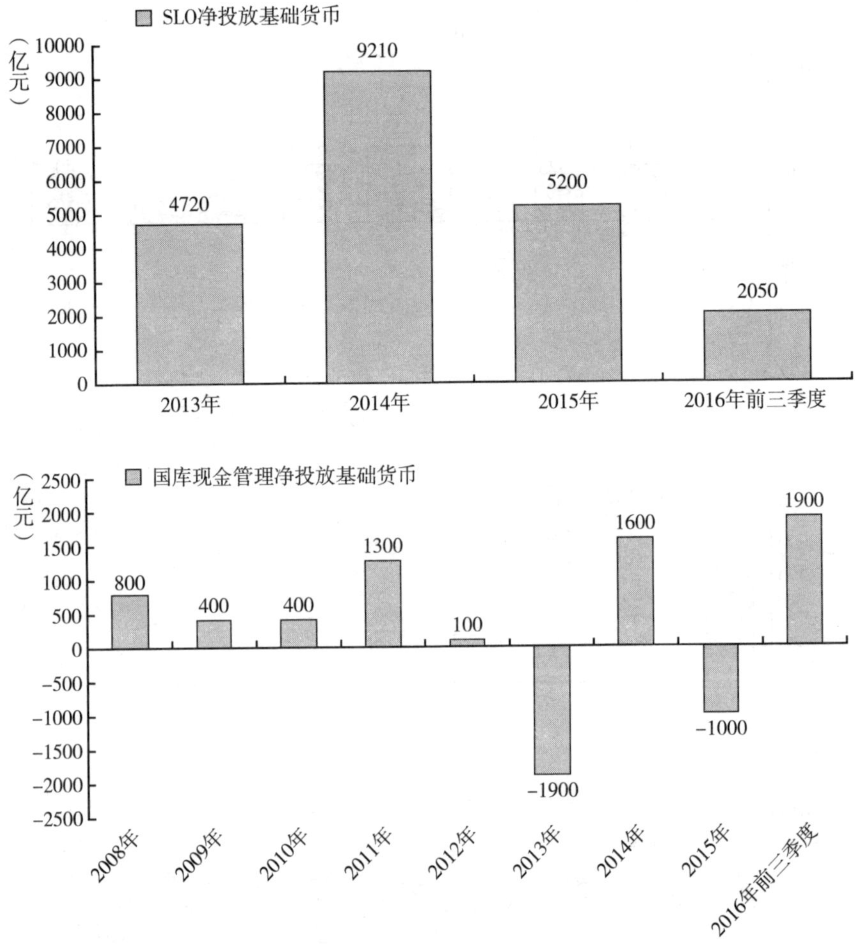

SLO净投放基础货币

（亿元）

2013年	2014年	2015年	2016年前三季度
4720	9210	5200	2050

国库现金管理净投放基础货币

（亿元）

2008年	2009年	2010年	2011年	2012年	2013年	2014年	2015年	2016年前三季度
800	400	400	1300	100	-1900	1600	-1000	1900

图 10　公开市场操作净投放基础货币

注：公开市场净投放基础货币包括央行票据、正回购、逆回购、SLO、国库现金管理等净投放的基础货币之和，其中净投放基础货币或因公开市场操作统计口径的差异而有所差别。

资料来源：根据中国人民银行数据整理。

素较多的 1 月和 6 月，分别为 1.45 万亿元和 9750 亿元；资金回笼主要集中于 3 月和 7 月，分别为 8150 亿元和 6797 亿元，回笼的主体集中于逆回购到期量。此外，自 2014 年以来，中国人民银行未再发行过央行票据；但2016年前三季度，累计有4008亿元的央行票据到期，相当于中国人民银行向市场净投放等量的流动性。二是建立起公开市场每日操作的常态化机制，主要以7天期逆回购为主。高频化的公开市场操作提高了流动性的精细化管理水平，有力地引导和稳定了市场的短期利率，如Shibor不同期限利率在2016年3~9月的走势异常平稳。三是丰富了逆回购操作的期限品种。中国人民银行在以7天期逆回购为每日常态化操作主品种的基础上，分别在2016年8月和9月先后增加了14天期和28天期逆回购品种。逆回购期限的拉长可以满足金融机构流动性期限搭配的需求，更重要的是起到优化货币市场交易期限结构的作用。从我国货币市场目前的交易情况看，隔夜品种成为绝对主力，2016年上半年，回购和同业拆借市场隔夜品种的成交量占比分别高达86.4%和88.4%。逆回购期限的拉长有利于引导商业银行合理安排资产负债的期限结构，进而防范资产负债期限错配引发的流动性风险。

（二）存款准备金政策

2015年，中国人民银行多次大幅度下调存款准备金率，其中通过全面降准释放的流动性约为3.2万亿元，旨在弥补因外汇占款下降而减少的流动性。进入2016年，我国外汇占款余额的下降速度进一步加快，仅前三季度就累计减少约3.7万亿元（见图11），但鉴于人民币贬值的压力，中国人民银行改变了通过降准对冲外汇占款下降的操作思路，仅在3月普降金融机构存款准备金率0.5个百分点，大约释放7056亿元的流动性。从时间节点看，此次降准的目的之一是对冲逆回购在3月的到期量，约7550亿元。

此外，中国人民银行近年来对存款准备金制度进行了多次改革，改革思路是将时点考核改进为平均数考核，旨在平滑由计提法定存款准备金引起的金融机构在负债端的波动。例如，中国人民银行于2015年9月将存款准备金考核制度由时点考核改为平均考核，即将计提法定存款准备金的分子由时点考核改为平均数考核。2016 年 7 月中国人民银行进一步将金融机构存款准备金的缴存基数由一般存款余额在旬末的时点数调整为旬内的算术平均值，即将计提法定存款准备金的分母由时点考核改为平均数考核。

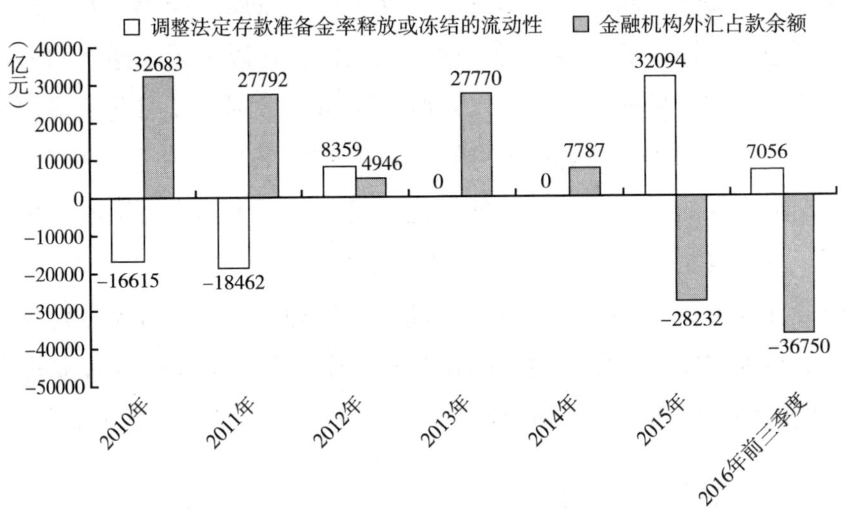

图 11　中国人民银行通过全面调整法定存款准备金率释放或冻结的流动性以及金融机构外汇占款余额变化情况

资料来源：根据中国人民银行数据整理。

（三）常备借贷便利、中期借贷便利和抵押补充贷款

中国人民银行近年来不断丰富资产负债表中资产方操作的工具，包括常备借贷便利（SLF）、中期借贷便利（MLF）、抵押补充贷款（PSL）等。为了提供短期流动性支持，平滑短期利率波动，中国人民银行总行和分/支行在 2016 年前三季度对金融机构累计开展常备借贷便利操作 5473 亿元，其中操作主要集中于 1 月（5209 亿元），其次分别为 3 月（167 亿元）和 6 月（27 亿元）。截至 2016 年 9 月，常备借贷便利的余额为 4 亿元。

中期借贷便利是中国人民银行提供中期基础货币的重要渠道。2016 年中期借贷便利操作呈现两个新特点。一是建立起中期借贷便利每月操作的常态化机制，根据商业银行的流动性需求，及时提供中期流动性。2016 年前三季度累计开展操作 32885 亿元。二是将中期借贷便利的期限结构由 6 个月丰富为 3 个月、6 个月和 1 年。2016 年前三季度分别开展操作 12567 亿元、18425 亿元和 9523 亿元。

中国人民银行在 2016 年的抵押补充贷款操作主要是为棚户区改造、重大水利工程和人民币“走出去”等项目提供长期稳定的资金来源。2016 年前三季度累计新投放抵押补充贷款 8433 亿元，期末余额为 1.9 万亿元。

中国人民银行开展常备借贷便利（SLF）、中期借贷便利（MLF）和抵押补充贷款（PSL）操作的期末余额见图 12。

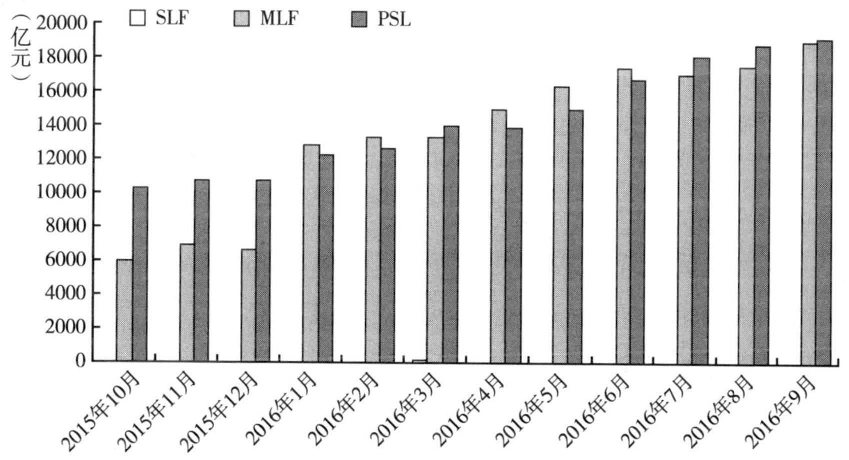

图 12　中国人民银行开展 SLF、MLF 和 PSL 操作的期末余额

资料来源：Wind 资讯。

（四）宏观审慎管理

中国人民银行在 2016 年完善宏观审慎政策的思路呈现两个特点。

一是继续完善宏观审慎政策的现有框架。中国人民银行自2016年起正式将2011年引入的差别准备金动态调整机制升级为宏观审慎评估体系，在以宏观审慎资本充足率为核心的框架下，将过去所关注的单一指标扩展为包含资本和杠杆情况、资产负债情况、流动性情况、定价行为、资产质量、外债风险情况、信贷政策执行情况七个方面的综合评估指标体系。二是不断扩展宏观审慎管理的范畴。将外汇流动性和跨境资金流动纳入宏观审慎管理范畴。具体包括：对远期售汇征收风险准备金；扩大本外币一体化的全口径跨境融资宏观审慎管理；对境外金融机构在境内金融机构存放执行正常存款准备金率。

跨境资金流动丰富了我国现有的宏观审慎管理框架，但仍然存在有待继续完善的空间。一是进一步落实全口径跨境融资宏观审慎管理政策。如建立对短期资本流动和对外负债的实时监测系统；加强跨区域、跨部门之间的政策协调和配合。二是扩展全口径跨境融资宏观审慎管理的范畴。跨境融资既包括资金“融进来”，也包括资金“融出去”，但从现行全口径跨境融资宏观审慎管理的范畴看，更多局限于流入的债权型资金。在我国“走出去”战略、经济下行压力不减、国内“资产荒”和美元加息预期不断升温等众多因素的影响下，我国应特别关注资金外流的规模和结构，特别是短期资金。为此，将资金流出，特别是短期资金流出也纳入跨境融资宏观审慎管理的范畴，同样具有重要的现实意义。

（五）汇率制度

2015年以来，中国人民银行逐步完善了人民币汇率的市场化形成机制：改变了以往人民币汇率开盘价为中间价和当日涨跌幅2%限制的价格形成机制，于2015年8月将其改进为人民币汇率开盘价参考上日收盘价，并综合考虑外汇供求情况以及国际主要货币汇率变化情况。中国人民银行自2015年12月以来进一步加大了参考一篮子货币的力度，由此形成了“收盘汇率+一篮子货币汇率变化”的人民币兑美元汇率中间价形成机制。

2016年人民币汇率走势呈现明显的“非对称贬值”特征，即当美元走强时，人民币兑一篮子货币保持稳定，兑美元贬值（如2016年下半年以来的走势）；当美元走弱时，人民币兑美元保持稳定，兑一篮子货币贬值（如2016年上半年的走势）（见图13）。在此背景下，人民币的名义有效汇率和实际有效汇率自2016年以来均呈现环比持续下降的走势。

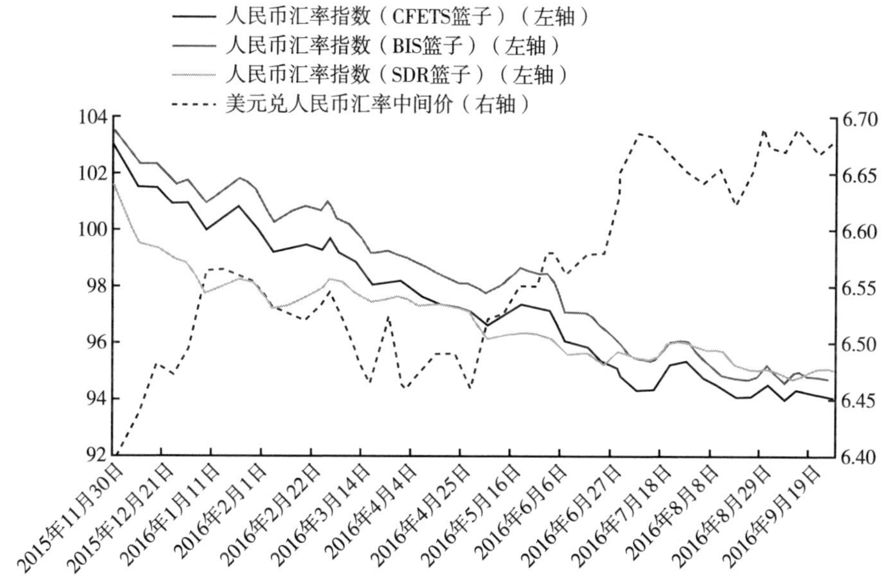

图13　人民币汇率相关指数

资料来源：Wind资讯。

四　2017年总体趋势展望

从中国经济发展的环境看，国际方面，全球经济实际增速小于潜

在增长率的现状还将延续，决定了宽松的宏观政策依然是多数国家的首选；美元走强及加息预期将影响各国的经济和金融形势，并加剧国际资本的流动；保护主义在主要经济体大选中的抬头，使得经济的“去全球化”趋势更加突出。国内方面，“十三五”时期中国经济发展的任务是在保增长的基础上进行结构性创新转型，进而实现经济的可持续、健康发展。进入2017年，中国经济面临并需解决的主要问题包括：运用市场手段继续推进供给侧结构性改革；抑制资产泡沫和防范经济金融风险；引导人民币汇率平稳运行。此外，虽然2016年的经济运行呈现企稳迹象，但基础并不牢固，稳增长在2017年依然是一个不容忽视的问题。从中国宏观经济高频先行指数（见图14）的运行看，中国经济经历了2015年的“筑底”之后，2016年在房地产及相关产业的带动下进入快速反弹期，但其反弹的高度非常有限。

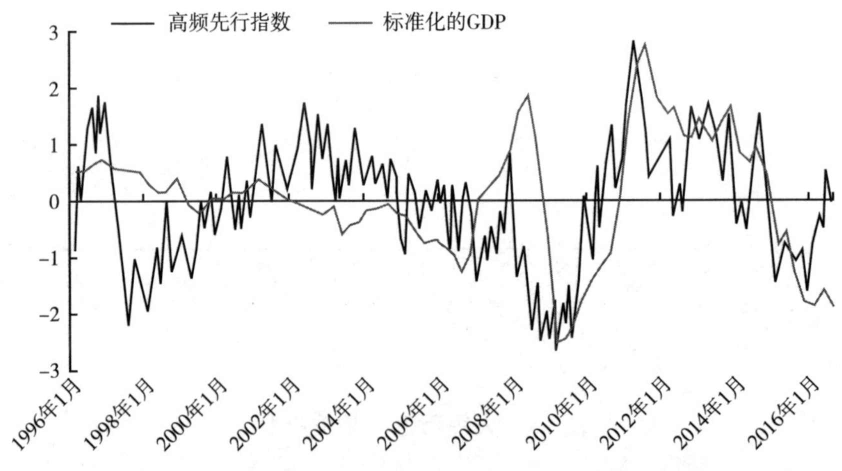

图14　中国宏观经济高频先行指数及GDP运行趋势

注：①GDP数据经过去趋势和标准化处理；构建高频先行指数的指标包括国债利差、股票指数、货币供应量、消费者预期指数、工业产品产销率、社会货运量、沿海主要港口吞吐量、商品房新开工面积和固定资产投资新开工数。②高频先行指数研究团队成员包括费兆奇（中国社会科学院金融研究所）；Wang，Jiaguo（University of Manchester，UK）；刘康（中国工商银行）；Yao，Yaqiong（University of Lancaster，UK）；Ksenia，Gerasimova（University of Cambridge，UK）。

此外，2011 年以来，高频先行指数每次反弹的高点、回落的低点均呈现逐步下移的趋势，说明经济运行仍然处于下行通道。由此，2017 年中国经济宏观调控很可能需要在“稳增长、调结构与防风险”之间寻求平衡。

首先，保持稳健的货币政策。从宏观经济的高频先行指数看，2016 年以来宏观经济的反弹已在 9 月初出现小幅回落，之后是否会演变为 2011 ~2015 年的“每次小幅反弹之后都伴随着快速、更大幅度的下跌”仍然有待观察。在此背景下，货币政策不会突然转向并趋紧。但是，受资产泡沫、人民币贬值等因素的影响，货币政策也难以维系总量宽松的状态。为此，保持稳健的货币政策成为 2017 年中国人民银行的现实选择。一是维持存贷款基准利率不变。二是主要通过中期借贷便利等资产方操作，向市场注入基础货币，旨在弥补因外汇占款下降而减少的流动性。三是谨慎下调法定存款准备金率。从长期看，中国人民银行稳步、有序地下调法定存款准备金率是一个必然选择，但鉴于人民币在近期的贬值压力，中国人民银行会在外汇占款余额超预期大幅下滑和大量中期借贷便利、逆回购等到期的情况下考虑下调存款准备金率。四是灵活开展公开市场操作，总体上仍然以净投放基础货币为主。此外，通过建立高频操作的常态化机制和不断丰富操作工具的期限品种，提高流动性的精细化管理水平。五是通过强化市场化操作，合理引导人民币汇率的预期。发挥市场在汇率中的决定性作用并不意味着政府“撒手不管”，汇率的大幅波动同样不利于国内经济和金融的稳定，同样是“防风险”的一个重要内容。为此，中国人民银行有责任通过市场化操作合理引导汇率预期，使人民币汇率在市场决定的均衡水平上合理波动。六是在宏观审慎政策的框架下，防范经济和金融风险。主要途径是完善金融风险监测、评估和预警体系建设，并逐步将重点领域，如产能过剩行业、房地产行业以及地方政府性债务等的相关风险纳入监测视野内。此外，在我国国际资本双向流动的新格局下，还需进一步完善全口径跨境融资宏观审慎管理，包括建立对短期资本流动和对外负债的实时监测系统；加强跨区域、跨部门之间的政策协调和配合。同时，应考虑将短期资金流出也纳入跨境融资宏观审慎管理的范畴[①]。

其次，加快推动金融体系的市场化改革进程。一是加快培育市场基准利率，并进一步完善利率传导机制，包括打破货币市场、债券市场以及信贷市场之间的割裂状态；丰富债券品种，构建完整的利率期限结构；完善信贷投放管理机制；等等。二是进一步完善人民币汇率市场化形成机制，包括加大市场决定汇率的力度、增强人民币汇率双向浮动的弹性，以及保持人民币汇率在合理、均衡水平上的基本稳定。三是完善货币政策的预期管理机制。

① 彭兴韵、王伯英（2016）系统阐述了我国跨境资本流动与宏观审慎管理。

上篇　中国金融业发展

The First Part: Development of China's Financial Industries

B.2

2016年的中国银行业

曾　刚*

摘　要：　2016年，商业银行面临的挑战日益严峻。在盈利能力方面，净息差继续下行，储蓄存款占比较高的银行下降尤为明显。部分上市银行的主营业务收入和净利润开始步入负增长区间，进一步明确了银行业发展的拐点。在风险方面，不良率继续小幅攀升，尽管仍在可承受的范围之内，但局部地区、特定产业的风险仍然不容忽视。随着供给侧结构性改革的深入，某些地区性中小银行机构可能会经历较大的风险考验。在监管

* 曾刚，中国社会科学院金融研究所研究员、博士生导师，中国人民大学财政金融学院金融学博士，长江证券股份有限公司博士后，耶鲁大学访问学者，中国国际金融学会理事，南开大学国家经济战略研究院、对外经济贸易大学金融学院、中央财经大学金融学院兼职教授。

环境方面，MPA 的推行及其管理范围的逐步扩大，对商业银行近年来的一些创新业务形成约束。此外，“营改增”实施之后，不同业务的税收负担有所变化，预计中长期内会在一定程度上改变银行的业务结构。

关键词： 非信贷资产　MPA　“营改增”　债转股

在实体经济结构性减速、利率市场化不断深入的背景下，中国银行业面临的挑战越来越严峻。不良率持续攀升以及有效信贷需求的萎缩，大幅拖累了银行的经营业绩。长达 10 年的规模、营业收入和利润的高速增长，在 2016 年正式出现拐点（实际的拐点可能更早）。部分上市银行的增长接近于零，相当数量的中小银行更是出现了经营业绩的下降。

一　银行业结构

截至 2016 年第三季度末，我国银行业金融机构共有 3 家政策性银行、5 家大型商业银行、12 家股份制商业银行、133 家城市商业银行、5 家民营银行、859 家农村商业银行、71 家农村合作银行、1373 家农村信用社、1 家邮政储蓄银行、4 家金融资产管理公司、40 家外资法人金融机构、1 家中德住房储蓄银行、68 家信托公司、224 家企业集团财务公司、47 家金融租赁公司、5 家货币经纪公司、25 家汽车金融公司、12 家消费金融公司、1311 家村镇银行、14 家贷款公司以及 48 家农村资金互助社。银行业金融机构共有法人机构 4261 家，从业人员 380 万人。

截至 2016 年第三季度末，我国银行业金融机构境内外本外币资产总额达到222.9万亿元，同比增长15.7%。其中，大型国有银行资产总额为84.3万亿元，占比为37.8%；全国性股份制银行资产总额为41.2万亿元，占比为18.5%；农村金融机构（含农村商业银行、农村合作银行、农村信用社、村镇银行等）和城市商业银行占比分别为12.9%和11.4%。银行业金融机构境内外本外币负债总额为205.9万亿元，同比增长15.5%。其中，大型国有银行负债总额为77.8万亿元，占比为37.8%；全国性股份制银行负债总额为38.6万亿元，占比为18.7%，同比增长14.8%。从资产负债增速来看，大型国有银行平均在8%左右，其他几类银行则略快，但增速较以往年份有明显回落。

为应对利率市场化挑战，上市银行主动调整资产负债结构。在资产方面，继续向投资类资产（包括交易性金融资产、可供出售金融资产，以及持有至到期投资和应收款项类投资）倾斜。22家上市银行平均资产占比由2015年的23.17%提高到2016年9月末的29%。从近两年的数据来看，投资类资产占比每个季度平均提高3个百分点。其中，股份制银行的投资类资产增长势头强劲，增速高达9%，占比提高到36%。如兴业银行、南京银行和宁波银行的投资类资产占比较高，均在50%以上（见图1）。

从数据上看，上市中小银行（城市商业银行）的非信贷资产（同业和投资类资产）占比要远高于大型国有银行和股份制银行的平均水平。其背后的逻辑不难理解，对于中小银行而言，受经济地域以及客户群数量的限制，在经济结构调整过程中，有效信贷需求下降的挑战更为突出，这意味着中小银行会面临更为急迫的资金运用压力。在信贷投放难以增长以及中间收入业务难以快速提升的情况下，增加非信贷资产的持有成为中小银行短期内获取利润的唯一可行路径。因此，不可以简单从非信贷资产占比更高的表象上，就认为中小银行创新意识更强，事实上这是一种不得已的选择。

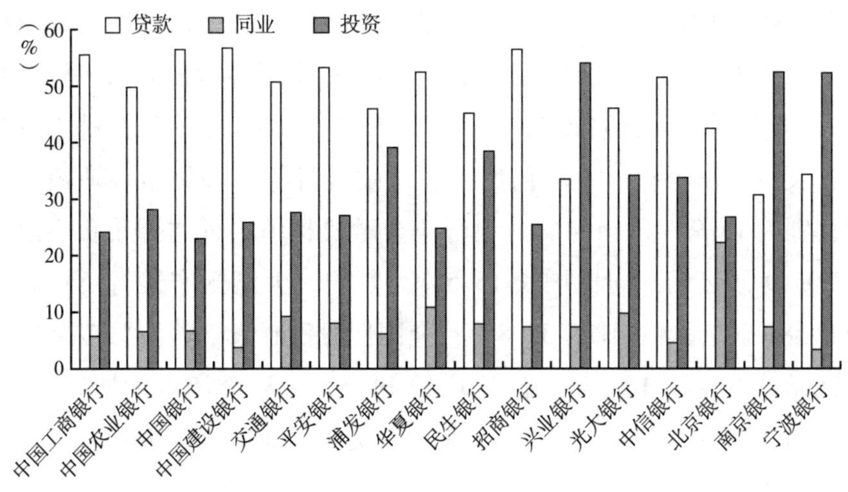

图1　部分上市银行资产结构（2016 年 9 月）

资料来源：Wind 资讯。

随着非信贷业务的快速发展，商业银行的业务模式和风险开始趋于复杂化，传统的信贷风险不再是银行面临的唯一或主要风险，市场风险和流动性风险开始日益凸显。对银行来说，非信贷资产类型繁多，其风险性质也更为多样化，而且在组织管理上，银行尚未针对非信贷资产业务形成系统性的管理体系，也就很难对非信贷业务的风险实施全面和适当的管理。未来一段时间，如何加强非信贷业务的风险管理，建立和完善全面风险管理体系，成为商业银行和监管者亟待解决的问题。

在负债方面，上市银行的主动负债持续上升，截至 2016 年 9 月末，22 家上市银行的应付债券占比达到 5.25%，比 2016 年初上升 2 个百分点。与此同时，受货币信贷快速增长的影响，银行存款的自然增长导致存款占比小幅回升。分机构来看，大型国有银行的存款占比略有上升，应付债券占比基本持平。股份制银行和中小银行则积极通过主动负债获取资金来源。股份制银行的应付债券占比达到

11.19%，较2015年末上升6.15个百分点。在中小银行中，城市商业银行的主动负债增长较快，应付债券占比达到14.9%，在所有银行中占比最高（见图2）。

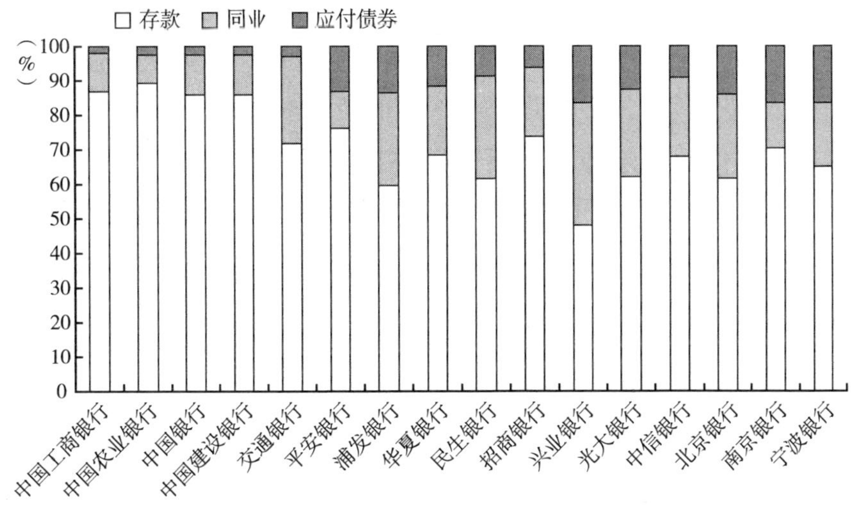

图2　部分上市银行负债结构（2016年9月）

资料来源：Wind资讯。

二　银行业经营状况

截至2016年9月末，商业银行累计实现净利润13290亿元，同比增长2.83%。2016年前三季度，商业银行平均资产利润率为1.08%，比上年同期下降0.13个百分点；平均资本利润率为14.58%，比上年同期下降2.1个百分点。

2016年前三季度，22家上市银行实现营业收入2.85万亿元，同比增长2.34%。其中，有3家银行的营业收入增长为负，分别是中国工商银行、中国农业银行和江阴银行（见图3）。22家上市银行归属母公司净利润平均增速为2.6%，较2015年全年1.79%的增速略有回升。从银行类别来看，股份制银行和城市商业银行的利润增长推动了上市公司整体的利润增速，其同比增速分别为5.45%和9.92%，股份制银行的增速较2015年4.95%的增速提升0.5个百分点。相反，基数最大的五大国有银行增速垫底，平均增速只有1.16%。22家上市银行中有17家银行的净利润增速降到个位数，有1家银行（江阴银行）出现了负增长。在营业收入增长乏力的情况下，银行（尤其是规模扩张空间有限的大型银行）要继续维持利润的正增长有相当的困难，目前略微为正的利润增长，在很大程度上要归因于拨备覆盖率的下降。考虑到不良率持续上升的趋势仍未逆转，通过下调拨备覆盖率来维持利润增长的空间将越发有限。

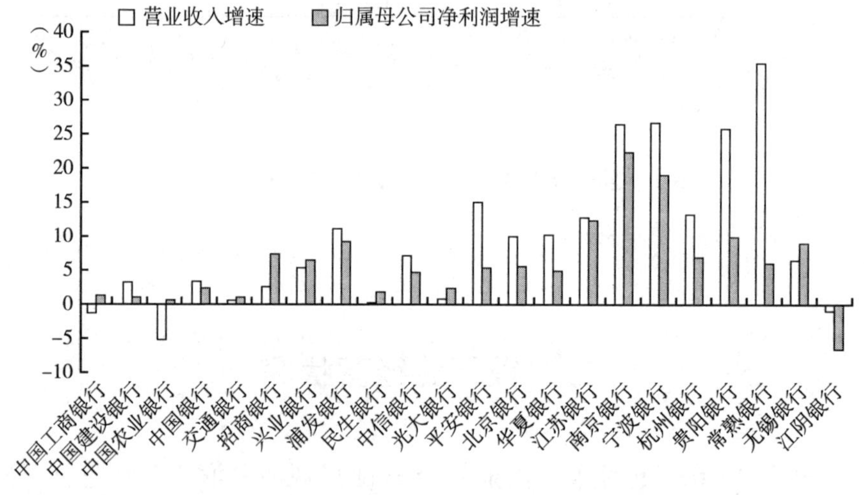

图3　上市银行营业收入增速和归属母公司净利润增速（2016年前三季度）

资料来源：Wind资讯。

（一）利息净收入增长乏力

受利率市场化以及“营改增”的影响，银行业利息净收入整体呈现下降趋势。2016 年第三季度上市银行整体利息净收入同比延续负增长态势，降幅为 4.6%，远远低于 2015 年的水平。从绝对值来看，大型国有银行的利息净收入较上年同期下降 7.69%；股份制银行和城市商业银行的利息净收入则分别增长 1.02% 和 10.19%，与 2015 年同期相比，两类银行的利息净收入都有明显下降。整体来看，在利率市场化不断深入、市场竞争日趋激烈的背景下，银行业利息净收入的空间正在迅速缩减。

（二）净息差有企稳迹象

2016 年，上市银行净息差进一步收缩。第三季度，上市银行平均净息差水平为2.41%，较2015 年底下降 11BP。其中，大型国有银行净息差下降幅度最大，较 2015 年底下降 42BP，为 2.00%。在五大国有银行中，中国银行的净息差收窄幅度最小，中国工商银行的净息差收缩最为严重，远远大于其他四家银行，净息差收窄幅度达到 83BP（见表 1）。

表 1　上市银行净息差变动

银行名称	2015 年(%)	2016 年第三季度(%)	净息差变动(BP)
中国工商银行	2.47	1.64	-0.83
中国农业银行	2.66	2.30	-0.36
中国银行	2.12	1.85	-0.27
中国建设银行	2.63	2.26	-0.37
交通银行	2.22	1.91	-0.31
招商银行	2.75	2.56	-0.19
兴业银行	2.45	3.29	0.84
华夏银行	2.56	2.47	-0.09
平安银行	2.77	2.73	-0.04
浦发银行	2.45	2.86	0.41
光大银行	2.25	2.33	0.08

续表

银行名称	2015 年(%)	2016 年第三季度(%)	净息差变动(BP)
民生银行	2. 26	2. 36	0. 10
中信银行	2. 31	2. 01	-0. 30
贵阳银行	3. 62	3. 30	-0. 32
江苏银行	1. 94	2. 07	0. 13
北京银行	2. 33	2. 10	-0. 23
重庆农村商业银行	3. 20	3. 18	-0. 02
南京银行	2. 61	2. 29	-0. 32
宁波银行	2. 38	2. 00	-0. 38
无锡银行	2. 11	2. 06	-0. 05
常熟银行	3. 29	3. 72	0. 43

资料来源：Wind 资讯。

股份制银行净息差则有回升趋势，较 2015 年底上升 10BP，平均净息差水平为 2. 58%，高于五大国有银行和城市商业银行。在股份制银行中，中信银行和招商银行的净息差下降幅度较大，较 2015 年底分别下降 30BP 和 19BP。兴业银行和浦发银行的净息差有较大回升，较 2015 年底分别上升 84BP 和 41BP，较第二季度分别上升 111BP 和 72BP。

上市中小银行（城市商业银行和农村商业银行）整体净息差略低于股份制银行，为 2. 50% 左右。从银行个体来看，新上市的常熟银行和贵阳银行的净息差水平较高，分别为 3. 72% 和 3. 30%，远高于中小银行 2. 50% 的平均水平。

（三）非息收入增速放缓

在净息差收入增长乏力甚至减少的情况下，提高非息收入成为银行维持利润增长的重要手段。2016 年前三季度，上市银行整体非息收入增速为21.39%，较第二季度27.28%的增速有所回落。但相较于2015年17.79%的增速依然有较快增长。由于起步晚、基数低，上市中小银行的非息收入增速最快，达到53.11%。大型国有银行的非息收入增速为22.16%，股份制银行的非息收入增速为17.61%，均较第二季度有所放缓。总体而言，加快收入结构转型，提高非息收入占比，仍是当前银行业转型的主要方向。

随着非息收入的快速增长，非息收入占比持续提升（见表2），截至2016年第三季度末，上市银行整体非息收入占比约为26.38%，相较于2015年底的25.55%上升0.83个百分点。非息收入的增长主要来源于两个方面：其一，受监管政策影响，虽然上市银行支付清算、咨询顾问、银行卡等传统中间业务的收入有所下降，但理财、托管和代理等业务则实现了大幅度增长，拓展了中间业务收入来源；其二，依靠同业、投资银行等业务的快速发展，上市银行将一些实质上属于信贷利息的收入（如通过同业业务对接非标资产）转换成投资收益，由此被计入非息收入项下。

表2　上市银行非息收入占比

单位：%

银行名称	2012年	2015年	2016年前三季度
中国工商银行	22.20	27.20	32.14
中国农业银行	18.98	18.66	22.80
中国银行	29.81	30.71	37.73
中国建设银行	23.34	24.36	33.17
交通银行	18.47	25.62	31.59
浦发银行	11.56	22.89	32.32
兴业银行	17.61	22.36	28.75
招商银行	22.05	32.13	37.16
光大银行	16.11	28.66	30.98

续表

银行名称	2012 年	2015 年	2016 年前三季度
民生银行	34.01	31.22	26.70
中信银行	15.60	28.00	31.05
平安银行	16.89	31.26	33.43
华夏银行	11.15	21.69	23.21
北京银行	11.48	18.82	23.79
重庆农村商业银行	3.40	7.91	10.74
贵阳银行	2.60	11.41	15.96
南京银行	15.57	17.53	20.95
宁波银行	10.89	19.98	28.07
无锡银行	4.55	9.73	10.12
常熟银行	—	10.19	10.16
江阴银行	—	5.99	11.27

资料来源：Wind 资讯。

三　银行业的风险与资本

2016 年第三季度末，商业银行不良贷款余额为 14939 亿元，较第二季度末增加 566 亿元；不良贷款率为 1.76%，较第二季度末上升 0.01 个百分点。商业银行贷款损失准备金余额为 26221 亿元，较第二季度末增加 930 亿元；拨备覆盖率为 175.52%，较第二季度末下降 0.44 个百分点；贷款拨备覆盖率为 3.09%，较第二季度末上升 0.02 个百分点。

2016 年第三季度末，商业银行加权平均核心一级资本充足率为 10.83%，较第二季度末上升 0.14 个百分点；加权平均一级资本充足率为 11.3%，较第二季度末上升 0.2 个百分点；加权平均资本充足率为 13.31%，较第二季度末上升 0.2 个百分点。

在流动性方面，2016 年第三季度末，商业银行流动性比例为 46.93%，较第二季度末下降 1.21 个百分点；人民币超额备付金率为 1.76%，较第二季度末下降 0.53 个百分点；存贷款比率（人民币境内口径）为 67.27%，较第二季度末上升 0.05 个百分点。

22 家上市银行的信用风险仍维持小幅上升态势。2016 年第三季度末，上市银行平均不良率为 1.55%，较 2015 年底上升约 6BP；不良贷款余额为 1.14 万亿元，较 2015 年底增加约 500 亿元。2016 年以来，尽管不良率和不良贷款余额仍持续小幅上升，但不良贷款余额增速有明显放缓趋势，前三季度增速为 18%，远低于 2015 年 48% 的水平，也低于 2016 年上半年 29% 的水平。在上市银行中，大型国有银行的不良率最高，为 1.72%；股份制银行次之，为 1.63%；城市商业银行最低，为 1.38%。三类银行的不良率分别较 2015 年底上升 12BP、9BP 和 8BP。

在拨备方面，2016 年第三季度，上市银行整体拨备覆盖率为 205.44%，与上年同期基本持平。分机构看，在营业收入负增长的压力下，为维持利润为正，拨备计提力度有所减弱，导致拨备覆盖率持续下降。中国工商银行、中国建设银行的拨备覆盖率已经低于 150% 的监管红线，交通银行和中国银行的拨备覆盖率也逼近 150%。在国有银行和股份制银行的拨备覆盖率保持稳定甚至有所下降的情况下，城市商业银行的拨备覆盖率水平则大幅提升，平均为 267.52%。

四　银行业的重大政策环境变化

从 2016 年第一季度起，中国人民银行将之前的差别准备金动态调整和合意贷款管理机制“升级”为宏观审慎评估体系（Macro Prudential Assessment，MPA）。

MPA 的评估内容涉及七大类（分别是资产负债情况、流动性、

资本和杠杆情况、定价行为、资产质量、跨境融资风险、信贷政策执行）16 项子指标，各项指标均按规定打分。分项指标加总后，得到金融机构最后的评估结果。评估结果分为 A、B、C 三个档次。七大类指标均为优秀（90 分以上为优秀）的机构被评为 A 档，可以获得一定的激励政策；A 档以下是 B 档机构，保持正常激励；评级不达标的机构被归入 C 档。在七大类指标中，资本和杠杆情况、定价行为指标采取一票否决，任意一个不达标，机构都被归入 C 档。在其他五类指标（资产负债情况、流动性、资产质量、跨境融资风险、信贷政策执行）中，任意两个指标不达标（60 分以上为达标），将受到一定的惩罚。与三个档次评估结果对应的奖惩机制，是调整金融机构的法定存款准备金率水平，A 档机构法定存款准备金率上浮 10% ~ 30%；C 档机构则实施惩罚性利率，法定存款准备金率视情况下浮 10% ~30%；B 档机构的法定存款准备金率维持不变。

在 16 项子指标中，广义信贷最受关注。所谓广义信贷，是指银行资产方贷款、债券、股权及其他投资、买入返售资产和存放非存款类金融机构款项等各类资产的总额。之所以将广义信贷纳入 MPA 考核之中，主要是为了适应近年来商业银行资产结构迅速多元化的趋势，以提高央行对信贷扩张的控制效力。考虑到不同类型银行的规模差异，其对总体信贷的贡献度有较大差异，在 MPA 体系中，不同机构所受约束也不同。对于全国重要性机构，其广义信贷增速与 M2 目标增速的偏离不得超过 20 个百分点；对于区域重要性机构，偏离不能超过 22 个百分点；对于普通机构，偏离不能超过 25 个百分点。按 2016 年初定下的 M2 增速（13%），三档机构若想在该项指标上达标，需要把广义信贷增速分别控制在 33%、35% 和 37% 以下。对大部分机构来说，上述范围还算宽松。但对一些扩张愿望依旧强烈的中小银行来说，这对其利用金融同业业务来实现规模扩张的模式会形成较强约束。

需要指出的是，不管是早先的合意信贷规模还是升级后的 MPA 管理，央行信贷控制还都集中在银行资产负债表内，并未涉及表外业务（目前主要是非保本理财）。在这种情况下，银行用理财资金来对接非标或其他类型的资金需求，同样能达到绕开规模控制，实现信用扩张的目的。也正因如此，在 2016 年 MPA 开始试运行后，相当数量的银行明显加大了表外业务的发展力度。截至 2016 年 6 月，各类银行的非保本理财规模已超过 20 万亿元，占银行总资产的比重为 10% 左右。不同类银行的表外业务发展程度并不一致，有些中小银行的表外业务规模已接近表内资产规模。目前，大多数表外业务资金投向了债券（占比超过 40%）和非标资产（占比为 17% 左右），其产生的信用扩张效果与广义信贷中的债券投资和信贷基本相同。

在这种背景下，2016 年 10 月以来，有关部门开始研究将表外理财纳入广义信贷的管理范围，但具体实施还有待时日。按照以往以增量控制为主的调控模式，在监管空档期，预计会有一些中小银行继续发力表外理财，尽快做大规模，为今后的发展赢取更大的空间。

五　债转股的影响分析

2016 年 10 月，国务院印发了《关于积极稳妥降低企业杠杆率的意见》（以下简称《意见》），对积极稳妥降低企业杠杆率工作进行了系统的部署，提出了积极稳妥降低企业杠杆率的主要途径：一是积极推进企业兼并重组，提高资源整合与使用效率；二是完善现代企业制度强化自我约束，形成降低企业杠杆率的长效机制；三是多措并举盘活企业存量资产；四是多方式优化企业债务结构，降低企业财务负担；五是有序开展市场化银行债权转股权，帮助发展前景良好但遇到暂时困难的优质企业渡过难关；六是依法依规实施企业破产，因“企”制宜实施企业破产清算、重整与和解；七是积极发展股权融

资，形成合理的融资结构；等等。

在这一系列政策组合中，市场化债转股是各方尤为关注的话题。早在20世纪末，债转股就曾经作为化解金融风险的重要手段，对推进我国银行业改革发挥过重要的作用。时隔17年，在全新的内外部环境下重启债转股试点会产生怎样的影响，是值得仔细分析和探讨的问题。对银行来说，债转股的正面影响有以下几个方面。

（1）如果转股的债权已经形成或即将形成不良贷款（关注类贷款），债转股可以直接降低不良贷款率，缓解不良贷款核销压力，提高拨备覆盖率，释放新增贷款额度，有利于银行利润的增长。

（2）经营陷入困境、濒临破产的企业如果直接进行破产清算，银行作为债权人所遭受的损失可能比较大。但是，如果该企业仍具有市场竞争力，也具有一定的发展前景，只是暂时受困于资金链条的紧张，那么，通过债转股对企业进行重组，有可能使银行在未来获得的回收比高于清算带来的回收比，从而让银行的利益得到尽可能地保全。

（3）从资本市场角度看，债转股可以降低银行不良贷款的生成概率，减轻拨备计提对银行净利润的负面影响，进而有助于银行估值的修复，提振资本市场对商业银行的信心。

（4）试点允许银行成立专门从事债转股的子公司，与将债权或股权转让给第三方机构相比，通过子公司进行债转股，银行资产的折价率降低，参与债转股的意愿会更强，有助于市场化债转股规模的扩大。

从负面影响看，银行直接进行债转股受限于过高的股权风险权重比，会增加银行资本金占用。债转股后，不良资产回收周期拉长、银行的资本周转率降低、未来退出机制不明朗等都会使银行慎重对待债转股。

正常贷款和不良贷款债转股对银行财务的影响见表3。

表 3　正常贷款和不良贷款债转股对银行财务的影响

贷款性质	当期利润	对资本和拨备的影响	会计分录
正常贷款	转股股权公允价值等于贷款账面净资产 债转股后不确定的股利分派代替固定利息收入，银行档期利息收入减少	拨备覆盖率不受影响，拨贷比提高；由于股权的风险权重高于一般贷款，转股之后，商业银行的风险资产规模扩大，资本充足率将有所下降	借：长期股权投资（持有两年后进入可供出售金融资产科目） 贷：贷款
不良贷款	转股股权公允价值高于贷款账面价值，否则股权公允价值与贷款账面价值之差将形成贷款损失，需冲抵减值准备。减值准备不能覆盖的部分，计入当期损益 如果转股股权公允价值高于贷款账面价值，则银行当期利润上升，资产规模扩大	如果转股股权公允价值高于不良贷款账面价值，转股的短期账面影响是带来净利润的大幅改善（公允价值溢价和拨备冲回） 商业银行的风险资产规模扩大，资本充足率将有所下降	借：长期股权投资（持有两年后进入可供出售金融资产科目） 贷：贷款 贷款减值准备 营业外收入

综合表3的比较，在目前的政策环境下，银行将正常债权转股权的动力应该很小。转股的重点应在不良贷款或即将形成的不良贷款上。由于不良贷款转股的财务粉饰意味过浓，且此类贷款获取回报的长期空间极其有限，为降低道德风险，在具体实施过程中，债转股应集中在可能形成的不良贷款（五级分类中的关注类贷款）上。

以1万亿元关注类贷款转股为假设前提，对商业银行的直接影响测算如下。

（1）减轻不良率上升压力。按照目前关注类贷款的迁移率为10%（10%的关注类贷款会在未来变为不良贷款）计算，1万亿元关注类贷款转化为股权，意味着未来减少了1000亿元不良贷款生成。

按 2015 年不良贷款余额为 1.27 万亿元计算，不良率的净生成率将下降 8 个百分点。

（2）对银行拨备、利润的影响。一方面，转股会降低银行的当期利息收入，按 6% 的年利率计算，对商业银行净利润的影响为 -600亿元；另一方面，贷款的减少会降低拨备需要。按 10% 的迁移率和 150% 的拨备覆盖率计算，银行可以少计提 1500 亿元的拨备，这将带来税前利润的增长。综合两方面，在不考虑其他因素的情况下，预计债转股对银行业账面利润的影响为正。

（3）对资本充足率的影响。1 万亿元贷款转股权后，按 400% 的风险权重计算，商业银行的风险资产规模将净增 3 万亿元。按目前的监管要求计算，对核心一级资本的需求将增加 3000 亿元左右。如果将此次债转股归为因行使抵押权、质权而取得，且持有两年以上未处理完毕，则对核心一级资本的需求将跳升至 1.15 万亿元。

总体上看，有序的市场化债转股可以加快“去产能”“去库存”“去杠杆”的进程，有助于供给侧结构性改革和国有企业改革的推进，也有助于缓解银行的不良资产和利润压力。此外，债转股的实施可以打破杠杆率过高情况下实体企业与金融部门之间的恶性循环，这将有助于降低系统性金融风险，维护金融体系稳定，对宏观经济的长期稳健发展提供更加有利的环境。当然，由于债转股的过程涉及众多的参与者，而且涉及性质不同的各种金融和管理活动，在实践中确保债转股产生更好的效果，未来可能还需要一些制度上的安排和完善。

一是股东权利行使的问题。从风险隔离的角度看，商业银行显然不是理想的股权行使主体。为增强股权管理的有效性，提高债转股的长期回报率，建议给予一定的配套政策，为银行行使股权提供便利，如允许银行设立资产管理的专业型子公司，优化银行与专业性资产管理机构的合作模式，参与转股对象企业的治理，等等。此外，还需要企业原有股东（中央企业主要涉及国资委，地方国有企业则涉及地方政府）的积极支持和配合，通过与金融机构的协作，共同促进国有企业治理的完善和经营效率的提高。

二是在监管层面。债转股过程中可能涉及转股定价、坏账核销以及并表监管等问题，应做出更为细致的制度安排，尽可能降低债转股的实施成本。此外，还应加强对投资人的保护。本轮市场化债转股的资金筹集方式将更为多元，除了银行自有资金外，还允许通过发债、私募投资基金以及资产管理产品等方式筹集资金。为避免实施机构利用信息不对称进行风险转嫁，应强化对债转股业务过程的监管，提高信息披露要求，同时坚持合格投资人要求，避免债转股过程中出现风险错配。

六　2017年展望

对 2017 年的银行业发展趋势，我们大致有以下几点看法。

一是银行业经营业绩进一步下滑。受有效需求不足、净息差收窄以及信用风险上升等多重因素的影响，预计 2017 年主营业务收入、净利润出现下滑的银行数量会进一步增加。当然，银行间的差异化程度也会有所提高，不排除有部分银行继续保持较快增长的可能。

二是不良贷款率继续小幅攀升，但压力会逐步减小。2016 年第三季度，实体经济已经出现些许积极信号，而从实体企业的经营状况看，2016 年下半年也明显好于上半年。如果实体企业经营状况的改善可以持续，预计 2017 年银行整体的经营环境会较 2016 年有所改善。当然，由于从实体企业到银行的传导存在一定的滞后期，所以企业经营状况改善不一定能马上带来银行信用风险的拐点，但从长远看，不良率继续上升的压力会明显减小。

三是需要高度关注金融市场风险。由于信贷需求不足，目前银行的资产配置中，投资类资产占比已经超过贷款，在一些中小银行中，投资类资产甚至远远超过信贷规模。这意味着，银行面临的主要风险已经从贷款的信用风险转变为金融市场风险。金融市场的些许波动，都可能对债券投资和其他金融市场资产的市场价值造成很大的冲击。受国内外因素影响，2017 年货币政策走向存在较大的不确定性，银行尤其是流动性风险管理能力相对有限的中小银行所面临的金融市场风险不容忽视。

B.3
2016年的中国证券基金业

张跃文*

摘 要： 2015年的股市震荡并没有动摇证券基金业的盈利基础，2016年证券基金业多数经营指标大幅超过股市震荡前水平，成为盈利能力最强的行业。通道业务和私募产品的迅速增加，使银证合作、银基合作更加紧密，同时也凸显了行业核心竞争力缺失、风险管理能力不足和现行分业监管框架存在缺陷等问题。2017年证券基金业仍然有望保持较强的盈利能力，行业需要探讨如何在从严监管时期继续深化与银行业合作，谨慎平衡利润与风险间的关系，为更好地服务实体经济做出应有的贡献。

关键词： 证券基金业 资产管理 规模和结构

2015年的股市震荡为证券基金业的健康发展敲响警钟。从鼓励创新到从严监管，2016年证券基金业经历了发展道路的再调整。市场流动性过剩和相关行业的竞争压力，增大了证券基金业在获取利润与控制风险间取得平衡的难度。在经济结构调整期，“分业经营、分

* 张跃文，经济学博士，中国社会科学院金融研究所公司金融研究室主任、研究员。长期从事资本市场与公司金融方面的研究与教学工作，已累计发表论文30余篇，参与各类研究项目20余项。

业监管”的大格局尚未打破，证券基金业经营模式的动态演进将持续进行。我们不认为行业经营状况会因此而增加更多不确定性。作为当今最赚钱的行业之一，证券基金业具有强大的资金积累和融资能力，以及极高的进入门槛和监管救助保障，当务之急是让这一行业更好地为实体经济服务，而不仅仅是创造利润。

一 2016年证券业运行分析

经历了2015年的股市震荡以后，随着监管机构思路的调整，证券业在2016年经历了一轮低调的整顿。尽管行业内产生广泛社会影响的重大事件并不多见，但“和风细雨”式的监管调整从未间断。其结果是，个别证券公司的领导层发生变更，证券经营机构净资本管理得到加强，证券发行和融资业务中的某些不规范行为得到持续纠正。

在经营方面，首先，证券公司各项经营指标虽比股市震荡的2015年有较大幅度下降，但如果排除市场动荡因素，则有大幅度提升。2016年上半年，126家证券公司总资产较股市震荡前的2014年同期增长134.7%，净资本增长107.9%，营业收入增长68.8%，净利润增长93.1%（见表1）。这种巨大变化首先得益于股市趋于稳定后，前期增量资金的相当一部分仍然留在场内，市场交易保持活跃，为证券公司带来较股市震荡前更多的经纪业务收入、投资咨询业务收入和资产管理业务收入。其次，2016年一级市场募资规模远超2014年，仅上半年募资额就超过1.4万亿元，接近2014年的2倍。其中，IPO数量和融资金额较股市震荡前有大幅度增长，上半年IPO企业有181家，超过了2014年全年的数量，共募集资金1200亿元；实施增发的上市公司有613家，同样超过2014年全年的数量，共募集资金1.3万亿元。募资企业和募资金额的增加，直接带动证券公司投行业务增长120%。最后，上市公司重组活动频繁，截至2016年10月末，已完成的重大资产重组就有 194 起，交易价值达 5300 亿元，接近 2014 年的 2 倍，这使证券公司的财务顾问业务直接受益。综合 23 家上市券商 2016 年前三季度的经营数据，我们认为 2016 年证券业在维持各业务类别高增长格局的基础上，投资收益和利息收入的增长形势会好于上半年，总体盈利状况比较乐观。

表 1　证券业主要经营数据

单位：亿元，%

指标	2013 年	2014 年	2015 年	2016 年	
				上半年	较 2014 年同期增幅
总资产	20800. 00	40900. 00	64200. 00	57500. 00	134. 7
总负债	13261. 45	31694. 81	49700. 00	42900. 00	161. 7
净资产	7538. 55	9205. 19	14500. 00	14600. 00	80. 1
净资本	5204. 58	6791. 60	12500. 00	11800. 00	107. 9
客户交易结算资金余额	5557. 42	12000. 00	20600. 00	17400. 00	169. 3
受托管理资金总额	52000. 00	79700. 00	118800. 00	147800. 00	116. 7
营业收入	1592. 41	2602. 84	5751. 55	1570. 79	68. 8
代理买卖证券业务净收入	759. 21	1049. 48	2690. 96	559. 76	74. 4
证券承销与保荐业务净收入	128. 62	240. 19	393. 52	241. 16	120. 3
财务顾问业务净收入	44. 75	69. 19	137. 93	71. 43	223. 2
投资咨询业务净收入	25. 87	22. 31	44. 78	23. 33	184. 5
受托资产管理业务净收入	70. 30	124. 35	274. 88	134. 34	185. 6
证券投资收益	305. 52	710. 28	1413. 54	244. 86	-9. 3
利息收入	184. 62	446. 24	591. 25	169. 04	3. 5
净利润	440. 21	965. 54	2447. 63	624. 72	93. 1

资料来源：中国证券业协会。

证券业在经营稳健性方面的问题也比较明显。一是债务增长速度偏快，2016 年上半年证券业总负债为 4. 3 万亿元，比 2014 年同期增长 161. 7%，远超同期净资产、净资本和总资产的增速。这反映了行

业内对放大杠杆倍数以增加收益的长期诉求，与2012年以来监管机构对券商的净资本要求和债务融资约束有所放松直接相关。应当看到，放大杠杆倍数对券商业绩的提升发挥了积极作用，但并不是证券业盈利的主要推手。2016年上半年证券业杠杆倍数接近5倍，明显低于2014年，却取得了更好的经营业绩（见图1）。目前对杠杆倍数较为敏感的是资本中介业务和券商自营业务，就当前证券业应当发挥的功能而言，这两类业务都不适于成为券商主体业务。而且放大杠杆倍数对券商稳健经营构成潜在风险，不利于其聚焦证券中介业务。2016年6月，监管机构正式发布了修订后的《证券公司风险控制指标管理办法》及相关文件，要求券商加强净资本管理和风险控制，明确了监管机构有权对风险控制指标进行逆周期管理。该办法自2016年10月起实施，有望对证券业更好地管控债务风险发挥作用。

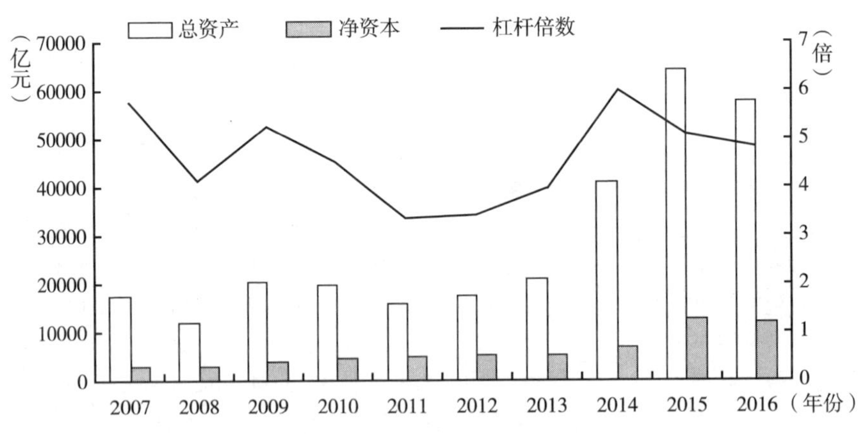

图1　证券业资本杠杆率

注：2016年为年中数。
资料来源：中国证券业协会。

二是通道业务在资产管理业务中占比过高，导致证券公司在资产管理业务中的自主性下降，潜在违约风险和操作风险升高。2012年证券业受托管理资金总额约为2万亿元，但到2016年9月末，这一数据已经接近16万亿元，资产管理产品约为2.3万个（见表2）。其中，以商业银行通道业务为主的定向资产管理计划产品的资产规模达到13.1万亿元，涉及资产管理产品约1.9万个。如果不考虑通道业务，证券公司资产管理业务规模增长应在合理范围内。通道业务承担着将商业银行表内资产转移到表外的职能，是影子银行的组成部分，以往是信托业的一项主要业务，近年来证券业也开始参与此类业务，而且管理资金规模扩大十分迅速。客观上，证券业的加盟拓宽了银行资金的投放渠道，其竞争降低了通道成本，也增大了商业银行资金流向的监管难度。就券商而言，通道业务有利于增加资产管理业务收入，不过庞大的、迅速扩大的被动资产管理规模，使证券公司的风险管理能力难以适应要求，潜在风险较大；对实体经济而言，通道业务延长了融资链条，增加了企业融资成本，部分属于同业交易性质的通道业务还助长了资金“避实就虚”势头，催生资产泡沫，不利于银行资金支持实体经济。监管机构已经明确表态不支持证券业继续拓展通道业务，新的风险控制规则也会对通道业务有所抑制。但如果不能从根本上化解银行经营模式与监管体制的矛盾，不能为银行资金提供更多合理合规的出口，那么流动性过剩条件下的银证合作仍然有可能以其他形式继续存在，从而衍生出新的监管空白和潜在风险。

表2　证券公司资产管理业务规模（2016年9月）

类型	产品数量(个)	资产规模(亿元)
集合计划	3646	21339.41
定向资产管理计划	18505	130872.33
专项资产管理计划	330	3265.03
直投子公司的直投基金	406	2192.30
合　计	22887	157669.10

资料来源：中国证券投资基金业协会。

三是证券业经营业绩与股市波动和监管政策变化的关联过于密切，行业的核心竞争力培育进展缓慢。在股市波动期和交易活跃期，证券业经营业绩偏好。即使在2015年股市震荡期，大批投资者损失惨重，但证券业仍然获得2400多亿元的净利润，创历史纪录。其中贡献最大的经纪业务净收入达到2700亿元，这恰恰是证券业自动化程度最高、人力成本最低的业务品种。而与股市关联性较弱的投资银行业务、财务顾问业务和资产管理业务，却受到监管机构证券发行节奏控制、上市公司重组审核和相关监管规则变化的较大影响。在目前监管机构与证券业和谐关系的主导下，证券业可以继续享受垄断利润和监管呵护，未来这种关系一旦发生变化，证券业进入门槛降低，证券业务市场化程度提高，现有券商核心竞争力缺乏，将导致行业竞争格局发生重大变化。

二　2016年基金业运行分析

在行业自律组织主导和监管机构支持下，基金业初步完成了包含公募基金管理人、私募基金管理人及产品的一体化监管框架。长期不透明的私募基金群体终于浮出水面，由两类管理人共同构成的基金业，呈现证券投资与实业投资共同发展的鲜明的多元化特征。

据中国证券投资基金业协会统计，截至2016年9月末，公募基金管理公司共有107家，其中中外合资公司44家、内资公司63家，取得公募基金管理资格的证券公司或证券公司资产管理子公司共12家、保险资产管理公司1家，以上机构管理的公募基金资产合计达8.83万亿元。在中国证券投资基金业协会注册的私募基金管理人有1.7万家，其中包括近8000家私募证券投资基金管理人、8000家私募股权投资基金管理人和1000余家创业投资基金管理人，这些机构管理的资产总额达到6.7万亿元。如果将公募基金公司的私募资产管理业务计算在内，那么现有的私募基金规模将达到24万亿元，接近目前公募基金规模的3倍，这还没有将证券公司的私募资产管理业务计算在内。基金行业的私募化趋势有其必然性。一是以开放式为主的公募基金，其管理人和基金投资者难以建立长期的信托关系，市场波动导致频繁的基金赎回行为，致使基金管理人难以保持良好的投资业绩，形成“高赎回—低业绩—募资难”的恶性循环；而私募基金一般可以保持相对固定的封闭期，基金管理人有条件成功实施既定策略，且受短期业绩波动和基金赎回的影响较小。二是公募基金管理人通常仅按管理资产的某个固定比例提取管理费，基金经理个人的收入也受到限制，薪酬机制的激励作用不足，不利于调动基金管理人的工作积极性；而私募基金管理人除获得与公募基金管理人相同的管理费之外，还可以参与超额收益分成，基金经理的收入限制也比较少，这是许多优秀公募基金经理转做私募的主要原因。三是从资金募集成本、信息披露要求、投资者关系和监管等方面看，私募基金相较于公募基金具有更多优势。2013年以来，虽然公募基金的数量和规模保持同步增长（见图2），但如果不考虑以现金管理为主的货币市场基金，那么公募基金的总规模仅从2013年的2.4万亿份增加到2016年9月4.1万亿份，基金平均份额则从25亿份下降到12亿份，这与私募基金管理人数量和资产规模的迅速增加形成鲜明对比。

表3展示了更加清晰的公募基金结构。货币基金虽然仅有248只，基金份额却达到4.4万亿份，占基金总规模的比重超过50%。1531只混合基金的总份额仅为1.8万亿元。从以上数据不难看出，基金业正在补“市场化”课程，越过私募阶段、依靠行政力量强推公募基金的路径被证明是走不通的，基金业仍然需要首先通过私募方式积累运营经验和市场信誉，获得投资者支持，才可能具备条件发行公募基金。从这个意义上说，少数已经具有多年经验和市场口碑、运作比较成熟的私募基金管理人，有较大可能在监管规则允许时率先发行公募基金。

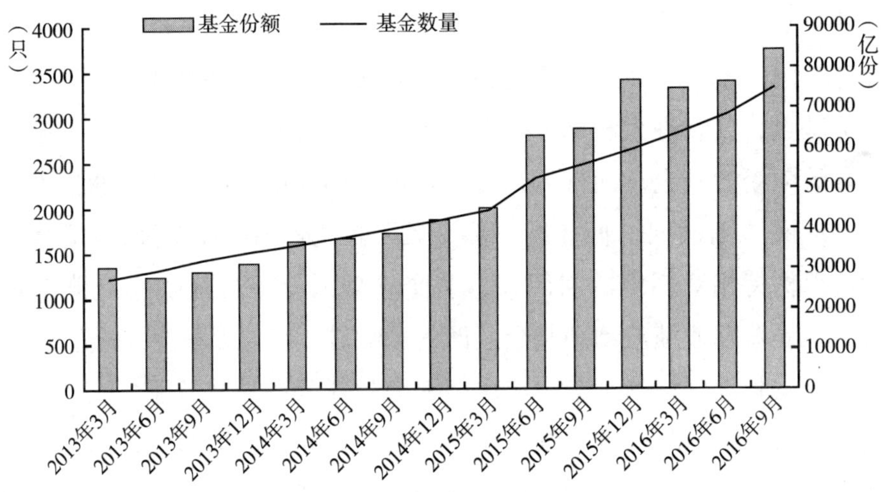

图 2　公募基金规模的变化

资料来源：中国证券业协会。

表 3　公募基金结构（2016 年 9 月）

基金类型	基金数量(只)	基金份额(亿份)	基金净值(亿元)
封闭式基金	247	4105.05	4362.28
开放式基金	3168	80196.17	83969.4
股票基金	636	6473.97	7161.31
混合基金	1531	18245.78	20074.76
货币基金	248	44185.46	44329.6
债券基金	641	10290.38	11471.1
QDII 基金	112	1000.58	932.63
合　计	3415	84301.22	88331.68

资料来源：中国证券投资基金业协会。

同证券公司的情况类似，基金管理公司的通道业务近年来增长迅速，目前的通道业务规模估计在 10 万亿元以上。这些通道业务主要是以基金子公司发行一对一产品和一对多产品的方式开展的。目前两类产品总数为 1.6 万个，70 余家基金子公司平均每家的产品数量超过 200 个（见表 4）。就各家公司目前的运营能力而言，由专人对这些产品进行主动管理几乎是不可能的，因此多数产品是通道类产品和被动管理产品。基金子公司成立之初，监管环境比较宽松，获准经营的业务领域相当广泛。银行资金多渠道运用为基金子公司开展通道业务创造了条件，尽管这类业务的管理费比例较低，但通常资金数量庞大，为基金子公司带来的绝对收益相当可观，且不需要投入太多资源。于是，通道业务很快成为这些公司的主体业务。通道业务无疑也产生了一些新问题，如基金子公司承担的潜在风险过高，后期陆续发生多起违约事件，公司的主动管理业务没有得到应有的重视，等等。为有效遏制通道业务在基金业过度增长的势头，监管机构参照《证券公司风险控制指标管理办法》（2016 年修订），草拟了《基金管理公司特定客户资产管理子公司风险控制指标管理暂行规定》，并公开征求意见。该草案提高了基金公司设立子公司的资质要求，强化了净资本管理在基金子公司风险管理中的核心地位，明确提出基金子公司要实现“去非标化”和限制产品嵌套，抑制资金“脱实向虚”。该草案一旦正式颁布实施，将基本消除券商资产管理业务与基金子公司资产管理业务间的监管套利空间，迫使基金子公司收缩通道业务规模。由于通道业务的存在有其合理性，未来基金业不太可能中止资产管理业务方面的银基合作。在双方持续深化资金、客户、业务领域合作的基础上，通道业务有可能逐步转向具有更多实质内容的积极的资产管理业务。

表 4　私募基金规模（2016 年 9 月）

产品类型	产品数量(个)	资产规模(亿元)
基金公司	6772	62431.41
一对一产品	3481	40977.26
一对多产品	3291	9238.83
社保基金及企业年金	—	12215.32
基金子公司	16040	111493.33
一对一产品	8974	84481.48

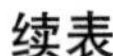

续表

产品类型	产品数量(个)	资产规模(亿元)
一对多产品	7066	27011.85
私募证券投资基金	23511	23855.53
私募股权投资基金	12320	29275.24
创业投资基金	2017	3088.37
其他	3382	10371.56
合　计	64042	240515.44

资料来源：中国证券投资基金业协会。

三　2017年证券基金业展望

2017 年全球经济复苏形势有望进一步明朗化，一方面，我国宏观经济将保持稳定增长，供给侧结构性改革步入深水区，部分触及体制根本的改革措施开始实施；另一方面，美国政府更迭和英国脱欧等事件的国际经济政治效应仍然不明确，国内宽松货币环境所形成的影响从银行业波及证券基金业，资金“脱实向虚”势头仍然没有被完全遏制，民间产业投资增长乏力，金融体系对经济转型升级的支持力度依然不足。

高利润率和高进入门槛将继续利好 2017 年证券基金业的经营数据，股票市场稳定上扬属大概率事件，证券公司和公募基金管理公司受益会更加明显。如果从行业竞争力培育和资金中介效率的角度考察，证券基金业仍然有许多艰巨任务需要完成。第一，券商和基金公司应当认真谋划如何在监管新规实施后，在现有通道业务的基础上发挥主动管理作用，将通道业务转化为优势资产管理业务，而不仅仅是退出通道业务。第二，作为监管新规的直接后果，部分证券公司和基金公司将直面资本不足问题，在股市上扬阶段实施 IPO 或再融资，将是许多证券公司和基金公司的理性选择。预计 2017 年此类股权融资活动和券商次级债发行将进入活跃期。第三，作为中央全面深化改革重头戏的股票发行注册制改革日益迫近，券商的股票发行业务将面临更多变化和更大的竞争压力，股票承销风险陡增，如果证券业不能积极配合改革，可能延缓改革进程。第四，行业的资源配置能力仍然落后于市场，新三板和区域股权市场的发展，以及沪港通和深港通制度安排的陆续实施，为国内证券基金业创造了大量业务机会，其中相当一部分机会没有得到充分利用，行业与市场的相互促进作用还很不够。第五，银行体系过剩流动性的持续外溢，将促使决策层加快金融综合监管布局，监管思路从机构监管逐步转向业务监管，监管架构的重新调整将重塑各金融子行业的竞争格局，以银行系统为背景的证券公司和基金公司将在与母银行更紧密的合作中获得新优势，而其他证券公司和基金公司将面临通道业务大幅减少和来自银行业的全面竞争压力。

作为金融业的组成部分，证券基金业的发展规律同实体部门不同，简单地通过放松管制和提高竞争性等措施，对提高行业竞争力的作用有限，而且可能形成新的潜在风险，需要以更好地服务实体经济为目标，在发挥行业主动性和防控风险间取得平衡，而如何与银行业形成更加协调的竞争合作关系，将是未来数年内提升证券基金业核心竞争力的关键性因素。

B.4

2016年的中国保险业

郭金龙　王向楠*

摘　要：　2016年是“十三五”规划的开局之年。中国保险业保费收入继续保持快速增长，产寿险出现一定分化；保障型业务的保费收入占比上升，投资性业务收入增长较快；保险赔款给付保持平稳增加；保险资金运用更加积极，投资收益率有所下降；保险板块在沪深股市的表现平平。2016年保险资金“举牌”上市公司受到关注、商业车险条款费率市场化改革向全国推开、保险业实施“营改增”、相互制保险步入新的发展阶段等对保险业的发展产生了重要影响。《中国保险业发展“十三五”规划纲要》出台、税收优惠型商业健康险政策实施、宁波获批首个国家保险创新综合试验区、防范保险资金运用风险的规范性文件接连发布等对保险业的发展将产生深远影响。

关键词：　保险资金运用　费率市场化　“营改增”　“十三五”规划　相互制保险

* 郭金龙，中国社会科学院金融研究所研究员、保险研究室主任，中国社会科学院保险与经济发展研究中心秘书长。王向楠，中国社会科学院金融研究所助理研究员，中国注册会计师、（英国）国际会计师、（美国）金融风险管理师。

一　2016年中国保险业的运行

（一）保费收入继续保持快速增长，产寿险出现一定分化

2015 年 10 ~ 12 月，中国保险业原保险保费收入为 5242 亿元，同比增长 22%；2016 年 1 ~ 9 月，原保险保费收入为 25168 亿元，同比增长 32%，大幅高于上年同期 19% 的增速。2015 年，中国保险业原保险保费收入排名世界第 3 位，超越英国，较 2014 年上升 1 位；保险密度为 1766 元/人，同比增长 19%，排名世界第 53 位，较 2014 年上升 4 位；保险深度为 3.59%，同比增长 0.41 个百分点，排名世界第 40 位，较 2014 年上升 4 位（见表 1、图 1、图 2）。

表 1　保费收入、保险密度和保险深度

指　标	2006年	2007年	2008年	2009年	2010年	2011年	2012年	2013年	2014年	2015年	2016年1~9月
保费收入(亿元) (世界排名)	5641 (9)	7036 (10)	9784 (6)	11137 (7)	14528 (6)	14339 (6)	15488 (4)	17222 (4)	20235 (4)	24281 (3)	25168
保险密度(元/人) (世界排名)	429 (70)	532 (69)	737 (66)	835 (64)	1083 (61)	1064 (61)	1144 (61)	1266 (60)	1479 (57)	1766 (53)	—
保险深度(%) (世界排名)	2.59 (47)	2.63 (48)	3.09 (43)	3.22 (44)	3.55 (39)	2.96 (45)	2.90 (46)	2.93 (49)	3.18 (44)	3.59 (40)	—

资料来源：中国保监会、瑞士再保险公司世界保费收入数据库。

2015 年 10 ~ 12 月，财产险保费收入为 2084 亿元，同比增长 12%；2016 年 1 ~ 9 月，财产险保费收入为 6371 亿元，同比增长 8%，低于 2015 年同期 11% 的增速。财产险保费收入增速放缓主要受累于汽车销售量的增速放缓，也受到市场化改革后车险费率下降的影响。在财产险业务中，2015 年 10 ~ 12 月，交强险保费收入为 432

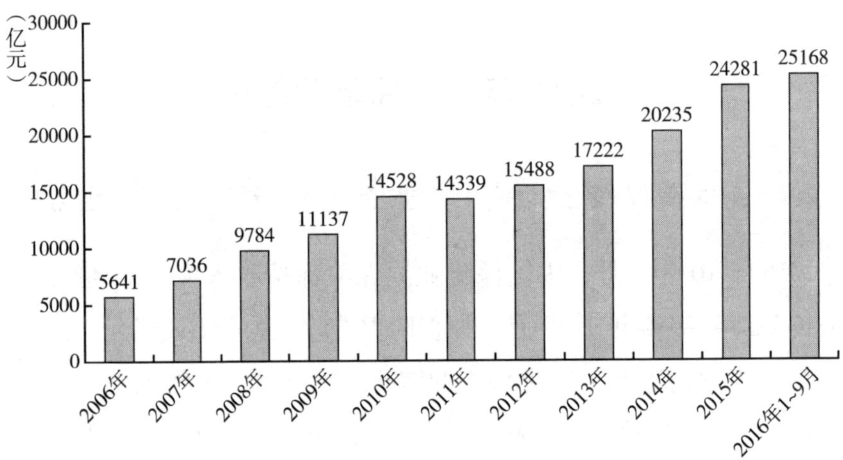

图 1　保费收入总量

资料来源：中国保监会。

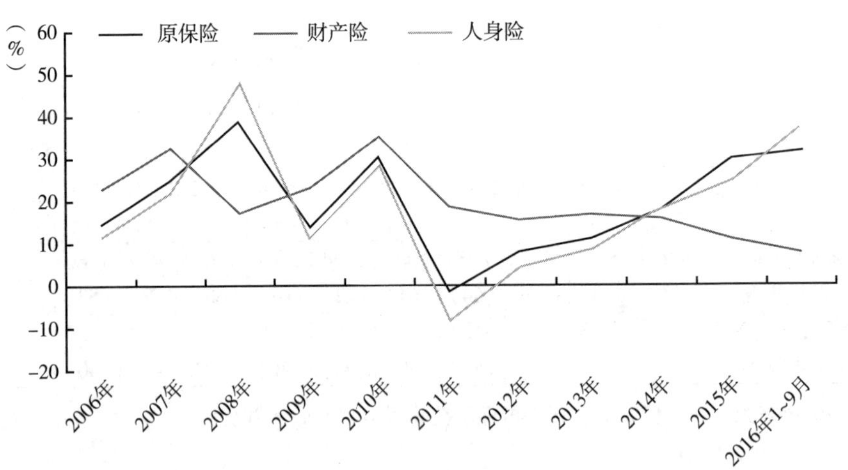

图 2　保费收入同比增长率

资料来源：根据中国保监会的数据计算。

亿元，同比增长 13%；2016 年 1 ~ 8 月，交强险保费收入为 1084 亿元，同比增长 7.87%，低于 2015 年同期 10% 的增速。2015 年 10 ~

12 月，农业保险保费收入为 52 亿元，同比增长 15%；2016 年 1～8 月，农业保险保费收入为 340 亿元，同比增长 11.26%，低于 2015 年同期 15% 的增速。2015 年，中国非寿险保费收入排名世界第 2 位，与 2014 年持平。

2015 年 10～12 月，人身险保费收入为 3158 亿元，同比增长 29%；2016 年 1～9 月，人身险保费收入为 18797 亿元，同比增长 43%，高于 2015 年同期 24% 的增速。在人身险业务中，2015 年 10～12 月，寿险保费收入为 2446 亿元，同比增长 22%；2016 年 1～9 月，寿险保费收入为 14784 亿元，同比增长 37%，大幅高于 2015 年同期 21% 的增速。寿险保费收入的高速增长是由于产品费率政策改革和 2015 年良好的投资业绩提升了产品的吸引力。2015 年 10～12 月，健康险保费收入为 574 亿元，同比增长 76%；2016 年 1～9 月，健康险保费收入为 3430 亿元，同比增长 87%，高于 2015 年同期 52% 的增速。2015 年 10～12 月，意外伤害险保费收入为 138 亿元，同比增长 21%；2016 年 1～9 月，意外伤害险保费收入为 583 亿元，同比增长 17%，略高于 2015 年同期 16% 的增速（见图 3）。健康险业务继续快速增长，反映出保障型业务发展以及健康险个税优惠政策的影响。2015 年，中国寿险保费收入排名世界第 4 位，与 2014 年持平。

在按照上一年营业收入排名的财富世界 500 强（Fortune 500）中，2016 年，中国有 7 家保险公司上榜，占上榜保险公司总数（56 家）的 12.5%，占上榜中国公司总数（110 家）的 6.4%。2015 年已经上榜的 6 家中国保险公司的位次均继续上升，平安集团从第 96 位上升到第 41 位，国寿集团从第 94 位上升到第 54 位，人保集团从第 174 位上升到第 119 位，太保集团从第 328 位上升到第 251 位，友邦保险（总部位于香港）从第 467 位上升到第 456 位，国泰人寿（总部位于台北）从第 471 位上升到第 468 位。2016 年新上榜的一家中国保险公司为新华人寿保险股份有限公司，排名第 427 位。

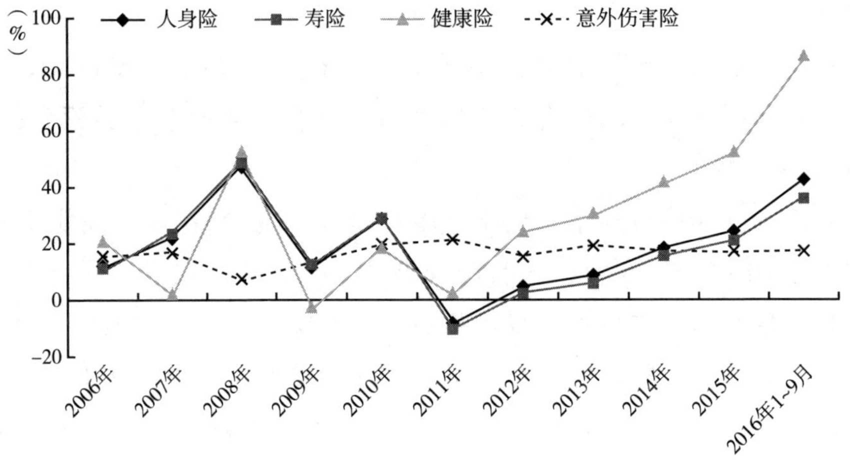

图3　人身险各险种的保费收入增长率

资料来源：根据中国保监会的数据计算。

（二）保障型业务的保费收入占比上升，投资性业务收入增长较快①

在财产险业务中，农业保险、工程保险和责任保险等保障性较强的险种保持快速增长态势。2016 年 1 ~9 月，这三个险种的保费收入分别为 360. 06 亿元、77. 16 亿元和 280. 74 亿元，同比增长 11. 82%、10. 55% 和 19. 89%；这三个险种在财产险公司总保费收入中的占比分别为 5. 65%、1. 21% 和 4. 41%，较上年同期上升 0. 14 个、0. 02 个和 0. 37 个百分点。在人身险业务中，2016 年 1 ~9 月，保障性较强的普通寿险保费收入为 8967. 26 亿元，同比增长 63. 47%，占人身险公司所有收入的 48. 89%，较上年同期上升 5. 96 个百分点。

在寿险公司的收入中，万能保险的规模保费收入主要计入了“保

① 《2016 年前三季度保险业快速发展　服务经济社会能力增强》，中国保监会网站，2016 年 11 月 1 日，http：//www. circ. gov. cn/web/site0/tab5168/info4048740. htm。

户投资款”，投资连结保险的规模保费收入主要计入了“独立账户资产（或负债）”。2015 年 10 ~ 12 月，寿险公司“未计入保险合同核算的保户投资款”与“独立账户本年新增缴费”两项之和为 2401 亿元，同比增长 128%；2016 年 1 ~ 9 月，寿险公司“未计入保险合同核算的保户投资款”与“独立账户本年新增缴费”两项之和为 9964.15 亿元，同比增长 91%。因此，在保障型业务快速增长的同时，万能保险和投资连结保险这两类投资性强的业务规模也在继续快速增长。

（三）保险赔款给付保持平稳增加

2015 年 10 ~ 12 月，保险赔付支出为 2414 亿元，同比增长 22%，简单赔付率为 46%；2016 年 1 ~ 9 月，保险赔付支出为 7751 亿元，同比增长 24%，简单赔付率为 31%，较上年同期下降约 2 个百分点。

2015 年 10 ~ 12 月，财产险赔款为 1302 亿元，同比增长 14%，简单赔付率为 63%；2016 年 1 ~ 9 月，财产险赔款为 3322 亿元，同比增长 15%，简单赔付率为 52%，较上年同期上升 4 个百分点。

2015 年 10 ~ 12 月，人身险赔付为 1112 亿元，同比增长 34%，简单赔付率为 35%；2016 年 1 ~ 9 月，人身险赔付为 4428 亿元，同比增长 31%，简单赔付率为 30%，较上年同期上升 9 个百分点。在人身险业务中，2015 年 10 ~ 12 月，寿险给付为 822 亿元，简单赔付率为 33.6%；2016 年 1 ~ 9 月，寿险给付为 3610 亿元，简单赔付率为 32%，较上年同期上升 7 个百分点。2015 年 10 ~ 12 月，健康险赔付为 247 亿元，简单赔付率为 43%；2016 年 1 ~ 9 月，健康险赔付为 687 亿元，同比增长 33%。2015 年 10 ~ 12 月，意外伤害险赔付为 43 亿元，简单赔付率为 31%；2016 年 1 ~ 9 月，意外伤害险赔付为 131 亿元，同比增长 20%。

（四）保险资金运用更加积极，投资收益率有所下降

2016 年 8 月末，中国保险业总资产为 144826 亿元，同比增长

28.48%；保险业净资产为17312亿元，同比增长20.23%。保险业总资产的增速高于净资产，2016年8月末，保险业的杠杆率为8.36，较上年同期高0.4。截至2016年9月，保险资金运用规模达到128286元，同比增长23.42%。在低利率环境下，固定收益资产的回报不佳，保险公司的资金运用更加积极，主要表现在以下几个方面：①截至2016年8月，银行存款和债券投资合计占比为52%，较上年同期大幅下降7个百分点；②股票和证券投资基金占比为14%，较上年同期上升1个百分点；③其他投资（基础设施债权计划投资、不动产投资、股权投资、理财产品投资等）占比继续上升，较上年同期大幅上升7个百分点（见表2）。

表2 保险资金运用结构

单位：%

指标	2013年	2014年	2015年	2016年8月
银行存款	29	27	22	52
债券投资	43	38	34	
股票和证券投资基金	10	11	15	14
其他投资	17	24	29	34

资料来源：中国保监会。

2016年1~9月，受整体经济环境的影响，保险资金运用收益率为3.95%，较2015年大幅下降3.61个百分点（见图4）。保险资金运用收益率下降也拉低了保险业的经营利润。根据中国保监会的数据，2016年1~9月，所有保险公司的利润之和为1569.60亿元，同比下降35.68%，减少的金额为870.59亿元。其中，所有财产险公司的利润之和为482.44亿元，同比下降29.35%，减少的金额为200.40亿元；所有寿险公司的利润之和为819.50亿元，同比下降47.15%，减少的金额为730.97亿元；所有再保险公司的利润之和为50.66亿元，同比下降32.62%，减少的金额为24.52亿元；所有资产管理公司的利润之和为56.00亿元，同比增长23.67%，增加的金额为10.72亿元[①]。

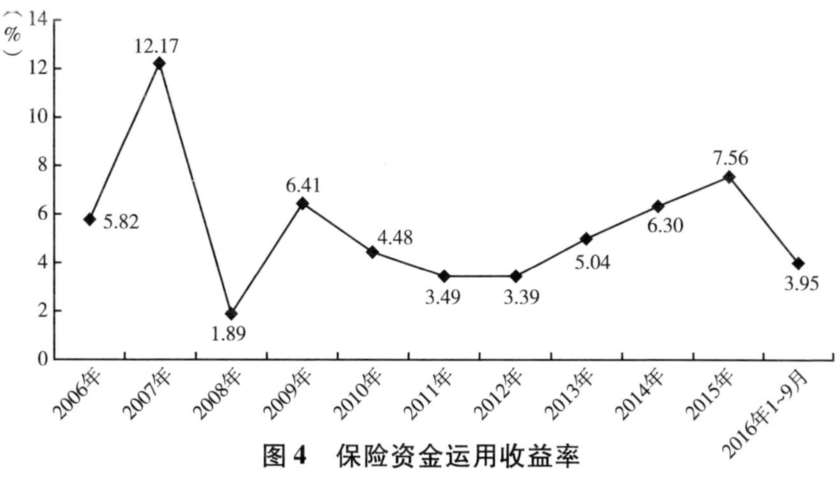

图4　保险资金运用收益率

资料来源：中国保监会。

（五）保险板块在沪深股市的表现平平

目前，沪深股市6家保险公司的股票构成了保险板块：中国人寿、中国平安、中国太保、新华保险、控股国华人寿的天茂股份和控股天安财险的西水股份。2016年1～9月，保险板块期末境内总市值为11373亿元，同比下降28%；保险板块期末境内总市值占沪深股市总市值的比重为2.34%，较上年同期下降1.04个百分点。因此，保险企业在2015年的优秀业绩并没有传到其股票表现上。2016年1～9月，保险板块的区间成交金额为5203亿元，同比下降86%；保险板块的区间成交金额占沪深股市总成交金额的比重为0.54%，较上年同期下降1.37个百分点。2016年1～9月，保险板块交易仍然比较平淡，日均换手率为0.74%，较上年同期下降1.01个百分点；而同期沪深股市的日均换手率为3.46%，

① 《2016年前三季度保险业快速发展　服务经济社会能力增强》，中国保监会网站，http：//www.circ.gov.cn/web/site0/tab5168/info4048740.htm，2016年11月1日。

较上年同期下降 1.57 个百分点。由于上市保险公司的主要股东多是“中”字头机构或 QFII 等成熟的机构投资者，持股比较稳定，所以保险板块的换手率一直比较低。2016 年 1 ~ 9 月，保险板块的年化波动率为 56.66%，较上年同期高 8.01 个百分点，较沪深股市整体的年化波动率低 7.8 个百分点，所以保险股在一定程度上起到了稳定股市的作用（见表 3）。

2016 年 9 月末，保险板块的杠杆率为 9.66，与上年同期的 9.60 相比变化不大；保险板块的杠杆率较沪深 A 股（非金融）公司高 7.17。2016 年 9 月末，保险板块的市盈率为 18.07，较上年同期高 5.20，此变动主要受保险企业估值上升的影响；而沪深股市整体的市盈率为 21.67，2015 年末为 18.04。2016 年 9 月末，保险板块的市净率为 1.91，与上年同期持平；沪深股市整体的市净率为 2.08，与上年同期基本持平。

表 3　保险板块在沪深股市中的表现

指标		2009 年	2010 年	2011 年	2012 年	2013 年	2014 年	2015 年	2016 年 1 ~ 9 月
行情指标	保险板块期末境内总市值（亿元）	15177	12283	10233	12572	9973	20483	12955	11373
	保险板块期末境内总市值占沪深股市总市值的比重（%）	5.29	4.08	4.12	4.73	3.68	4.83	2.44	2.34
	保险板块的区间成交金额（亿元）	7783	6233	4344	3908	5774	11039	44159	5203
	保险板块的区间成交金额占沪深股市总成交金额的比重（%）	1.48	1.16	1.04	1.26	1.25	1.50	1.74	0.54
	保险板块的日均换手率（算术平均）（%）	1.49	0.66	5.60	1.03	0.52	0.73	2.59	0.74
	保险板块的日均换手率 - 沪深股市的日均换手率（个百分点）	-3.39	-3.50	2.74	-1.26	-1.90	-2.05	-2.48	-2.72
	保险板块的年化波动率（算术平均）（%）	64.29	48.21	35.13	33.91	38.54	42.23	53.18	56.66
	保险板块的年化波动率 - 沪深股市的年化波动率（个百分点）	1.36	-0.72	-6.14	-5.50	-4.06	-0.81	-6.32	-7.8

续表

指标		2009年	2010年	2011年	2012年	2013年	2014年	2015年	2016年1～9月
财务指标	保险板块的杠杆率(整体法)	7.20	8.09	10.18	10.45	11	9.55	9.38	9.66
	保险板块的市盈率(历史TTM,整体法)	56.96	18.65	17.47	33.64	14.41	24.96	23.18	18.07
	保险板块的市净率(整体法)	4.1	3.06	2.61	2.45	1.8	2.77	2.39	1.91

资料来源：Wind资讯。

二　保险业大事件

（一）“偿二代”正式实施

自2016年1月起，中国第二代偿付能力监管体系（以下简称“偿二代”）正式实施。“偿二代”在规则设计上更多地考虑了承保业务和投资业务的风险，从而提高（降低）了业务结构较差（较好）、投资激进（稳健）的公司的偿付能力要求。中国的“偿二代”与美国基于风险的资本监管体系、欧盟的偿付能力第二代监管体系一样，成为具有中国自身特点的对世界保险监管有重要影响的偿付能力监管体系。在快速变化的中国保险市场中，“偿二代”能否发现和管控好保险公司的风险，需要继续观察和完善；而“偿二代”的实施对保险公司的承保、投资、组织结构、社会贡献等方面将产生何种影响，也需要进一步去检验。

（二）保险资金“举牌”上市公司受到关注

2015年12月爆发的“万科宝能之争”令保险资金“举牌”事件引起了公众的极大关注。近年来保险公司资金运用的渠道和比例管制大幅放松，2015 年“股灾”过后大量股票价格处于低位，保险资金较以往加大了对上市公司的投资力度。作为机构资金的保险资金入市稳定了股市，保险资金“举牌”的多是安全性和流动性好的银行、地产、商贸等蓝筹公司，保险公司的偿付能力由“偿二代”进行监管，中国保险资金投资股市的比例仍然低于发达国家，因此“举牌”上市公司有一定的合理性。关键在于，在当前阶段，民众甚至很多专业人士对保险资金的来源和保险机构的稳健性、投资风险等有所质疑，因此，自 2015 年 12 月起，中国保监会在资金运用、公司治理等方面出台了一系列文件，进行了更为严格的监管和信息披露。

（三）商业车险条款费率市场化改革向全国推开

自 2016 年 1 月起，商业车险条款费率市场化改革（以下简称“商车费改”）试点从 6 个省扩大到 18 个省，自 2016 年 7 月起，改革向全国推开。此次“商车费改”的内容主要包括以下两个方面：一是建立健全商业车险条款费率形成机制；二是加强和改善商业车险条款费率监管，最终实现符合条件的保险公司根据自有数据开发商业车险条款费率。与我们之前的预期一样，此次“商车费改”促进了行业增长和稳定，为消费者提供了与其偏好和风险状况相适宜的产品，推动了保险与新技术的快速融合。在“商车费改”的过程中还应当注意加强实施备案产品自主注册改革，避免不理性的价格战，加快建设中国保险市场退出机制。下一步，保险业将与相关部门沟通推进交强险制度改革，建立意外伤害险的调节机制和定价回溯制度。

（四）保险业实施“营改增”

自 2016 年 5 月起，金融保险业开始实施“营改增”。增值税通过“环环征收、层层抵扣”的税制设计可以减少重复征税，有利于完善增值税抵扣链条，进而促进市场的专业化分工与协作。保险业由于自身的一些特殊性，在开始实施增值税时面临一些政策不明确或过渡性的问题，结合中国保监会财会部副主任赵宇龙和全国政协委员戴皓的分析，针对这些问题的建议包括：对“营改增”之前发生的企业债、公司债、债券投资计划等利息收入免征增值税；对金融商品买卖差价年末汇总出现的负差，允许结转到下一年度；明确“视同销售行为”的政策和进项抵扣政策；允许保险公司按季而非按月申报纳税；对金融业不要求“三流合一”（货物、劳务及应税服务流，资金流，发票流必须是同一受票方）；对原营业税下的税收优惠政策继续保留；将涉及民生、“三农”以及国家扶持的科技、文化、小微企业和交强险等业务纳入免税范围。

（五）上海保险交易所正式开业

2016 年 6 月，上海保险交易所正式开业，按照“公司化、市场化、专业化”原则组建，首期注册资本为 22.35 亿元。上海保险交易所当前的主要工作是搭建国际再保险、国际航运保险、大宗保险项目招投标、特种风险分散的业务平台，业务领域主要有一般财产险、责任险、意外伤害险、健康险、再保险和保险资产管理交易。相较于其他绝大多数金融产品，保险产品的标准化和流动性要低很多；相较于券商等竞购经营的资产管理产品，保险资产管理产品缺乏交易流通的平台。上海保险交易所的建设是一个长期的过程，将有利于发展大型/巨灾保险和再保险业务，发展保险相关的资产交易，完善保险定价机制，催生高技术含量的中介机构，是上海建设国际保险和金融中心的重要组成部分。

（六）相互制保险步入新的发展阶段

2016 年 6 月，中国保监会批准筹建众惠财产相互保险社、汇友建工财产相互保险社和信美人寿相互保险社三家相互制保险机构。中国保险市场上曾经长期没有相互制组织形式的机构。2005 年 1 月至

2016年6月，我国在农业领域先后成立了一家相互保险公司和两家互助社。2016年6月，三家相互制保险机构在数十家申请者中率先获批进行筹建，标志着相互制保险在我国保险市场步入新的发展阶段。从国际保险市场来看，根据瑞士再保险公司的数据，2014年，相互制保险保费占非寿险保费的比重接近30%，基本与2007年持平；同期相互制保险占寿险行业的份额上升3个百分点，略低于23%，即便如此，寿险相互制保险的市场份额仍远远低于20世纪80年代后期和90年代早期2/3的水平。中国在发展相互制保险的过程中，也应当注意相互制在分散有限风险、利用资本市场、收购其他公司、激励管理人员等方面相对于股份制机构的劣势。

（七）两位学者获金融学科终身成就奖

2016年9月，2016～2017年度“中国金融学科终身成就奖”评选结果公布，南开大学刘茂山教授（与山西财经大学孔祥毅教授一道）、中央财经大学李继熊教授（与辽宁大学白钦先教授一道）分别成为2016年度和2017年度的获奖者。这是“中国金融学科终身成就奖”首次颁发给主要从事保险学教育和研究的在科研机构工作的学者。刘茂山教授先后主持恢复重建南开大学金融学科、创建南开大学保险学科，创立了全国第一个精算学科，在推进中国金融业发展和创新金融保险基本理论方面做出了杰出的贡献。李继熊教授早年于保险行业第一线积累了丰富的实践经验，对保险理论有着深刻的认识，培养了一大批保险业高端人才，对保险业发展产生了重要影响。

（八）内地居民赴港购买保险的人次和金额大幅上升

内地居民赴港购买保险的人次和金额大幅上升，2015年，内地居民赴港购买个人寿险的新单保费达316亿港元，是2010年的7倍多。内地居民赴港购买保险的原因主要是：香港保险产品丰富，可以满足各类人群尤其是高收入人群的需要；香港保险市场竞争充分，产品价格较低，服务水平较高；近年来一些消费者对人民币的贬值预期。在向内地消费者提示购买保险存在的相关风险的同时，中国保险业需要加强自身建设，包括：增强保险公司产品设计的自主权，鼓励保险公司为消费者提供多层次、高性价比的寿险产品；扩大和丰富保险市场主体，放宽保险企业跨区域经营限制；加快推进美元、港元计价保单试点，丰富居民外币投资产品。

三　保险业重大政策与制度调整

（一）《中国保险业发展“十三五”规划纲要》出台

2016 年 9 月，中国保监会印发了《中国保险业发展“十三五”规划纲要》（以下简称《纲要》）。《纲要》提出了“十三五”时期保险业发展必须遵循的六项基本要求：优化供给，创新发展；深化改革，协调发展；提质增效，科学发展；融入全球，开放发展；以人为本，共享发展；依法监管，健康发展。《纲要》还提出了业务发展、产品和服务供给、行业影响力、消费者满意度、法治化水平、监管现代化六个方面的具体目标，使总体目标更加具体和更有针对性，也更方便评估和考核。其中，“业务发展”方面的目标主要是定量型的，即保险业实现中高速增长。到 2020 年，全国保险保费收入争取达到 4.5 万亿元左右，保险深度达到 5%，保险密度达到 3500 元/人，保险业总资产争取达到 25 万亿元左右。大型保险集团综合实力和国际影响力稳步提高，中小型保险公司实现差异化、特色化发展，保险市场体系丰富多元。

（二）推动保险产品的供给侧结构性改革

2016 年 8 月，中国保监会发布《关于启用财产保险公司备案产品自主注册平台的通知》，决定正式启用财产保险公司备案产品自主注册平台，规定财产保险公司可以在自主注册平台上进行实时的产品注册，无须再向中国保监会报送备案材料，而消费者可以通过公司名称、产品名称、保单上登记的产品注册号等查询保险公司的基本信息、产品信息和销售方案等情况。2016 年 9 月，中国保监会发布《关于强化人身保险产品监管工作的通知》，规定保险公司开发设计的人身险产品，除明确要求需事前审批的外，均实行事后备案管理。同时，中国保监会建立人身保险产品退出机制和产品问责机制，而保险公司应当建立人身保险产品回溯机制和产品信息披露机制。这两个"通知"体现了供给侧结构性改革和简政放权、放管结合、优化服务的要求，引导公司从价格竞争向产品创新竞争转变，落实保险公司的主体责任，提高产品的透明度，保护消费者的合法权益，提升监管效率。

（三）地震保险制度正式落地

2016 年 5 月，中国保监会、财政部印发《建立城乡居民住宅地震巨灾保险制度实施方案》（以下简称《实施方案》），明确了地震保险采用"政府推动、市场运作、保障民生"的原则，规定了保障对象、保险责任、保险金额、条款费率、保险理赔等关键制度环节。2016 年 7 月，居民住宅地震巨灾保险产品正式全面销售，标志着中国地震保险制度正式落地。巨灾保险在模式选择、定价模式、责任限额、偿付能力、基金归集等方面均不同于传统的财产保险和人身保险，2008 年汶川大地震之后，中国加快了巨灾保险制度的探索，《实施方案》的推出借鉴了多个国家的经验和我国深圳、宁波、云南、四川等地试点的经验。地震、洪水和台风是造成人身伤亡和财产损失的三大巨灾，在今后一个时期，保险业会继续努力建设洪水、台风等巨灾保险制度。

（四）出台《保险业功能服务指标体系》

2016年1月，中国保监会印发《保险业功能服务指标体系》（以下简称《指标体系》）。《指标体系》分为三个层级：第一层分为经济补偿、资金融通、社会管理和价值创造，共4类；第二层分为一般风险保障、服务防灾减灾、服务农业保障、完善现代金融、完善社会保障、参与社会管理、创造经济价值和创造社会价值，共8类；第三层基于具体险种和业务类别，分为财产保险、人身保险、融资支持、税收贡献和吸纳就业等，共23类。《指标体系》设计了核心指标和参考备用指标两类。其中，核心指标是纳入对保险公司考核框架的，共64个；参考备用指标用于对正式指标进行补充说明，供各级保险机构选择参考，共33个。2015年7月和8月，中国保监会相继发布《保险公司服务评价管理办法（试行）》和《保险公司经营评价指标体系（试行）》，此次又推出了64个考核指标，由于企业是以利润最大化为经营目标的，这令保险企业在实施具体措施上面临一定的选择困境。

（五）税收优惠型商业健康保险政策实施

2015年11月，财政部、国家税务总局和中国保监会联合印发《关于开展商业健康保险个人所得税政策试点工作的通知》，规定从2016年1月1日起，在4个直辖市和27个省级城市开展商业健康保险有关个人所得税政策试点工作，并规定在试点地区，个人购买符合规定的商业健康保险产品的支出，按照2400元/年的上限标准在当年计算应纳税所得额时予以税前扣除。此前，2015年8月，中国保监会发布《个人税收优惠型健康保险业务管理暂行办法》，规定了享受税收优惠的商业健康保险产品的范围，个税优惠健康保险产品采取万能险方式，包含医疗保险和个人账户积累两项责任。商业健康保险税优政策降低了个人对商业健康保险的消费成本，推动了保险公司

“保险账户 + 健康服务”经营模式的创新，促进了商业健康保险发挥对基本医疗保障的重要补充功能。

（六）宁波获批首个国家保险创新综合试验区

2016 年 6 月，国务院正式批复同意宁波建设国家保险创新综合试验区。过去的 10 年中，宁波在巨灾保险、居民住房综合保险、食品安全责任保险、医疗事故责任保险、小额贷款保证保险、农村保险互助社等领域的一批创新做法走在了全国前列，形成了诸多“宁波经验”“宁波模式”“宁波解法”，在服务经济社会发展等方面取得了明显成效。综合试验区建设的主要目标是：力争用 3 ~ 5 年时间，推进保险业创新驱动发展取得新成效，初步建立起市场体系完善、服务领域广泛、具有较强创新能力和综合竞争力、与当地经济社会发展水平相适应的现代保险服务业，为全国提供可复制、可推广的经验。

（七）为防范万能险等产品风险采取措施

近年来，部分公司以高现值财产险和万能险产品获得了大量资金，而较高承诺利率或结算利率又显示资金可能投向了风险较高的项目。2016 年 3 月，中国保监会发布《关于规范中短存续期人身保险产品有关事项的通知》，促使保险公司尤其是中小保险公司的业务结构由中短期产品向中长期产品或期缴型产品调整。2016 年 9 月，中国保监会发布《关于强化人身保险产品监管工作的通知》和《关于进一步完善人身保险精算制度有关事项的通知》，未来寿险市场很可能发生以下几个方面的变化：一是中短期投资理财型万能险账户资金规模将减少；二是万能险的保障功能将提升；三是万能险的最低保证收益率将降低；四是长期型、高保障型的万能险将获得更好的发展。

（八）接连发布防范保险资金运用风险的规范性文件

2015 年 12 月，中国保监会接连印发三个有关资金运用的规范性文件。《关于加强保险公司资产配置审慎性监管有关事项的通知》要求保险公司采取压力测试，并将压力测试报告提交中国保监会。《保险资金运用内部控制指引》的主要目的是提高保险公司在资金运用环节的内控水平，防止保险公司在投资过程中出现利益输送、内幕交易等情况。《保险公司资金运用信息披露准则第 3 号：举牌上市公司股票》要求保险公司及时披露其举牌上市公司的资金来源、投资比例、管理方式等信息，对于运用保费资金的，应列明相关账户和产品投资余额、可运用资金余额、平均持有期及现金流情况，以提升保险资金的透明度，加强社会监管，同时消除公众的担忧。

（九）加强保险公司治理监管

2015 年 12 月，中国保监会发布《保险法人机构公司治理评价办法（试行）》，通过设计评价指标体系对保险法人机构的公司治理实施定期评价。该办法结合公司自评和监管评价，将保险公司分为优质、合格、重点关注、不合格四级，建立红牌、黄牌警告制度，督促其整改，并将评价结果作为行政许可审核依据之一。在放开前端、管住后端的监管改革和“偿二代”已经正式运行的背景下，保险业开始更加重视公司治理监管建设，今后将逐步出台符合中国国情的一系列监管规则。

四　代表性观点与看法

（一）保险业增长与发展

2015 年 12 月，中国保监会项俊波主席表示，尽管当前中国保险业的规模已居全球前列，但伴随着国内经济社会的不断进步，2016 年底中国保险业规模有望超过日本，并在 5 ~ 7 年内赶上美国。从现代金融体系的结构来看，保险业的资产还有巨大的增长空间。2016 年 7 月，根据对“中国保险发展指数”的研究，中国保险行业协会朱进元会长表示，2015 年保险业基础实力指数为 113.7，较上年高 3.1，对总指数的贡献率为 27.6%，反映了保险业的健康快速发展态势；2015 年保险业服务能力指数为 113.1，较上年高 3.6，对总指数的贡献率最大，达到 31.2%，反映了保险业对国计民生的服务能力不断提高。

（二）保险创新与供给侧结构性改革

2015 年 12 月，新华人寿万峰总裁表示，中国寿险业在产品供给方面存在解决保险保障的产品有限、主流产品的性价比较低以及忽视社会、代理人利益等问题，在服务供给上存在重视保单客户服务而忽视代理人服务、重视附加值服务而忽视基本服务、重视高端客户而忽视普通客户等问题，而产品供给的改革是当前寿险业应该着重解决的问题。2016 年 3 月，中国人民大学石晓军教授等表示，中国保险业的保险消费者权益保护面临 10 个“新常态”：保险普及化、法治深化、新国际化、监管人本化、保障全面化、互联网化、保险普惠化、老龄化、新型城镇化和新经营。2016 年 7 月，中国社会科学院郭金龙研究员表示，保险业属于金融服务业，以资本为纽带进行经营管理，主要提供保险保障服务支撑，而保险可以通过其在风险管理全链条上的作用为市场提供多种综合性服务；保险行业供给侧结构性改革就是提高保险有效供给的效率，通过增加有效供给的方式更好地匹配市场需求，进而推动供需平衡，提高市场效率。

（三）保险监管

2015 年 11 月，中国社会科学院李扬研究员表示，货币部门创造货币，而金融部门是将提供到市场上的货币进行有偿转移，货币和金融监管既有所区别，又需要协调，有必要将银行货币、信用部门的监管统一起来，保持证券监管和保险监管的相对独立性。2016 年 3 月，中国社会科学院郭金龙研究员分析了我国保险业系统性风险，并提出了相应的防范建议：积极参与保险业系统性风险的国际监管规则制定，加强我国保险业系统性风险监管制度体系建设，加强对国际活跃保险集团的监管。2016 年 9 月，中国保险学会姚庆海会长表示，保险监管改革要制定科学有效的市场监管规则、流程和标准，给市场明确的预期，以激发其活力和创造力；要创新监管机制和监管方式，加强信息披露，运用市场、信用、法治等手段协同监管，更加强调激发市场主体的自我约束力，强调被监管机构高管的责任，强化社会监督。

（四）保险与现代金融体系建设

2015 年 10 月，中国社会科学院王国刚研究员表示，无论是保险还是金融，任何一个产品、任何一个行为本身都是有风险的，金融保险业的专长在于识别风险、评价风险、管理风险和运作风险；我国需要加强对长期性金融产品的创新，促进保险业健康发展。2016 年 3 月，中国人民保险集团吴焰董事长表示，保险机构兼具风险管理属性、财富管理属性、资本创造属性，应当将保险的服务链与农民需要的金融服务和信息化服务相契合，即实现“保险功能与传统的银行部分功能契合、传统的金融服务与农民需要的信息化服务契合、线上服务与线下服务契合”。

（五）保险与风险管理体系建设

中国保监会项俊波主席多次表示，保障功能是保险业独有的“立业之本”，保险业应当始终坚持保险首先“姓保”，增强全社会抵御风险的能力，提高人民群众的生活质量，不能“跑偏”。2016 年 3 月，中国风险研究院王稳院长表示，《政府工作报告》突出了国家的重大战略和政策取向，而这些需要农业保险、巨灾保险、出口信用保险、大病保险等提供风险保障和风险管理。2016 年 9 月，北京大学孙祁祥教授表示，金融强调资源的“跨期配置”，强调“资金融通”，而保险则强调资源的“跨状态配置”，强调“风险保障”，不论保险业如何强调投资，都不能忽视“风险保障”这个根本。2016 年 9 月，中国社会科学院郭金龙研究员认为，国内的保险产品吸引力不足，保障程度不高；保险行业应大力发展普通型寿险产品，提高产品创新能力。同时，保险监管部门应针对万能险保费收入的期限匹配和资产配置出台配套的监管措施。

（六）保险与社会保障体系建设

2016 年 1 月，中国社会科学院郑秉文研究员表示，随着第三支柱税收优惠政策的出台，商业养老保险将在中国替代率结构中占有一席之地，其覆盖面扩得越大越好，在制度设计上应当注重便携性、透明度、可及性、独立性和激励性。2016 年 2 月，西南财经大学林义教授表示，应当优化社会保险费由多部门征收的格局，提高筹资管理效率；应当尽快实施全国统筹，解决部分地区收支缺口问题；应当明晰各级政府的养老保险基金管理责任分担。2016 年 3 月，国务院发展研究中心张承惠研究员认为，商业保险在中国退休保障和健康保障方面发挥的作用还极其有限，占比不到 2%，远远低于发达国家的平均水平。2016 年 6 月，清华大学陈秉正教授根据《2016 中国居民退休准备指数调研报告》认为，中国居民已逐渐摆脱了“养老靠政府、靠单位”的固有观念，对已退休者而言，商业养老保险的重要性逐渐凸显，已成为仅次于社会养老保险的收入保障产品。

五　中国保险业发展趋势的判断与思考

我们对 2017 年中国保险业的发展趋势有如下的判断与思考。

第一，保险业仍处于发展的“黄金期”。中国保险业的保费收入总量虽然已经于2015年居世界第三位，并可能于2016年超过日本居世界第二位，但中国的保险深度和保险密度还相对较低。由于中国保险业改革开放顺利推进，市场体系建设不断取得成效，我们仍然认为，中国保险业发展仍有10年以上的“黄金期”。

第二，保障型保险业务加快发展。随着人口老龄化、工业化和新型城镇化进程的加快，经济社会对风险管理的需求日益增加，人力资源和社会保障制度的改革也对保险业提出了更高的发展要求，提供了更大的发展空间。随着保险业不断加深对保险“姓保”的认识，保障型产品将快速发展。同时，保险将通过资金运用促进资本市场发展、推动产业结构调整和支持重大项目建设。

第三，“低利率”环境下寿险业经营面临挑战。在“低利率”环境下，保险公司的再投资收益率降低，直接影响保险公司的利润。较高的保单预定利率面临压力，会降低保单的吸引力，甚至引起保险公司的流动性风险。

第四，再保险市场结构发生变化。我国的再保险市场发展历史相对短暂，目前国内的再保险公司只有9家，即中再集团和其他8家在中国境内注册分公司的境外再保险公司，另有200家以上境外保险主体通过离岸方式参与我国再保险市场。现阶段，国家陆续出台一系列政策，鼓励有条件的中资金融保险集团出资设立专业再保险法人机构，目前有3家中资再保险公司的设立申请获得批准，再保险市场上的供给主体数量将较快增长，供给能力也将得以提升。

第五，保险业的“互联网+”程度将提高。中国是全球互联网发展的重要市场，近年来中国保险业与互联网已经有了一定的结合。今后，在继续将互联网作为销售渠道的同时，保险机构在产品定价、客户服务、内部流程再造等方面将充分利用互联网的资源配置功能。

第六，我国居民的保险知识有待进一步普及。根据经济合作与发展组织、南部非洲共同体实施的FinScope调查项目以及中国家庭金

融调查等信息，发达国家（或地区）居民的金融知识水平有很大的提升余地，而发展中国家（或地区）居民的金融知识非常不足。保险产品具有赔付的不确定性、服务的抽象性、定价的复杂性和保障的互助性等特点，加之保险在中国属于舶来品，使得中国居民的保险知识不足。居民的保险知识不足将影响保险业的长期持续发展，因此，要在全社会普及保险知识。

B.5
2016年的中国金融监管改革

尹振涛　高哲理*

摘　要：2016年，在经济增速放缓、金融机构和实体企业风险逐渐集聚的环境下，一方面，金融监管层配合供给侧结构性改革发展政策，出台了多个推动产业升级、促进结构转型的金融政策；另一方面，为降低金融机构和实体企业的经营风险，金融监管层出台了加强审慎监管、严控金融风险的政策。在此基础上，金融监管层继续在信息披露、市场规则等方面完善基本制度，并加大监管执法力度。普惠金融越来越受到金融监管层的关注，扶贫攻坚和支持“三农”是普惠金融的政策重点。随着互联网金融的快速发展，金融监管层加强了对其发展的规范管理，同时继续在保护金融消费者权益、打击金融违法犯罪上着力。在对外开放方面，资本市场对外开放和资本项目可兑换改革是政策着力点。本报告最后对2017年的金融监管重点进行了展望。

关键词：金融监管　转型升级　金融风险　普惠金融　互联网金融　对外开放

* 尹振涛，经济学博士，副研究员，中国社会科学院金融研究所法与金融研究室副主任，中国社会科学院金融法律与金融监管研究基地秘书长。高哲理，中国社会科学院研究生院金融系博士生。

2016年，中国金融监管层在促进产业结构转型升级、严控金融体系和实体经济风险上着力，同时在扶贫攻坚、互联网金融规范整治、资本市场对外开放等方面出台了相关金融政策。

一　推动产业升级，促进结构转型

2016年，国内经济仍然面临需求下降、增长动力不足的局面，如何顺应供给侧结构性改革要求，推动新兴产业发展和传统产业转型，发挥消费在拉动经济增长中的作用，仍然是政策制定者亟待解决的难题。为此，金融监管层出台了相应的金融政策，以配合实体经济转型升级。

（一）推动传统产业转型升级

中国人民银行等八部委于2016年2月16日印发《关于金融支持工业稳增长调结构增效益的若干意见》（银发〔2016〕42号），提出加大金融对工业供给侧结构性改革和工业稳增长、调结构、增效益的支持力度，以及推动工业“去产能、去库存、去杠杆、降成本、补短板”和加快工业转型升级等要求，为新形势下金融支持工业发展定下基调。主要措施包括加强货币信贷政策支持、加大资本市场和保险市场对工业企业的支持力度、推动工业企业融资机制创新、促进工业企业兼并重组、支持工业企业加快“走出去”等。

近年来，钢铁、煤炭行业面临较为严重的产能过剩和效益下降问题，企业经营风险上升。为充分发挥金融引导作用，促进钢铁、煤炭行业加快转型发展，实现脱困升级，中国人民银行、中国银监会、中国证监会、中国保监会于2016年4月18日联合印发《关于支持钢铁煤炭行业化解过剩产能实现脱困发展的意见》（银发〔2016〕118号），提出满足钢铁、煤炭企业合理资金需求，积极稳妥推进企业债务重组等一系列措施。

（二）支持新兴产业发展和科技创新

为促进节能、环保、清洁能源等绿色产业发展，各监管机构借鉴国际经验，纷纷出台了发行绿色债券的相关规定。中国人民银行于2015年12月22日发布《银行间债券市场发行绿色金融债券有关事宜公告》（中国人民银行公告〔2015〕第39号）；国家发改委于2015年12月31日下发《关于印发〈绿色债券发行指引〉的通知》（发改办财金〔2015〕3504号）；上海证券交易所于2016年3月16日发布《关于开展绿色公司债券试点的通知》；深圳证券交易所于2016年4月22日发布《关于开展绿色公司债券业务试点的通知》。至此，主要债券发行和交易监管机构均已出台促进绿色债券发展的支持政策。从上述绿色债券发行相关规定来看，虽然各监管机构对绿色项目的认定在表述中有所不同，但都提出对绿色债券的发行审核建立“绿色通道”、比照“加快和简化审核类”债券审核程序等，并鼓励企业发行绿色债券，鼓励政府相关部门和地方政府出台优惠政策措施支持绿色债券发展，鼓励机构投资者投资绿色债券。

“大众创业、万众创新”是培育经济发展新动力的必然要求，金融监管机构围绕这一要求出台了相关政策，推动科技创新发展。为加大债券市场对“大众创业、万众创新”的支持力度，拉动重点领域投资和消费需求增长，国家发改委于2015年11月9日出台《双创孵化专项债券发行指引》（发改办财金〔2015〕2894号），明确双创孵化专项债券比照“加快和简化审核类”债券审核程序，并可适当调整企业债券现行审核政策及部分准入条件。科技创新创业企业是我国实施创新驱动发展战略中的重点支持对象，在“大众创业、万众创新”中发挥着重要作用，为支持其健康发展，2016年4月15日，中国银监会与科技部、中国人民银行联合印发《关于支持银行业金融机构加大创新力度开展科创企业投贷联动试点的指导意见》（银监发

〔2016〕14 号)，对银行业金融机构开展科创企业投贷联动业务试点进行了部署，有利于提升科技创新创业企业金融服务水平并有效防范风险。

二 加强审慎监管，严控金融风险

在经济下行的环境下，金融机构和实体企业面临的经营风险逐渐增大，银行不良贷款率上升，债券市场信用违约事件增多，为防范可能由此引致的系统性风险，金融监管机构加大了审慎监管力度，对金融机构和实体企业均提出了风险管控和防范要求。

（一）加强金融机构内控和风险管理

为促进商业银行完善公司治理，加强内部控制和风险管理，健全内部审计体系，提升内部审计的独立性和有效性，中国银监会于 2016 年 4 月 16 日发布《关于印发商业银行内部审计指引的通知》(银监发〔2016〕12 号)，明确了商业银行内部审计的目标，确立了内部审计工作的独立性，并对内部审计工作的组织架构，章程、职责与权限，审计工作流程，部分审计活动外包等进行了详细的规定。中国银监会于 2016 年 9 月 27 日发布《关于印发银行业金融机构全面风险管理指引的通知》(银监发〔2016〕44 号)。该指引由中国银监会总结银行体系多年来积累的风险管理规则与实践经验，并参考巴塞尔银行委员会《有效银行监管核心原则》等国际标准而制定。该指引的颁布标志着我国银行业全面风险管理规则体系的正式形成，并将引导银行业构建全面风险管理体系，培育全面风险管理文化，提高全面风险管理水平。该指引从风险治理架构，风险管理策略、风险偏好和风险限额，风险管理政策和程序，管理信息系统和数据质量控制，内部控制和审计体系五个方面，对银行业金融机构全面风险管理提出了具体要求。

2016 年 6 月 16 日，中国证监会颁布《关于修改〈证券公司风险控制指标管理办法〉的决定》（证监会令〔第 125 号〕），对原有的风险控制指标管理办法进行了全面修订。此次修订总体上维持了原有的证券公司风险控制指标管理框架，并在此基础上对与当前证券行业运行现状和发展不相适应的规则进行了调整。为提升风险控制指标的完备性和有效性，该管理办法对净资本、风险资本准备的计算公式进行了改进，进一步完善了杠杆率、流动性监管指标，并明确了逆周期调节机制。同日，中国证监会发布《证券公司风险控制指标计算标准规定》（证监会公告〔2016〕10 号），将新的风险控制指标计算标准予以公布。

为防范新形势下保险公司资产负债错配风险和流动性风险，加强保险公司资产配置行为的监管，中国保监会于 2015 年 12 月 3 日印发《关于加强保险公司资产配置审慎性监管有关事项的通知》（保监资金〔2015〕219 号），提出了设定标准、开展资产配置压力测试、加强审慎性评估和后续监管等要求。为进一步规范保险资金运用行为，推动保险机构提升资金运用内部控制建设能力和水平，有效防范保险资金运用风险，中国保监会于 2015 年 12 月 7 日发布《关于印发〈保险资金运用内部控制指引〉及应用指引的通知》（保监发〔2015〕114 号），推动保险机构建立全面有效的保险资金运用内部控制标准和体系。在总结近一年来保险业偿付能力监管体系过渡期的运行经验后，中国保监会于 2016 年 1 月 25 日下发《关于正式实施中国风险导向的偿付能力体系有关事项的通知》，正式全面施行中国风险导向的第二代偿付能力监管体系（以下简称“偿二代”）。“偿二代”的正式实施将进一步提高我国保险业的抗风险能力，推动保险公司转变发展路径，指引行业升级转型，为更好地服务实体经济奠定基础。

（二）降低企业杠杆率

针对当前企业杠杆率高企、债务规模扩大过快、企业债务负担不断加重的现状和趋势，国务院于2016年9月22日颁布《关于积极稳妥降低企业杠杆率的意见》（国发〔2016〕54号），提出积极推进企业兼并重组、完善现代企业制度强化自我约束、多措并举盘活企业存量资产、多方式优化企业债务结构、有序开展市场化银行债权转股权、依法依规实施企业破产、积极发展股权融资等降低企业杠杆率的主要途径。该意见同时要求国家发改委、中国人民银行、财政部、中国银监会等相关部门和单位要建立积极稳妥降低企业杠杆率部际联席会议制度，加强综合协调指导，完善配套措施，组织先行先试，统筹推进各项工作。该意见后附《关于市场化银行债权转股权的指导意见》，进一步细化和明确了债转股的总体思路、实施方式和政策措施。

三　完善基本制度，加强监管执法

完善金融业基本制度是金融监管层长期努力的目标，2016年金融监管层在信息披露、金融产品交易和市场运行等方面继续推进改革，完善相关制度，同时也出台多项制度加大金融监管执法力度。

（一）规范金融市场信息披露

中国证监会于2016年5月11日发布《公开发行证券的公司信息披露内容与格式准则第39号——公司债券半年度报告的内容与格式》和《关于公开发行公司债券的上市公司半年度报告披露的补充规定》（证监会公告〔2016〕9号），对公司债券半年度报告的披露进行了规范。

中国保监会分别于2015年12月23日和2016年5月4日印发《保险公司资金运用信息披露准则第3号：举牌上市公司股票》（保监发〔2015〕121号）和《保险公司资金运用信息披露准则第4号：大额未上市股权和大额不动产投资》（保监发〔2016〕36号），对保险资金运用于相关领域投资的信息披露做出规定。中国保监会于2016年6月30日发布《关于进一步加强保险公司关联交易信息披露工作有关问题的通知》（保监发〔2016〕52号），对保险公司关联交易信息披露工作进行了规定。中国保监会于2016年7月15日印发《关于进一步加强保险公司股权信息披露有关事项的通知》（保监发〔2016〕62号），对保险公司股权信息披露工作进行了规定。

（二）完善金融产品交易发行和市场运行机制

中国人民银行于2016年2月14日发布《全国银行间债券市场柜台业务管理办法》（中国人民银行公告〔2016〕第2号），对全国银行间债券市场柜台业务的开办机构、投资者以及业务规则和监管责任等做了详细规定。

为加快推进全国中小企业股份转让系统制度完善，中国证监会于2015年11月16日发布《关于进一步推进全国中小企业股份转让系统发展的若干意见》（证监会公告〔2016〕26号），要求提高审查效率，增强市场融资功能，并对主办券商在开展全国股份转让系统业务时提出具体要求。中国证监会于2015年12月30日同时发布《关于修改〈证券发行与承销管理办法〉的决定》（证监会令〔第121号〕）、《关于修改〈首次公开发行股票并上市管理办法〉的决定》（证监会令〔第122号〕）及《关于修改〈首次公开发行股票并在创业板上市管理办法〉的决定》（证监会令〔第123号〕），对原管理办法的部分条款进行了修改，并将修改后的办法予以重新公布。

随着债券市场的快速发展，企业债券成为重点领域、重点项目融资的重要手段，在国家促投资、稳增长的经济发展战略中发挥了积极作用，而进一步深化企业债券审批制度改革、推进企业债券发行管理由核准制向注册制过渡则是进一步激发企业债券市场活力的改革方向。国家发改委于2015年12月31日发布《关于简化企业债券申报程序加强风险防范和改革监管方式的意见》（发改办财金〔2015〕3127号），提出简化申报程序、鼓励信用优良企业发债融资、提高债券资金使用灵活度、做好企业债券偿债风险分解、强化信息披露、强化中介机构责任、加强事中事后监管、加强信用体系建设等一系列要求。

（三）加大金融监管执法力度

中国银监会于2015年12月10日发布《中国银监会现场检查暂行办法》（银监会令2015年第10号），对中国银监会及其派出机构的现场检查行为进行了规范，明确了执法人员在职责分工、立项管理、检查实施、检查方式、检查处理、考核评价等各个执法环节的要求和责任。

中国证监会于2015年10月29日发布《中国证监会派出机构监管职责规定》（证监会令〔第118号〕），对中国证监会派出机构的监管职责及其在日常监管、风险防范与处置、案件调查与行政处罚、投资者教育与保护等方面的监管活动进行了规定。中国证监会于2015年11月24日发布《关于进一步规范发行审核权力运行的若干意见》（证监会公告〔2015〕27号），同日发布《关于加强发行审核工作人员履职回避管理的规定》和《关于加强发审委委员履职回避管理的规定》（证监会公告〔2015〕28号），上述规定进一步完善了证券发行审核权力运行机制，规范了权力运行。

中国保监会于2016年1月11日发布《中国保险监督管理委员会派出机构监管职责规定》（保监会令2016年第1号），对中国保监会派出机构的监管职责、监管范围、监管方式等进行了规定，进一步构建了保险监管职责体系。

四　发展普惠金融，助推脱贫支农

实现普惠金融是我国金融业发展的目标之一，而扶贫和支持“三农”则是普惠金融的重要内涵，金融监管层制定了相应的政策支持普惠金融发展，助推脱贫和支持“三农”。

（一）发展普惠金融

2015年12月31日，国务院发布《关于印发〈推进普惠金融发展规划（2016～2020年）〉的通知》（国发〔2015〕74号），明确了小微企业以及农民、城镇低收入人群、贫困人群和残疾人、老年人等特殊群体是当前我国普惠金融重点服务的对象，提出健全多元化、广覆盖的机构体系，创新金融产品和服务手段，加快推进金融基础设施建设等多项政策措施，并对以中国银监会、中国人民银行为牵头单位的各监管机构提出加强组织保障、开展试点示范、加强国际交流、实施专项工程、健全监测评估等要求。

（二）助推脱贫攻坚

2016年3月21日，中国人民银行等七部门联合印发《关于金融助推脱贫攻坚的实施意见》（银发〔2016〕84号），紧紧围绕“精准扶贫、精准脱贫”基本方略，提出了精准对接脱贫攻坚多元化融资需求、大力推进贫困地区普惠金融发展、充分发挥各类金融机构助推脱贫攻坚主体作用、完善精准扶贫金融支持保障措施等政策措施，并要求相关监管机构持续完善脱贫攻坚金融服务工作机制。

2016 年 9 月 8 日，中国证监会发布《关于发挥资本市场作用服务国家脱贫攻坚战略的意见》（证监会公告〔2016〕19 号），提出支持贫困地区企业利用多层次资本市场融资，支持和鼓励上市公司、证券基金经营机构以及期货经营机构履行社会责任、服务国家脱贫攻坚战略、切实加强贫困地区投资者保护工作等政策措施。

（三）支持“三农”发展

2015 年 12 月 31 日，中国人民银行印发《中国人民银行支农再贷款管理办法》（银发〔2015〕395 号），对支农再贷款予以规范，通过对支农再贷款的发放对象、申请条件、发放与收回、管理、监督等方面进行具体规定，鼓励引导各级银行业金融机构加大农业信贷支持力度，为“三农”发展提供资金支持。

2016 年 2 月 22 日，中国银监会办公厅发布《关于做好 2016 年农村金融服务工作的通知》（银监办发〔2016〕26 号），对银行业金融机构提出深化农村信用社改革、加大对“三农”的金融资源配置、支持农业转变发展方式等工作要求，为全年的农村金融工作定下基调。

五　规范互联网金融发展，保护消费者权益

以网络借贷、第三方支付为代表的互联网金融近年来得到了快速发展，但与此同时，互联网金融在发展过程中也出现了一些问题，暴露出经营风险，为此，金融监管层相应出台了部分法规予以规范。此外，保护金融消费者权益、打击违法犯罪等工作也同步推进。

（一）规范互联网金融发展

近年来，互联网金融快速发展，在激发金融市场活力、促进金融体系效率提升、扩大金融服务覆盖面等方面发挥了积极作用，但与此同时，也出现了产品违约、机构破产等经营风险，以及虚构标的、违法宣传等扰乱市场秩序乃至非法集资、集资诈骗等违法行为。针对互联网金融发展过程中出现的问题，国务院办公厅于2016年4月12日公布《互联网金融风险专项整治工作实施方案》（国办发〔2016〕21号），制定了“打击非法、保护合法，积极稳妥、有序化解，明确分工、强化协作，远近结合、边整边改”的工作原则，重点对P2P网络借贷和股权众筹业务、通过互联网开展资产管理及跨界从事金融业务、第三方支付业务、互联网金融领域广告等提出了整治意见和办法。同时，及时总结经验，建立健全互联网金融监管长效机制。随后，中国银监会、工业和信息化部、公安部、国家互联网信息办公室等十五部委于2016年4月13日联合发布《P2P网络借贷风险专项整治工作实施方案》（银监发〔2016〕11号），要求对P2P网络借贷机构进行全面排查，明确标准、分类处置，并要求中国银监会等监管部门明确分工、落实责任。

此外，2015年12月28日，中国人民银行正式发布《非银行支付机构网络支付业务管理办法》（中国人民银行公告〔2015〕第43号），对从事网络支付业务的支付机构的客户管理、业务管理、风险管理与客户权益保护以及监管机构的监督管理等进行了规范。中国银监会、工业和信息化部、公安部、国家互联网信息办公室于2016年8月17日联合发布《网络借贷信息中介机构业务活动管理暂行办法》（银监会令〔2016〕1号），对网络借贷信息中介机构的备案管理、业务规则与风险管理、出借人与借款人保护、信息披露及监管部门的监督管理等进行了规定。2016年1月19日，中国保监会印发《关于加强互联网平台保证保险业务管理的通知》（保监产险〔2016〕6号），针对互联网平台保证保险业务存在的问题，重点对互联网平台选择、信息披露、内控管理等提出明确要求。

（二）保护消费者权益

国务院办公厅于2015年11月4日印发《关于加强金融消费者权益保护工作的指导意见》（国办发〔2015〕81号），提出健全金融消费者权益保护机制，建立金融消费者适当性制度，保障金融消费者财产安全权、知情权、自主选择权等10项规范金融机构行为的要求。同时，提出建立重大突发事件协作机制、建立金融知识普及长效机制等6项金融消费者权益保障机制，为保护金融消费者权益提供了机制和手段。

中国保监会于2015年11月3日发布《保险小额理赔服务指引（试行）》（保监消保〔2015〕201号），将机动车辆保险与个人医疗保险两项消费者最为关心的险种的小额理赔作为政策指引对象，对保险公司提出简化索赔单证、提高理赔时效、对理赔全流程实行透明管理等服务要求，对全行业加强和改进保险小额理赔服务工作给出了明确的监管导向。

（三）打击违法犯罪

针对电信网络新型违法犯罪问题日益突出的现象，为保护人民群众的财产安全，中国银监会于2015年11月13日印发《关于银行业打击治理电信网络新型违法犯罪有关工作事项的通知》（银监发〔2015〕48号），提出严格实名制管理、严格限制开卡数量、全面提升银行卡安全管理水平等措施，并从建立联系人机制、加强宣传教育、建立健全考核奖惩和责任追究制度等方面对银行卡业务监督管理提出了全面要求。中国人民银行、工业和信息化部、公安部、工商总局于2016年4月13日联合发布《关于建立电信网络新型违法犯罪涉案账户紧急止付和快速冻结机制的通知》（银发〔2016〕86号），中国银监会于2016年9月18日发布《电信网络新型违法犯罪案件冻结资金返还若干规定》（银监发〔2016〕41号）。上述文件分别对电信网络新型违法犯罪涉案账户紧急止付和快速冻结机制以及冻结资金返还进行了规定。为鼓励举报支付结算违法违规行为，维护支付结算市场秩序，中国人民银行于2016年4月5日发布《支付结算违法违规行为举报奖励办法》（中国人民银行公告〔2016〕第7号）。

六　加快资本市场对外开放，推动资本项目可兑换改革

金融业对外开放仍在有序推进，目前的政策重点是资本市场的对外开放以及资本项目的可兑换改革。此外，继沪港通成功运行后，深港通的施行也是大势所趋。

国家外汇管理局于2016年2月3日发布《合格境外机构投资者境内证券投资外汇管理规定》（国家外汇管理局公告2016年第1号），明确国家外汇管理局及其分局和外汇管理部依法对合格投资者境内证券投资的投资额度、外汇账户、资金收付及汇兑等实施监督、管理和检查，并对合格境外机构投资者投资境内证券市场的投资额度管理、汇兑管理、统计与监督管理等进行规定。2016年8月30日，中国人民银行、国家外汇管理局联合发布《关于人民币合格境外机构投资者境内证券投资管理有关问题的通知》（银发〔2016〕227号），明确中国人民银行、国家外汇管理局及其分支机构依法对人民币合格投资者境内证券投资的投资额度、资金账户、资金收付等实施监督、管理和检查，并对人民币合格境外机构投资者境内证券投资的备案或审批、基础额度标准、投资余额管理、基本存款账户管理等进

行规定。中国人民银行于2016年2月17日发布公告（中国人民银行公告〔2016〕第3号），对符合条件的境外机构投资者投资银行间债券市场的相关事项进行了规定。上述规定推动了国内资本市场的进一步对外开放。

中国人民银行于2016年4月27日发布《关于在全国范围内实施全口径跨境融资宏观审慎管理的通知》（银发〔2016〕132号），对于金融机构和企业，中国人民银行和国家外汇管理局不再实行外债事前审批，而是由金融机构和企业在根据其资本或净资产进行风险加权计算的跨境融资余额上限内，自主开展本外币跨境融资业务。国家外汇管理局于2016年6月9日发布《关于改革和规范资本项目结汇管理政策的通知》（汇发〔2016〕16号），提出在全国范围内实施企业外债资金结汇管理方式改革、统一境内机构资本项目外汇收入意愿结汇政策改革等措施，继续推动资本项目对外开放和可兑换改革。

深圳证券交易所于2016年9月30日正式发布《深港通业务实施办法》《港股通投资者适当性管理指引》等与深港通相关的八大业务规则[①]，这标志着深港通业务规则和基础制度体系已基本齐备，开通深港通的制度条件已具备。

七　2017年金融监管展望

2016年是“十三五”规划的第一年，也是各项“十三五”规划集中出台的一年。2016年3月出台的《中华人民共和国国民经济和社会发展第十三个五年规划纲要》是包括金融业在内的各行业“十

① 见深圳证券交易所网站。八大业务规则包括《深港通业务实施办法》《港股通投资者适当性管理指引》《港股通交易风险揭示书必备条款》《港股通委托协议必备条款》《关于深港通业务中上市公司信息披露及相关事项的通知》《香港结算参与网络投票实施指引》，以及修订后的《股东大会网络投票实施细则》《交易规则》。

三五”规划发展的总纲，其中第十六章“加快金融体制改革”的第三节“改革金融监管框架”，对“十三五”期间的金融监管改革提出了总体要求，其要点包括“加强金融宏观审慎管理制度建设”“改革并完善适应现代金融市场发展的金融监管框架”“统筹监管系统重要性金融机构、金融控股公司和重要金融基础设施”“建立针对各类投融资行为的功能监管和切实保护金融消费者合法权益的行为监管框架”等。

结合上述总体规划和近期的经济形势，2017 年的金融监管预计将围绕下述几个方面重点展开。一是继续配合供给侧结构性改革的总体战略要求，在金融支持战略性新兴产业、促进科技创新和成果转化等方面出台相关政策，在促进传统产业“去产能”“增效益”上也会有所着力。二是严控系统性风险，将微观审慎监管和宏观审慎监管相结合，通过信贷控制、指标监管、窗口指导等多种手段控制和预防房地产价格波动、汇率波动、大宗商品价格波动对实体经济可能造成的冲击。三是根据《推进普惠金融发展规划（2016 ~ 2020 年）》出台相关配套政策，拓展金融为小微企业及普通民众服务的广度和深度，特别是在扶持小微企业发展、促进大众消费和保障特殊弱势群体基本需求等方面有所侧重。四是完善金融监管架构，在现有“一行三会”基本架构的基础上推行部际联席会议制度，加强跨部门沟通和监管资源共享，同时进一步完善金融执法制度。此外，在互联网金融监管、金融对外开放、消费者权益保护等方面将继续得到金融监管层的重点关注，相关政策措施或将继续得到完善。

下篇 中国金融市场运行

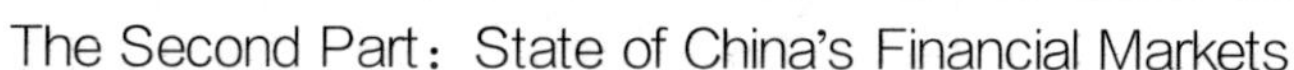

The Second Part：State of China's Financial Markets

B.6 2016年的中国货币市场

蔡 真*

摘 要： 本报告首先概括货币市场运行的总体状况，说明货币市场持续增长的原因以及各子市场的情况，重点对2016年票据市场的萎缩进行说明；其次，对2016年前三季度货币市场价格联动机制进行分析，并考察了货币市场利率在整个金融市场中的基础性地位；再次，分析货币政策操作基调的转变以及对货币市场的影响；最后，对2016年前三季度货币市场的重要事件进行描述分析，并展望2017年货币市场的运行态势。

* 蔡真，经济学博士，现供职于中国社会科学院金融研究所国际金融与国际经济研究室，主要研究领域为风险管理、货币理论与政策、房地产市场。

关键词： 公开市场操作常态化机制 存款准备金“双平均”考核 “木兰债”发行

一 货币市场交易总量与结构

货币市场是各类金融机构融通短期资金的金融市场，通常期限在一年以下，金融机构参与其中以满足流动性为主要目的。货币市场尽管是以短期限为主的交易市场，但它在整个金融市场中占有重要位置，发挥着重要作用。一方面，货币市场为银行、企业提供流动性的管理手段，使其资金配置在收益和流动性方面保持平衡；另一方面，货币市场是货币当局实施货币政策中的重要环节，其传导是否通畅直接关系到货币政策的实施效果。近年来，中国货币市场交易的品种逐年丰富，目前包括债券回购、拆借、商业票据贴现、同业存单等多个品种。本报告的分析主要集中于债券回购、同业拆借、票据市场三大交易板块。

近十年来，货币市场经历迅猛增长，2016 年前三季度市场交易规模达到607 万亿元，是2007 年交易规模的9.25 倍，这意味着市场的年均增速为29.0%。分市场看，2016 年前三季度银行间债券回购、同业拆借及票据贴现的交易规模分别为462.3 万亿元、74.5 万亿元、70.2 万亿元（见图1）。货币市场呈现如此快速增长的势头，其主要原因可以概括为以下几个方面。第一，金融深化的结果。随着经济的发展，金融对经济的促进作用越发明显，金融深化的一个重要表现是金融资产占 GDP 的比重越来越高。此外，伴随着金融深化，金融结构也逐渐转向直接融资，这是金融效率提高的直接表现。根据发达国家的经验，在直接融资中债券融资占据更为基础性的地位，债券一级市场的发展为货币市场提供了基础性条件。根据中国人民银行的统计，债券融资占社会融资的比重在2007 年以前一直小于股票融资的比重，此后呈趋

势性壮大态势。2010 年债券融资占社会融资的比重首次超过 10%，2015 年达到 19.1%。第二，利率市场化的内在要求。利率市场化的本质是使市场在资金定价中发挥基础性作用，其表现形式为资金脱媒，即各种形式的储户资金与金融市场直接联系，其中最为重要的是货币市场。当需求面以银行理财、券商集合理财、投资连结保险、互联网票据等形式对货币市场的发展提出强烈诉求时，货币市场供给面规模扩大化和产品日益丰富化就成为自然之势。第三，监管趋严和业态转变的结果。自全球金融危机后，一方面，监管政策对银行业发展提出了一系列新的要求，如资本充足率的提升、逆周期资本约束等，这就促使银行集约化使用资本，其中一个重要的方式是将资产出表或短期化；另一方面，银行自身的经营业态也转向资产驱动，即找到好资产后再匹配负债，这也使银行越来越倚重货币市场。这些综合因素促使货币市场不断扩大，但同时也使市场的波动性愈加剧烈。

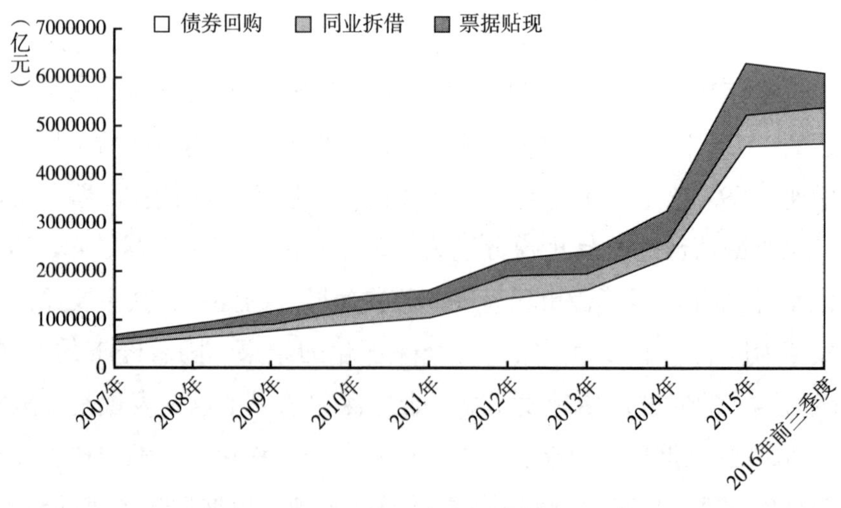

图 1　银行间货币市场交易结构

资料来源：根据各年《货币政策执行报告》《中国人民银行统计季报》及中国人民银行网站年度统计数据整理。

就交易品种而言，债券回购居主导地位。其主要原因是债券回购相对于同业拆借而言，有充足的抵押品做保障，因而受到机构的欢迎。票据作为资产尽管也可以进行抵质押，但与债券相比存在两点劣势：一是票据的标准化程度不如债券高；二是票据市场是区域性市场。此外，债券回购市场的发展还得益于央行的大力推动。过去 10 年来，央行一方面提供了无风险的基础债券央行票据；另一方面创造了大量的信用产品，如短期融资券、中期票据、集合债等产品。2016 年前三季度债券回购市场与 2015 年相比进一步扩大，其份额由 73.4% 上升至 76.2%；票据贴现市场的份额则呈萎缩趋势，2016 年频繁爆发的票据事件以及监管层彻查整顿使市场处于调整状态（见图 2）。

期限方面，早期货币市场的期限相对较长，随着市场的发展越来越表现出短期化的特征。2006 年债券回购市场和同业拆借市场隔夜品种的份额分别为 51.0%、29.6%，这两个隔夜交易品种分别在 2009 年、2007 年的占比超过 75%，到 2016 年前三季度，这两个比例进一步上升至 86.5%、87.8%。相应的，7 天交易品种的市场份额从 2007 开始出现了大幅下滑。到 2016 年前三季度，7 天质押式债券回购与 7 天同业拆借的市场份额分别为 10.3% 和 9.7%。其他产品方面，期限超过 1 个月的产品，其占比没有一个超过 1%（见图 3）。市场呈现短期化的原因也可以从客户的资产配置和银行的负债匹配两个角度考察：一是当打通客户资金与货币市场的通道后，客户资产配置对流动性的要求越来越高，这就使银行理财产品的设计越来越短期化，据统计，1 个月以下信用类和货币类理财产品的占比超过 70%，目前还出现了许多净值开放型的产品；二是银行经营模式转向资产驱动后，负债的匹配管理不再像过去那样注重久期平衡，而是更加关注时点应对，如资产展期时的流动性管理以及缴存准备金时的时点应对等。

2015年交易品种结构

票据贴现
16.4%

同业拆借
10.3%

债券回购
73.4%

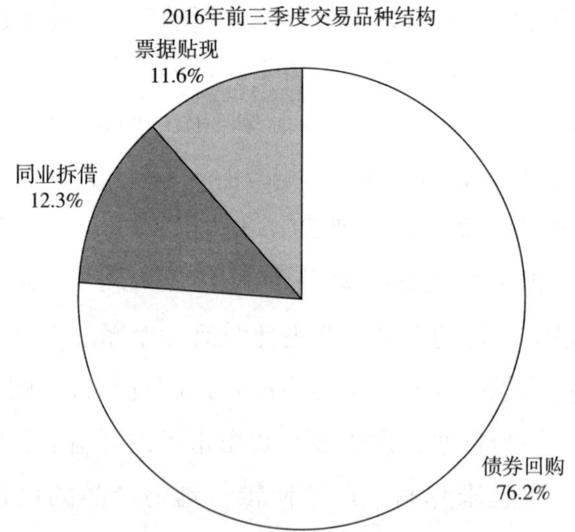

图 2　交易品种结构变化

资料来源：Wind 资讯。

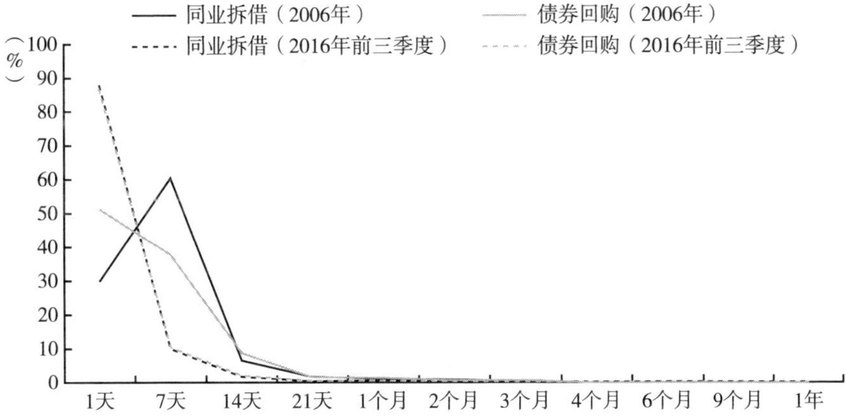

图 3　交易品种期限结构的对比

资料来源：Wind 资讯。

（一）债券回购市场的发展

债券回购市场是货币市场中最大的板块，其规模扩大也较为迅猛。自 1998 年正式成立以来，该板块的发展大致经历了三个阶段。第一阶段为 1998 ~ 2007 年。这一时期市场发展较为缓慢，年交易规模未曾超过 50 万亿元。第二阶段为 2008 ~ 2011 年。这一时期市场快速发展，年交易规模由 54.6 万亿元增至 96.7 万亿元。第三阶段为 2011 年至今。这一时期年交易规模迈过 100 万亿元大关。2016 年前三季度质押式回购市场交易规模达到 436.3 万亿元，2015 年同期市场交易规模为 283.8 万亿元，相较于上年市场依然保持了较快的增长，这与货币当局公开市场操作常态化机制有关。从月度情况来看，2016 年 2 月交易规模出现较大幅度下降，这主要是受春节因素影响，4 月交易规模下降属正常情况（见图 4）。

质押式回购与买断式回购的基础券种表现出较大差异，后者呈现分散化特征。质押式回购选择交割的基础证券主要包括政府债

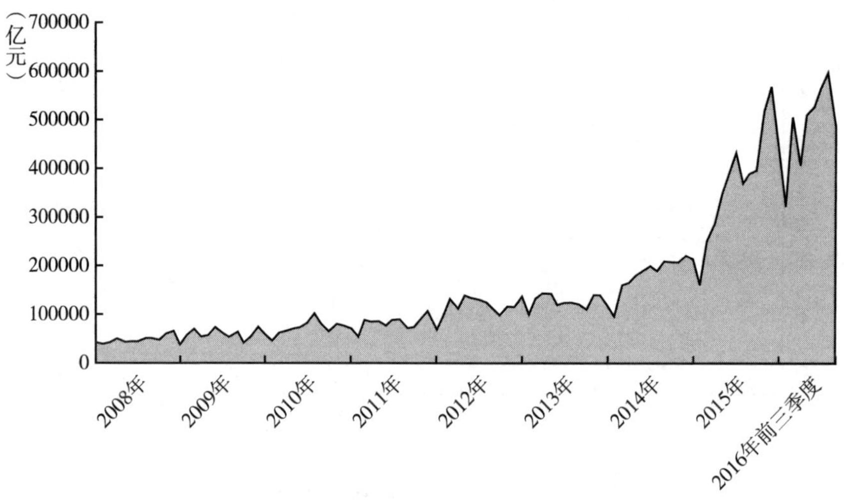

图4　银行间质押式回购月度交易金额

资料来源：Wind资讯。

券、政策性银行债两大类。两者的交割量在2016年前三季度占总交割量的89.6%，相较于2015年88.3%的占比有所上升。这反映出在银行资产负债短期化的背景下越来越看重质押产品的信用质量，以上两个品种的信用等级分别对应主权级别和次主权级别。中期票据和集合票据这类发行主体的信用等级相对较低，交易规模进一步萎缩，这与银行在货币市场配置中的风险偏好逻辑是一致的（见表1）。

表1　银行间市场质押式债券回购的券种结构

单位：亿元，笔

券种	2015年		2016年前三季度	
	债券交割量	结算笔数	债券交割量	结算笔数
政府债券	1568827.58	218400	1425932.25	217526
央行票据	23530.18	1852	26873.23	1550
政策性银行债	1846914.84	547081	1869830.78	611196

续表

券种	2015 年		2016 年前三季度	
	债券交割量	结算笔数	债券交割量	结算笔数
政府支持机构债券	84785.36	31696	55291.29	22337
商业银行债券	36317.92	16641	32984.62	15793
资本工具	6745.70	3455	15787.81	5873
非银行金融机构债券	1046.78	1161	2474.75	2725
企业债券	196595.37	160694	190785.33	154178
资产支持证券	769.31	481	943.38	570
中期票据	101523.91	87853	57143.44	52580
集合票据	36.72	98	1.70	3
外国债券	4.57	12	2.80	3
合　计	3867098.24	1069424	3678051.36	1084334

资料来源：中国债券信息网。

买断式回购与质押式回购表现出完全不同的交易特征。质押式回购以政府债券、政策性银行债等金边债券为主导，买断式回购中信用类债券占有相当比重，2016 年前三季度信用类债券的交易比例为 31.3%，相较于 2015 年 38.5% 的交易比例出现了一定程度的萎缩。相反，政策性银行债这类金边债券的交割量相较于 2015 年出现了一定程度的增长，2016 年前三季度的交易比例相较于 2015 年上升 13.5 个百分点（见表 2）。造成这一现象的原因是，在利率呈下行趋势阶段，信用利差也进一步收窄，两者差异并不明显。

表 2　银行间市场买断式债券回购的券种结构

单位：亿元，笔

券种	2015 年		2016 年前三季度	
	债券交割量	结算笔数	债券交割量	结算笔数
政府债券	42798.67	17373	31014.75	14264
央行票据	14.00	4	17.00	6
政策性银行债	65866.70	47449	86523.64	63100
政府支持机构债券	3405.48	2334	2142.23	1268

续表

券种	2015 年		2016 年前三季度	
	债券交割量	结算笔数	债券交割量	结算笔数
商业银行债券	853.65	854	1370.13	1147
资本工具	663.37	648	459.53	479
企业债券	58165.13	91089	47074.64	73219
中期票据	10376.32	13308	5238.62	6650
集合票据	1.30	4	0	0
外国债券	0	0	22.00	22
合　计	182193.78	173117	174160.42	160364

资料来源：中国债券信息网。

（二）同业拆借市场的发展

同业拆借市场在 2007 年以后呈爆发式增长态势，这与 2007 年 Shibor 利率体系的推出有关。2007 年同业拆借的交易规模达到 10.6 万亿元，2016 年前三季度的交易规模为 74.5 万亿元，这意味着同业拆借市场的年均复合增长率为 22.0%。从整体走势来看，同业拆借市场与债券回购市场走势较为一致，测度两者月度交易额的相关系数为 0.9260。从 2016 年的月度交易情况来看，2 月的交易量相较于上一个月有所下降，这主要是受春节因素的影响；8 月和 9 月相较于上一个月也呈下降趋势，这与债券回购市场的表现是一致的；其他月份交易量一直呈快速上升趋势（见图 5）。

（三）票据市场的发展

票据市场的交易品种包括转贴现和回购，以银行承兑汇票交易为主。近年来，票据市场有了长足发展，2007 年至 2016 年前三季度，票据市场发行量和流通量持续增长。商业汇票累计签发额由 5.9 万亿

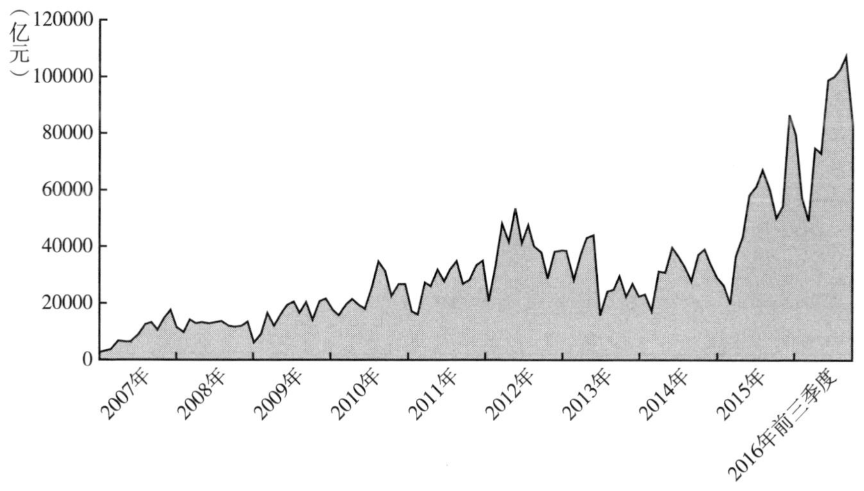

图5　银行间同业拆借月度交易量

资料来源：根据中国人民银行网站数据整理绘制。

元增加至13.6万亿元，增长1.3倍；票据累计贴现额则由10.1万亿元增加至70.2万亿元，增长6.0倍（见表3）。从票据市场的发展来看，二级市场（贴现和转贴现市场）增速明显高于一级市场（签发市场），尤其是2015年票据累计贴现额达102.1万亿元，这其中蕴含过度金融创新的风险。贴现和转贴现市场快速发展的首要原因是，票据产品兼具信贷业务和资金业务两种性质，因而成为监管套利的重要

表3　中国票据市场发展状况

单位：万亿元

时间	商业汇票累计签发额	商业汇票期末余额	票据累计贴现额	贴现余额
2007年	5.9	2.4	10.1	1.3
2008年	7.1	3.2	13.5	1.9
2009年	10.3	4.1	23.2	2.4
2010年	12.2	5.6	26.0	1.5

续表

时间	商业汇票累计签发额	商业汇票期末余额	票据累计贴现额	贴现余额
2011 年	15.1	6.7	25.0	1.5
2012 年	17.9	8.3	31.6	2.0
2013 年	20.3	9.0	45.7	2.0
2014 年	22.1	9.9	60.7	2.9
2015 年	22.4	10.4	102.1	4.6
2016 年前三季度	13.6	9.5	70.2	5.7

资料来源：中国人民银行相关年份《货币政策执行报告》。

工具。在未取消存贷比限制前，商业银行一方面在负债面要求企业提高承兑的保证金比例；另一方面在资产面采取各种措施将票据资产出表。在银信合作未被叫停之前，商业银行和信托公司合作将票据资产转化成理财产品，票据贴现余额从银行信贷余额中释放，从而实现票据资产的表外化。票据市场还存在票据双向交易、票据资产委托投资等操作手法，这些操作手法不仅提高了资金周转效率，而且降低了资本充足率的约束。此外，互联网金融具有快速聚集小额资金的特点，这使过去成本较高的小票业务也得以迅速发展。

票据市场大发展的原动力来自监管套利，因此必然会出现风险。2016 年相继爆出中国农业银行 39 亿元票据案、天津银行 9 亿元票据案、广东发展银行 9.3 亿元票据案，据不完全统计，2016 年爆发的票据案件已超过 100 亿元。从这几起案件的发生原因来看，它们有一个共同点，即票据中介或与银行有着长期经营起来的“良好”关系，或操控了小银行的同业账户，导致在回购到期之前，票据资金被中介挪用至高风险投资渠道（如股票市场），最终因亏损而酿成大案。据有关媒体披露，广东发展银行 9.3 亿元票据案和中国农业银行 39 亿元票据案，都是因为无良票据中介在回购到期之前将票据资金挪用至股市。2015 年“股灾”前，票据市场极为火爆，不少资金借道票据进入市场。但在潮水退去后，裸泳者终将浮出水面。

中国银监会于2016年7月下发《关于全面开展银行业“两个加强、两个遏制”回头看工作的通知》，要求全面开展金融机构自查与监管检查。尽管如此，我们认为应该从制度上加强对票据风险的监管。第一，应加强银行内控机制建设。票据风险主要体现为操作风险，因此加强银行合规建设和内控建设势在必行，尤其要防范内外勾结套取资金的风险。在这个过程中，政策的着力点应放在银行方面，不能对票据中介全盘否定，毕竟任何金融市场都需要中介的信息发现功能。第二，应加快电子票据的推广工作。2009年央行建成电子商业汇票系统（ECDS）并投入应用，但近年来电子票据市场的发展并不理想，这主要还是由于纸质票据存在灰色收入空间。在实践过程中，应努力消除推广电子票据的各种障碍，如明确电子票据的法律概念、确立电子票据的法律地位、认可电子签名的有效性等。第三，加快建设全国统一的票据交易所。建设全国统一的票据交易所有助于推进票据市场的规范运行，探索形成行业业务执行标准，有效规范市场经营行为，加大监管的落实和执行力度。此外，统一的票据交易所有助于实现风险的科学管控，降低各种风险，并借助全国统一的信息平台建立涵盖全市场的信用评级、登记、查询、评价机制。

二　货币市场利率动态

（一）三个子市场的一体性

货币市场的发展不仅体现在总量规模的扩大上，而且体现在各子市场之间一体化的趋势上，这一点在利率价格联动上表现得尤为明显。图6展示了2010年以来三个子市场的利率动态。从图中可以看出，回购市场与同业拆借市场的走势几乎重合，而回购市场与票据转贴市场几乎也保持了稳定的差额。我们以回购市场为基准，在进行月度变频处理后分别统计了回购市场与同业拆借市场的相关性以及回购市场与票据转贴市场的相关性，计算结果显示两者的相关系数分别为0.7106和0.7165。

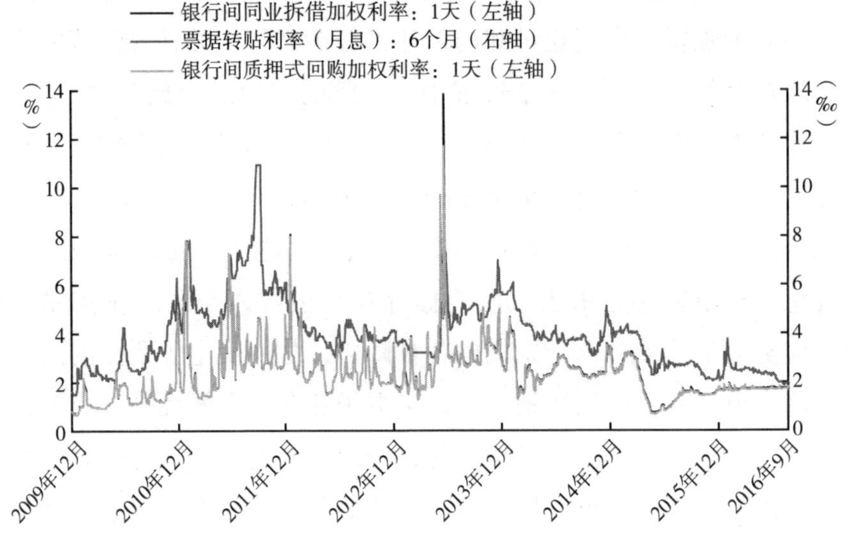

图6　三个子市场在利率上呈现一体化特征

资料来源：Wind资讯。

三个子市场在价格上的差异表现为：回购市场的利率几乎一直保持最低。与同业拆借市场相比，回购市场因有债券作为质押而具有更低的利率水平。我们统计了两者之间月度均值的差额：同业拆借利率通常高于回购利率2～3BP，仅在2013年“钱荒”时期前者超过后者15BP；前者低于后者的情况偶有发生，通常差额为1BP，最多3BP。票据转贴因地域性限制和手续相对复杂，其利率一直高于回购。我们将票据的月息转化成年化利率后对两者进行了对比，整个时间段票据转贴利率平均高于回购利率2.38个百分点，最高时为7.35个百分点，最低时为0.06个百分点。

（二）货币市场的基础性地位

货币市场的发展不仅呈现内部各子市场一体化的特征，而且对与之关联的外围市场产生了深刻的影响。经过近十年的发展，货币市场在整个金融市场中的基础性地位逐渐凸显，其在货币政策传导中的价格影响进一步增大。银行理财市场是外围市场中最为重要的市场，据银行业理财登记托管中心的统计，2016 年上半年银行理财市场累计募集资金 83.98 万亿元，截至 2016 年 6 月底理财账面资金余额为 26.28 万亿元，约占同期贷款余额的 1/4，其中债券市场占比为 40.42%。鉴于两者规模上的关系，可以预见两者在价格上也存在紧密联系。图 7 绘制了 1 周期限的银行理财产品预期年收益率与 7 天债券回购市场的走势情况：两者在 2016 年的走势几乎一致，其他时间段也很相似，我们统计了两者的相关性，相关系数达到 0.5280。

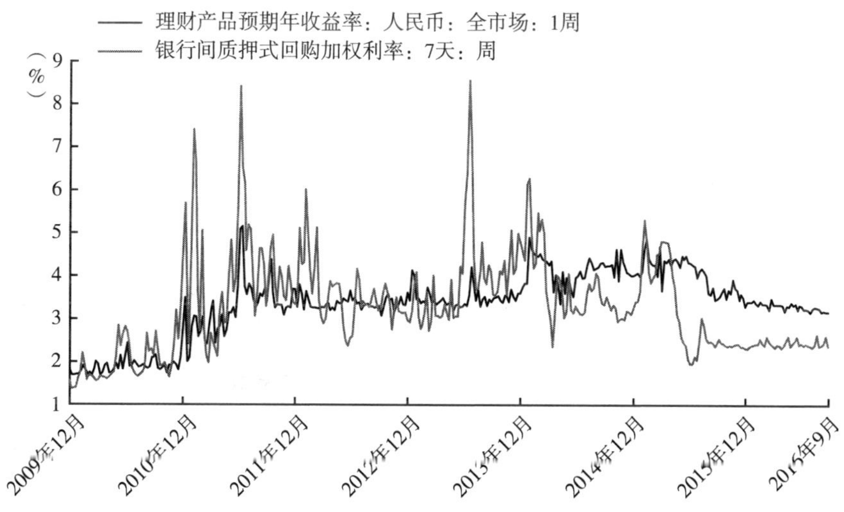

图 7　货币市场与银行理财市场的价格联动关系

资料来源：Wind 资讯。

另一个重要的市场是互联网理财市场，这里的互联网理财并非指包含 P2P、众筹、互联网保险等在内的广义上的理财，而是指以第三方支付为渠道、投资标的指向货币市场基金的狭义上的理财，也即"宝宝"类理财产品，如余额宝、微信理财通、百度百赚等。自 2013 年 6 月余额宝上线以来，此类产品在不到一年的时间内经历了爆炸式的增长，对货币市场的发展起到了重要的推动作用。根据 Wind 资讯的统计，截至 2016 年 9 月，互联网基金的规模达到 9.4 万亿元。我们对 16 款"宝宝"类理财产品的 7 日年化收益率进行了简单平均，并将它与 7 天回购市场利率一起绘制在图 8 中。从图中可以看出，2014 年以前两者的关系并不紧密，而此后两者的波动和变化趋势基本趋同。我们统计了两者的相关性，相关系数为 0.6940。

图 8　货币市场与互联网理财市场的价格联动关系

资料来源：Wind 资讯。

票据转贴市场反映的是银行与银行之间的票据转让关系，票据直贴市场反映的则是银行与企业之间的票据关系。从票据转贴市场到票据直贴市场是货币政策传导的一个直接渠道，图 9 展示了两者的利率走势：票据直贴市场的利率高于票据转贴市场，这反映了银行信用中介的性质。整体而言，两者的走势高度一致，我们统计了两者的相关性，相关系数为0.9830，说明票据直贴市场对票据转贴市场高度敏感。两者的利差在2014年以前较大，2014年之后逐渐收窄，2016年仅为0.15个千分点。这反映了信贷市场与货币市场的壁垒正逐渐打破，货币政策的价格传导机制将更为顺畅。

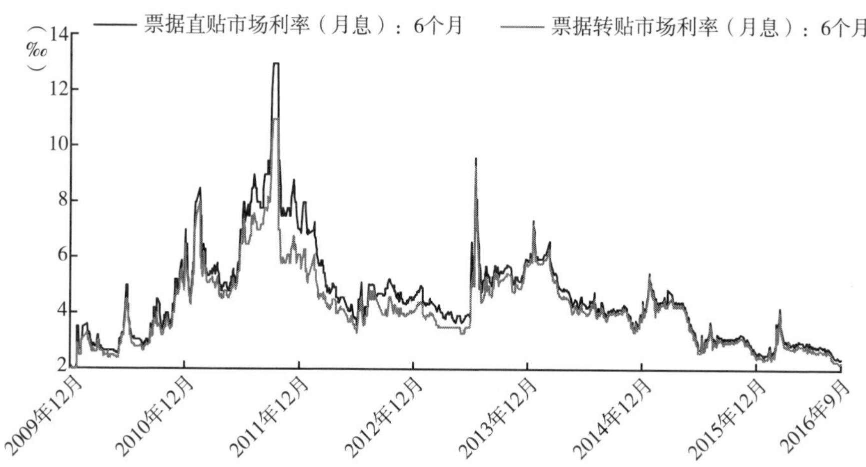

图9　票据转贴市场与票据直贴市场的价格联动关系

资料来源：Wind资讯。

（三）代表性利率Shibor的走势

货币市场品种繁多，鉴于Shibor利率的代表性地位，我们将其作为研究对象。图10绘制了四个期限的Shibor利率动态，整体呈现以下特点：第一，长短期利率结构符合传统的期限结构理论，与2015年相比没有出现短端利率超过长端利率的现象，这说明央行的流动性管理能力进一步增强；第二，长端利率的走势在2015年的基础上进一步走低，1年期利率由2015年10月的3.41%下降至2016年9月的3.03%，这反映了宏观经济持续下行的态势；第三，短端利率除了在春节期间出现波动外，其在 2016 年上半年的走势较为平稳，自 2016 年 6 月后小幅上升，反映了资金面趋紧的态势。

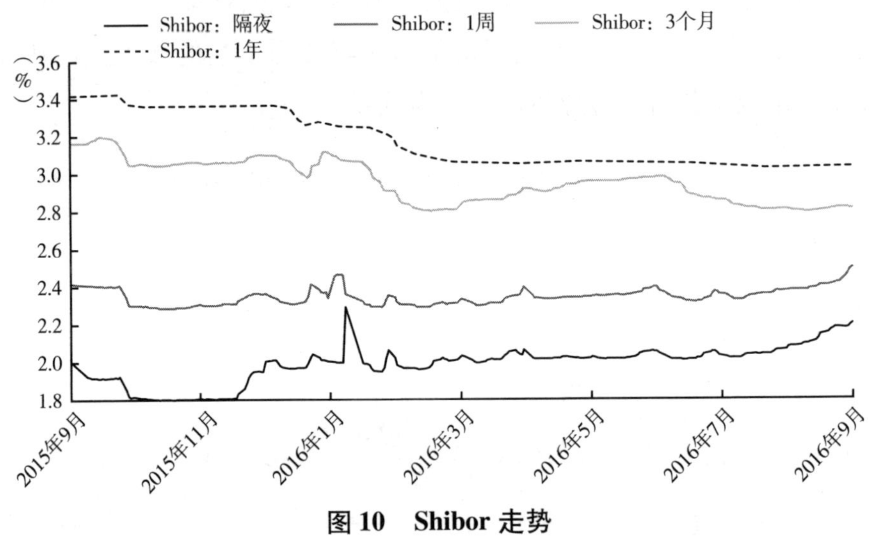

图 10　Shibor 走势

资料来源：根据 Shibor 网站数据整理，选取部分期限品种绘制。

三　货币市场与货币政策操作

货币市场的利率动态与货币政策操作有密切联系。

进入 21 世纪以来，我国外汇储备持续增长，由 2001 年初的不足 1700 亿美元上升到 2014 年 6 月的 3.9 万亿美元（见图 11）。外汇资产的增长造成了货币当局资产负债表的扩张，构成了我国货币投放的主要途径，因而货币政策的操作一直以从货币市场收缩流动性为主基调。自 2014 年下半年开始，受外部需求疲软以及企业“走出去”用汇的影响，外汇储备呈下降态势，货币当局资产负债表也由扩张转为收缩。在这样的背景下，货币政策操作的主基调转为向货币市场投放流动性。

在货币政策基调转向的初期，货币当局以负债表的结构调整为

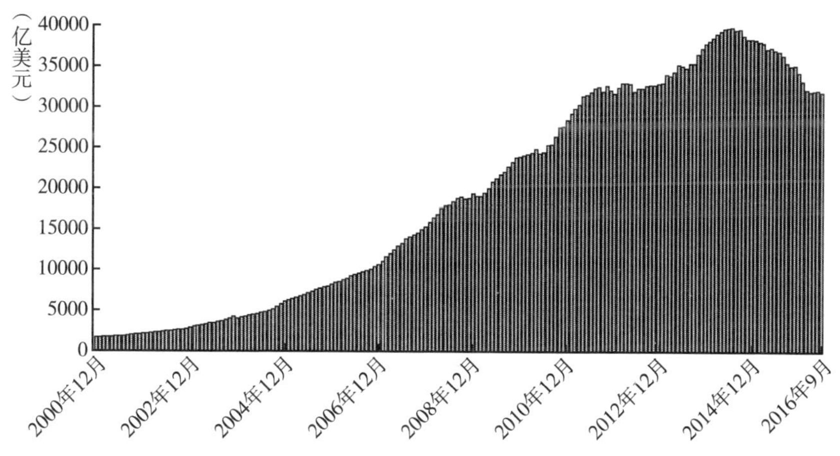

图11　外汇储备走势

资料来源：Wind资讯。

主，即降低存款准备金率以释放流动性。2015年中国人民银行共降低存款准备金率4次，下降幅度达到2.5个百分点；然而进入2016年，这种“大水漫灌”式的操作方式就较少采用（截至2016年9月，央行仅降低存款准备金率1次），央行更多地转向资产面操作。资产面操作有两个好处：一是货币当局的控制能力强；二是防止资产负债表进一步收缩，为未来的操作留出一定的空间。近年来，央行在资产面新创设的货币政策工具包括短期流动性调节工具（SLO）、常备借贷便利（SLF）、中期借贷便利（MLF）以及抵押补充贷款（PSL）。图12给出了这些新创设货币政策工具货币投放情况。从图中可以清晰地看到MLF的货币投放量一直保持较高水平，其次是PSL，这两个工具的期限都相对较长，反映出央行对市场流动性的投放力度。

央行的货币政策操作除了转向资产面以外，另一个重要转变是操作频率更加频繁。图13绘制了央行逆回购的日度交易情况。从图中可以看出，2015年下半年以前央行的逆回购只是在某个点或某个时间段发生，而此后交易频次逐步提高。2016年2月18日，央行建立了

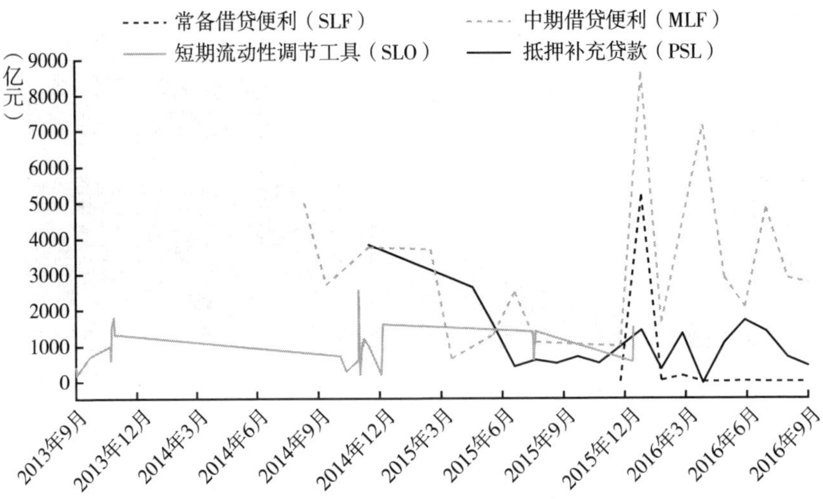

图 12　新创设货币政策工具的货币投放情况

资料来源：Wind 资讯。

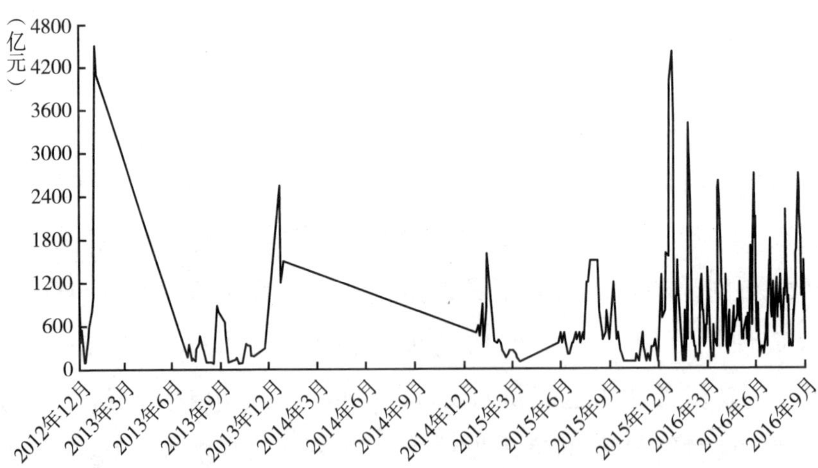

图 13　央行逆回购操作的日度交易情况

资料来源：Wind 资讯。

公开市场每日操作常态化机制。一方面，公开市场每日操作常态化机制的建立与银行经营方式有关，负债配置的短期化使货币市场的波动性增大，而央行操作的常态化有利于熨平市场波动；另一方面，公开市场每日操作常态化机制的建立在促进银行体系流动性总体平稳的同时，对培育央行政策利率体系，以及提高利率市场化背景下货币政策传导的有效性具有积极意义。

四　货币市场运行中的重要事件

（一）中国人民银行建立公开市场每日操作常态化机制

2016 年 2 月 18 日，中国人民银行宣布建立公开市场每日操作常态化机制，即根据货币政策调控需要，原则上每个工作日均开展公开市场操作。

建立公开市场每日操作常态化机制的原因有以下几个方面。第一，货币政策主基调由收缩流动性转向投放流动性，银行体系常常存在流动性缺口，央行需要适时适度投放流动性以满足市场需求。第二，银行经营方式由负债驱动转向资产驱动，负债配置呈短期化趋势，这使市场波动性增大（极端情况如 2013 年的“钱荒”事件），客观要求央行适时投放流动性以熨平市场波动。第三，随着利率市场化改革的加快推进和货币政策更加注重价格型调控，需要培育合适的市场基准利率指标，这就要求央行进一步提高流动性管理的前瞻性和有效性，连续稳定释放政策信号，合理引导市场预期，以更好地实现货币政策目标。

总的来看，公开市场每日操作常态化机制在实践中取得了较好的效果。根据中国人民银行的统计，自公开市场每日操作常态化机制建立以来，市场运行更为平稳，货币市场利率的波动性进一步降低，存款类机构隔夜和 7 天期质押式回购加权平均利率波幅下降了 50% 左右①。

① 中国人民银行货币政策分析小组：《中国货币政策执行报告（2016 年第一季度）》，2016 年 5 月 6 日，第 11 页。

（二）存款准备金“双平均”考核制度的建立

自2016年7月15日起，中国人民银行对存款准备金的缴存基数进行平均考核，将金融机构存款准备金缴存基数由每旬末一般存款余额的时点数调整为旬内一般存款余额的算术平均值。这是中国人民银行继2015年9月15日将金融机构存款准备金考核由每日达标改为维持期内日均达标后，对存款准备金平均法考核的进一步完善。法定存款准备金率是存款准备金与存款的比例，2015年9月的改革实际上是将计算法定存款准备金率的分子由时点数调整为平均数，此次改革则将分母也由时点数调整为平均数，由此实现了存款准备金计算和考核上的“双平均”。

根据中国人民银行的解释，采取“双平均”考核制度的原因是：我国银行体系存款具有一定的月度波动特征，呈现月末存款冲高、月初回落、春节等特殊时点波动较大的特点。受此影响，以往采取时点考核的办法容易导致存款准备金的大幅补缴或退缴，部分金融机构还可能会压低存款准备金基数计提时点的一般存款余额，导致存款准备金缴存数据失真。将存款准备金缴存基数进行平均计算，可以有效平滑金融机构存款波动。从国际经验来看，发达经济体大多采用平均法考核存款准备金。美联储也采用了“双平均”的方式，即存款准备金缴存基数和维持期考核均采用平均法[①]。

（三）“木兰债”在银行间市场发行

2016年8月，世界银行下属的国际复兴开发银行获准在中国发

① 中国人民银行货币政策分析小组：《中国货币政策执行报告（2016年第二季度）》，2016年8月5日，第13页。

行额度合计为20亿特别提款权（Special Drawing Right, SDR）计价债券。其中，第一期SDR计价债券已经于2016年8月31日在中国的银行间市场发行，本期债券发行规模为5亿SDR（批准），发行期限为三年期，以SDR计价，以人民币认购，2016年9月2日开始计息。联席主承销商包括中国工商银行、汇丰银行、国家开发银行和中国建设银行四家机构，债券受到机构投资者踊跃认购，认购倍数达到2.47倍，最终利率定在0.49%，接近0.4%~0.7%指导区间的下限。此次债券被称为“木兰债”，是自1981年以来全球市场上发行的第一笔SDR计价金融产品，具有非凡意义。

首先，“木兰债”的成功发行，有利于IMF提升SDR在国际货币体系中的地位与影响力，有利于摆脱单一主权货币作为世界储备货币的内在风险，对提高国际货币体系的稳定性和韧性具有重要意义。其次，“木兰债”的成功发行对人民币国际化的意义深远。人民币国际化不仅意味着人民币要“走出去”，而且应有一个深度的金融市场容纳人民币回流，此次“木兰债”以人民币认购，对推动债券市场对外开放意义重大。最后，“木兰债”的发行有利于丰富债券市场交易品种，促进债券市场在深度和广度两方面扩展。

五　2017年货币市场展望

对于2017年的货币市场形势，从交易量上讲，我们认为其规模增速将放缓，这主要是由去杠杆以及票据市场清理整顿造成的。在价格方面，如果PPI增长率走势能够承接2016年9月以后的正增长走势且正增长幅度能够加速到5%以上，则不排除2017年央行加息的可能性，由此，货币市场中的利率可能有所上行。但如果PPI增长率依然在低位运行或负增长，那么利率将延续低位运行的走势，这主要是由宏观经济在中高位运行以及货币政策操作以投放流动性为主决定的。其中，长端利率将维持低位运行，1 年期 Shibor 利率很可能进入 3.0% 以下区间，但短端利率可能面临较多复杂因素，尤其是外部环境。例如，近期美元指数走强引致人民币大幅贬值，货币当局是否干预以及如何干预也将影响货币市场利率。如果货币当局采取紧缩流动性的方式应对资金撤离，那么将会导致利率上升；如果货币当局采取加强资本管制的方式，则对国内影响较小。此外，特朗普的利率政策摇摆不定将加剧国内货币市场的波动性，美国贸易保护主义的抬头也会通过国际收支渠道传导至货币市场。

B.7 2016年的中国财富管理市场

王增武　王伯英*

摘　要： 全球财富管理市场源于欧洲，在美国发展成熟，目前亚洲正逐渐成长为全球的财富管理中心，原因有两方面：一是亚太新兴财富人群的崛起；二是内外环境决定之下亚洲私人银行业务的盈利水平远高于欧洲和美洲。据估算，中国内地居民的可投资资产规模2016年末将达到213万亿元，2020年末将达到415万亿元，然而金融机构的产品/服务在其中的渗透率较低，这从一个侧面表明国内财富的发展空间巨大。在本报告的热点评述中，我们以银行理财市场中的理财业务监管办法评述、“非标转标”/“非标出表”催生ABS以及私人银行的市场定位问题为重点，兼顾与国内高端财富管理市场相关的家族企业传承现状的评析。展望未来，高端化与私募化以及网络化与净值化将是国内高端财富管理市场和普通财富管理市场的两大发展趋势。

关键词： 财富管理　银行理财　家族企业

* 王增武，中国社会科学院金融研究所财富管理研究中心副主任，副研究员，理学博士，在*Insurance：Mathematics and Economics*、*Annals of Economics and Finance*和《金融评论》等国内外期刊上发表学术论文多篇。王伯英，中国社会科学院研究生院金融系博士生。

一　财富管理市场概览

（一）全球市场："西风东渐"

波士顿咨询公司报告数据显示，到2019年，全球私人财富管理市场的总规模将达到210.1万亿美元[①]。分地区来看，北美洲的私人财富管理市场规模最大，为62.5万亿美元，占比为30%。排名第二的是亚太地区（日本除外，下同），其私人财富管理市场规模将达到55.2万亿美元。在估计不同地区2019年的私人财富管理市场规模时，波士顿咨询公司报告假定北美洲、西欧、东欧、日本、拉丁美洲、中东和非洲以及亚太地区的增速分别为4.2%、4.4%、8.7%、1.6%、11.3%、8.4%和10.9%，以此为基准，我们同样可以测算出2020年全球私人财富管理市场的规模将达到224.22万亿美元，其中亚太地区的规模为61.39万亿美元（见图1）。

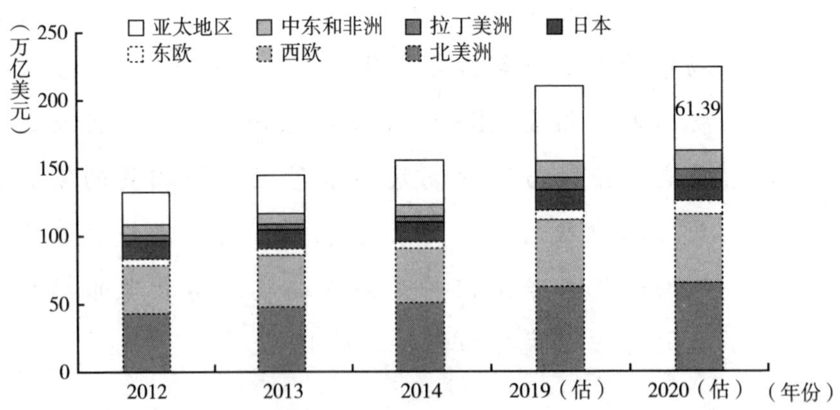

图1　全球财富管理市场地区分布

资料来源：波士顿咨询公司报告、笔者测算。

---

① P. keenan, " Global Wealth 2015: Winning the Growth Game", Boston Consulting Group, 2015.

从麦肯锡2013年发布的全球私人银行调研报告来看，2012年相较于2011年，西欧市场私人银行业务的收入下降，成本持平，由收入和成本之差所得的私人银行业务的利润水平下降1BP；北美洲市场私人银行业务的收入和成本双双下降，但成本下降幅度大于收入，所以北美洲市场私人银行业务的利润水平小幅上涨2BP；亚洲市场私人银行业务的收入上升，成本呈下降趋势，在双重动力驱动下，亚洲市场私人银行业务的利润水平提高6BP（见表1）。这表明全球财富管理市场在利润水平上呈现“西风东渐”的发展态势。

表1　西欧、北美洲及亚洲银行系私人银行业务的运营情况（2007~2012年）

收入(BP)				成本(BP)			
年份	西欧	北美洲	亚洲	年份	西欧	北美洲	亚洲
2007	96	81	109	2007	61	47	74
2008	90	77	99	2008	64	48	79
2009	84	75	88	2009	64	51	73
2010	83	77	84	2010	59	52	70
2011	83	83	78	2011	59	53	67
2012	82	80	82	2012	59	48	65
利润(BP)				资产管理规模增长率(%)			
年份	西欧	北美洲	亚洲	年份	西欧	北美洲	亚洲
2007	35	34	35	2007	8	N/A	24
2008	26	29	20	2008	-15	-25	-23
2009	20	24	15	2009	10	5	29
2010	24	25	14	2010	9	6	22
2011	24	30	11	2011	-3	0	2
2012	23	32	17	2012	8	8	17

注：表中的收入、成本、利润分别指私人银行部门的收入、成本、利润占其资产管理规模的比重。

资料来源：根据*McKinsey Global Private Banking Survey 2012/2013*中的数据整理。

Scorpio Ranking 2016 的数据显示，在以可投资资产规模（Invested Asset）为排名依据的全球前25位财富管理机构中，有3家中资机构，分别是招商银行、中国建设银行和中国工商银行，排名依次为第20位、第22位和第24位，其中招商银行的可投资资产规模为1930亿美元（见图1）。如果我们假定2016年招商银行的可投资资产规模增速为30%，则该机构在2016年末的可投资资产规模将达到2509亿美元。进一步，如果假定其他财富管理机构的可投资资产规模不变，那么2016年末招商银行在全球财富管理机构中的排名将上升至第14位。全球排名前25位之外的中国银行和中国农业银行的可投资资产规模分别为1250亿美元和1240亿美元，与排在第25位的隆奥银行（Lobard Odier）可投资资产规模相差不足100亿美元。这是全球财富管理市场“西风东渐”的又一表现。

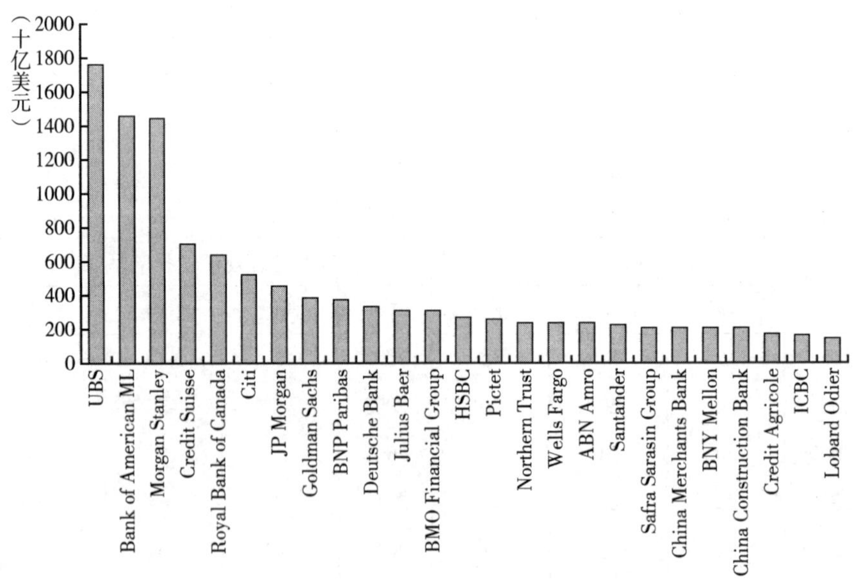

图2　全球排名前25位财富管理机构管理的可投资资产规模

资料来源：*Scorpio Ranking 2016*。

（二）国内市场：供不应求

据测算，2015 年居民可投资资产①规模的波动区间下限为 149 万亿元，上限为 212 万亿元，中等情形的可投资资产规模为 181 万亿元。到 2020 年，居民可投资资产规模的波动区间下限为 356 万亿元，上限为 474 万亿元，中等情形的可投资资产规模为 415 万亿元（见图 3）。其中，2019～2020 年的居民可投资资产规模增速为 18.23%，高于波士顿咨询公司设定的亚太地区私人财富增速 10.9%。进一步，以 2015 年 6 月末美元兑人民币汇率 6.63 为基准，中等情形的可投资资产规模 415 万亿元约合 62.59 万亿美元，高于波士顿咨询公司预测的亚太地区 61.39 万亿美元的规模。

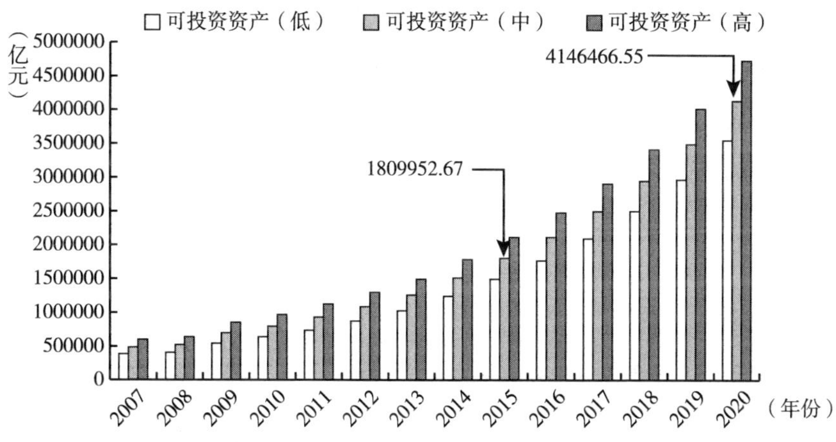

图 3　国内居民可投资资产规模

资料来源：笔者计算。

① 居民可投资资产分为金融资产和非金融资产两类。其中，非金融资产表示房地产投资；金融资产分为储蓄存款、一级市场和金融产品三类。储蓄存款又分为活期存款和定期存款两类；一级市场分为债券市场和股票市场两类；金融产品分为银行系、证券系和保险系三类。银行系金融产品再细分为银行理财产品（针对普通客户）、私人银行理财产品和信托产品三类；证券系金融产品分为公募基金、证券公司资产管理产品、基金公司专户产品、基金子公司专户产品、期货公司资产管理产品和私募机构私募产品；保险系金融产品是指寿险等针对居民销售的保险产品。

与前述供给层面的表现相对应，我们以中国银监会、中国证监会和中国保监会下辖金融机构发售的金融产品为基准来说明国内财富管理市场供给层面的发展特点。从规模表现来看，第一，2016年前三季度的市场规模达到94.25万亿元，较2007年的6.59万亿元增加了13倍多（见表2）。进一步，从财富管理市场规模与同期GDP之比的深化程度来看，2016年前三季度的深化程度高达133.40%，较2007年的24.79%增长了4倍多。第二，中国银监会下辖的银行理财产品、信托产品和私人银行资产管理规模在财富管理市场的集中度很高，如2007~2015年三者占财富管理市场比重的均值为48.74%，近两年的均值高达60%。如果不考虑财富管理市场中的保险资金运用规模，那么2013年中国银监会下辖产品的规模占财富管理市场的总规模近80%，市场垄断格局可见一斑。在94.25万亿元的供给中，只有约47.83万亿元是针对个人客户的，占居民可投资资产规模（181万亿元）的比重约为26%，这表明居民可投资资产向金融机构产品/服务的转化率偏低，或者说金融机构的财富管理服务在居民可投资资产中的渗透率偏低，潜在发展空间巨大。

表2　国内金融机构财富管理市场规模表现

单位：万亿元，%

时间	银行理财	私人银行	信托	券商资管	公募基金	期货资管	私募产品	保险资金运用	汇总	GDP	深化程度
2007年	0.9	—	0.71	0.08	2.23	—	—	2.67	6.59	26.58	24.79
2008年	1.4	0.29	1.20	0.09	2.57	—	—	3.05	8.60	31.40	27.39
2009年	1.7	0.82	1.98	0.14	2.45	—	—	3.74	10.83	34.09	31.77
2010年	2.8	1.10	3.04	0.18	2.42	—	—	4.60	14.14	40.15	35.22
2011年	4.6	1.88	4.81	0.28	2.19	—	—	5.52	19.28	47.31	40.75
2012年	7.1	2.63	7.47	1.89	2.87	—	—	6.85	28.81	51.94	55.47
2013年	10.2	3.60	10.91	5.20	3.00	—	—	8.28	41.19	56.88	72.42

续表

时间	银行理财	私人银行	信托	券商资管	公募基金	期货资管	私募产品	保险资金运用	汇总	GDP	深化程度
2014 年	15.0	4.66	13.98	7.95	4.54	0.01	2.13	9.30	57.57	63.65	90.45
2015 年	23.5	6.32	16.30	11.89	8.40	0.10	5.07	11.18	82.76	66.67	124.14
2016 年前三季度	26.28	6.32	17.29	15.77	8.83	0.27	6.66	12.83	94.25	70.65	133.40

注：表中最后一行数据中银行理财和信托业务为 2016 年上半年数据，私人银行为 2015 年末数据，其余为 2016 年前三季度数据；GDP 数据以 2016 年前三季度 52.99 万亿元为准测算年度数据。

资料来源：中国银监会、中国证监会和中国保监会及其下属行业协会或官方组织的网站。

二　财富管理市场的热点

（一）理财业务监管办法评述

“宝能系”的资金运作来源突破了财富管理市场尤其是银行理财产品市场的“穿透原则”。鉴于此，2016 年 7 月，中国银监会下发《商业银行理财业务监督管理办法（征求意见稿）》（以下简称《征求意见稿》），主要从主体地位、分类管理、限制性投资、风险准备金制度、杠杆率控制、销售和托管制度等方面规范银行理财业务。

其一，明确了银行理财的业务定位和法律主体地位。首次将银行理财界定为“资产管理服务”，而非以往的“专业化服务”。具体条款为：“理财业务是指商业银行接受客户委托，按照与客户事先约定的投资计划和收益与风险承担方式，为客户提供的资产管理服务。”首次明确提及银行理财的法律主体地位。具体条款为：“商业银行理财产品财产独立于管理人、托管机构和其他参与方的固有财产，因理财产品财产的管理、运用、处分或者其他情形而取得的财产，均归入银行理财产品财产。”

其二，根据理财产品投资范围，将商业银行理财业务分为基础类理财业务和综合类理财业务。基础类理财业务不得投资于非标准化债权资产及权益类资产。综合类理财的准入门槛为监管评级良好、资本净额不低于50亿元和中债登银行理财登记及时准确。城市商业银行、农村商业银行和外资银行将受到较大影响。

其三，对银行理财业务投资范围做出限制。理财产品不得直接或间接投资的资产包括本行信贷资产及其受（收）益权和本行理财产品、不良资产及其受（收）益权（机构客户理财产品除外）、货币市场基金和债券型基金之外的证券投资基金、境内上市公司股票及其受（收）益权以及非上市企业股权及其受（收）益权（针对私人银行客户、高资产净值客户和机构客户发行的理财产品除外）。《征求意见稿》对银行理财直接或间接投资于标准化资产实行集中管理，并提出以下要求：每只理财产品持有一家机构发行的所有证券市值不得超过该理财产品余额的10%；商业银行全部理财产品持有一家机构发行的证券市值不得超过该证券市值的10%。对非标准化债权资产的投资比例限制继承了《关于规范商业银行理财业务投资运作有关问题的通知》（银监发〔2013〕8号）的规定。此外，《征求意见稿》引入“特殊目的载体”，将银行理财，信托计划，券商、期货、基金资产管理及保险资产管理纳入特殊目的载体定义，并明确要求除信托外，其他特殊目的载体不得直接或间接投资于非标准化债权资产。

其四，建立风险准备金管理制度。商业银行应按季计提理财产品风险准备金，具体比例规定如下：除结构性理财产品外的预期收益率型产品，按管理费收入的50%计提；净值型理财产品、结构性理财产品等，按管理费收入的10%计提。当风险准备金余额达到理财产品余额的1%时不再提取，使用后低于理财产品余额的1%时应继续提取直至达到1%。

此外，《征求意见稿》禁止商业银行发行分级产品，并对银行理财业务的杠杆率做出限制，要求每只理财产品的总资产不得超过其净资产的140%。商业银行仅能通过本行或其他银行代销理财产品。实施严格的第三方托管制度，理财发行人不能托管本行理财产品，并规定理财托管职责包括估值核算、投资运作监督及资金流向审查等，这有利于提高银行理财投资运作的规范性。

（二）“非标转标”/“非标出表”催生ABS

根据中债登的数据，2015年全国共发行1386只资产证券化产品，资金总额为5930.39亿元，同比增长79%。其中，信贷ABS的发行额占当年发行总量的68%，是资产证券化的主力。目前，国内资产证券化产品主要包括两部分：一是中国银监会及央行监管下的信贷资产证券化，主要在银行间市场发行；二是中国证监会监管下的资产证券化产品，主要在证券交易所发行。中国保监会监管下的资产支持计划和中国银行间市场交易商协会的资产支持票据规模相对较小。私募、金融资产交易所等平台发行的“类资产证券化”产品的规模无法统计。

资产证券化业务的核心是通过设立一个特殊目的载体（SPV）实现破产隔离。具体操作是将基础资产转让给SPV，将全部或部分信用风险转嫁给投资者，盘活基础资产。从目前的监管框架来看，最符合破产隔离载体标准的SPV主体是信托。券商的资产支持专项计划和基金子公司也可作为SPV管理人。总体来看，银行“非标转标”及“非标”和不良资产出表需求旺盛，是近年来ABS市场活跃的重要驱动因素。首先，对基础资产供给方而言，可实现基础资产盘活并提高资产周转率；对非优先级的认购方而言，则放大了资金杠杆，提高了收益率。其次，ABS可将商业银行的非标准化债权资产转成标准化债权资产，从而减少风险计提或直接出表。中国银监会发布的《资产证券化风险加权资产计量规则》对不同等级的资产证券化产品根据信用评级的不同设置了不同的风险暴露权重，信用级别越高，风险权重就越低。长期信用评级为AAA至AA-的，风险暴露权重为20%；信用评级为A+至A-的，风险暴露权重为50%。

在中小银行中，资本充足率不足、逼近监管红线的情况较为常见。出于节约资本金的目的，商业银行在处理不良资产的同时，降低资产风险计提比例是关键。银行通过发行ABS产品，认购其中一部分或由同业代持，ABS能实现“非标转标”，或直接实现“非标”资产出表。商业银行报表“应收款项非标准化债权资产”项目中有很大一部分是银行投资信托或资产管理计划的资产，其实质是银行以信托或资产管理计划为通道为融资方提供借款，这部分资金的来源通常是银行理财。中国银监会对理财业务中的非标准化债权资产占比有明确限制，规定上限为理财总规模的35%和上一年度总资本的4%二者中的低者。以某非标准化债权资产证券化产品为例，商业银行首先投资信托计划和定向资产管理计划，再将信托受益权和定向收益权转让给资产支持专项计划。对银行而言，收到资产支持专项计划的转让款，盘活了存量资产。原信托计划受托人和资产管理计划管理人负责向专项资产管理计划支付利益。在该过程中，由专业评级机构对基础资产进行评级。资产证券化可分为优先级、中间级和劣后级，不同层级满足不同资金的风险偏好。低风险的优先级一般由货币基金、银行自营或保险资金来认购。银行理财、信托、私募等资金可以作为中间级或劣后级资金。

（三）私人银行的市场定位

自2007年中国银行与苏格兰皇家银行合作推出私人银行业务以来，中国内地商业银行的私人银行业务历经萌芽期和成长期，目前正处于发展期，或者说处于发展期的初级阶段。原因在于自2015年开始，私人银行的资产管理规模（Asset Under Management,

AUM）以及客户数量一改前期的持续下滑态势，各项指标均进入稳步上升轨道，如资产管理规模的增长率为35.56%，客户规模的增长率为26.91%，增长率均高于2014年（见表3）。然而，各机构对私人银行业务的定位一直模糊不清，不过，经过近年来的发展，私人银行的定位日渐清晰。

表3　代表性私人银行资产管理规模和客户规模数据表现

年份	资产管理规模(亿元)	资产管理规模增长率(%)	客户规模(万个)	客户规模增长率(%)	单位客户规模(万元/个)
2008	2926.09		2.72		1075.77
2009	8185.87	179.75	4.72	73.53	1734.29
2010	10951.72	33.79	7.23	53.18	1514.76
2011	18818.15	71.83	13.74	90.04	1369.59
2012	26341.12	39.98	19.42	41.34	1356.39
2013	35985.03	36.61	26.97	38.88	1334.26
2014	46620.62	29.56	33.71	24.99	1382.99
2015	63200.00	35.56	42.78	26.91	1477.33

资料来源：上海浦东发展银行、中国建设银行、中国农业银行、中国银行、交通银行、中国工商银行、招商银行、民生银行、中信银行、兴业银行、光大银行、北京银行、上海银行等机构年报。

分机构来看，2015年，招商银行、中国工商银行、中国建设银行、中国银行和中国农业银行私人银行的资产管理规模加总为4.55万亿元。由表4可知，2014年之前，招商银行与中国工商银行私人银行的资产管理规模基本上居第1位或第2位。2015年，招商银行私人银行的资产管理规模超过中国工商银行。北京银行私人银行自2013年9月开展家族信托服务以来，家族信托客户与受托财产规模亦领先同业。多项数据分析显示，股份制银行、城市商业银行在私人银行业务规模与特色业务中呈现“逆袭”态势。

表 4　排名前 5 位的私人银行资产管理规模数据表现

单位：亿元

年份	总计	招商银行	中国工商银行	中国建设银行	中国银行	中国农业银行
2008	2926	1299	749	878		
2009	8186	1814	2550	1308	1500	
2010	10952	2703	3543	1793	1667	
2011	18818	3699	4345	2241	3000	3400
2012	26341	4342	4732	2918	4500	3960
2013	35985	5714	5413	3968	5700	5050
2014	46621	7526	7357	4687	7200	6400
2015	63200	12500	10600	6231	8100	8077

资料来源：相关银行的年报。

一个自然的问题是资产管理规模排名前 5 位的私人银行为何能成为前 5 位？为此，我们通过对排名前 5 位商业银行年报中关于私人银行定位的文本分析来寻求答案。如表 5 所述，排在前两位的招商银行和中国工商银行以及在 2015 年增速较快的中国建设银行均聚焦国内家业治理和全球资产配置两大定位，排在第 4 位和第 5 位的中国银行和中国农业银行虽然在其年报中都提到全球资产配置业务中的相关内容，但其缺陷是不聚焦，而 2013 年起步的北京银行则深挖家族信托等国内家业治理业务，在业务规模和信托制度应用领域取得了不俗业绩。

表 5　资产管理规模排名前 5 位的私人银行定位

银行名称	国内家业治理	全球资产配置
招商银行	为高净值客户（个人、家庭、企业三个层次）在投资、税务、法务、并购、融资、清算等多元化需求方面提供专业、全面、私密的综合服务	不断深化客户经营、强化自主获客、搭建海外架构体系、推动市场研究驱动产品的研发和资产配置落地，通过提供全权委托、税务筹划、境外股权信托、家族信托、并购融资和投行撮合等服务，推进私人银行业务全面升级，打造综合金融服务平台

续表

银行名称	国内家业治理	全球资产配置
中国工商银行	推出工银家族财富管理业务(通过在集团内设立家族财富管理基金的形式,致力于为资产在亿元以上的极高净值客户定制翔实全面的财富管理解决方案,覆盖财富传承、投资顾问、限额融资、跨境咨询、金融咨询和事务管理六大服务内容)	启动私人银行中心(中东)业务,成为第一家在中东区域开办私人银行业务的中资银行。私人银行服务已覆盖22个国家和地区,为客户提供个性化跨境顾问咨询服务。在新加坡地区首次发行私人银行全球理财基金
中国建设银行	构建"差异化、专业化、全能式"的业务模式,以个人、家庭及企业需求为驱动,专注财富顾问、投资理财、金融和非金融业务等领域,努力加快业务发展	探索海外资产配置策略,推出"私享建亚""私享狮城"等跨境投资业务、"私享久远"等私人银行保险信托业务,以及新西兰、新加坡投资移民业务
中国银行		发挥全球化经营优势,深化海内外业务联动,挖掘客户跨境金融需求,多维度推进产品服务创新,为商旅、留学、投资客户提供综合性金融服务。以中国的香港、澳门地区以及新加坡为支点,打造辐射全球的私人银行一体化服务网络,进一步提升中高端客户全球服务水平
中国农业银行		深化跨境金融服务和家族信托服务,探索"新三板"服务等新领域,推进法律税务咨询服务

资料来源：相关银行的年报。

简言之，与国内家业治理和全球资产配置相关的业务应是私人银行业务乃至国内高端财富管理市场的发展方向，这也是下一波市场行情的主要推动力。如招商银行在国内家业治理方面的定位是“为高净值客户（个人、家庭、企业三个层次）在投资、税务、法务、并购、融资、清算等多元化需求方面提供专业、全面、私密的综合服务”，在全球资产配置方面的定位是“通过提供全权委托、税务筹划、境外股权信托、家族信托、并购融资和投行撮合等服务，推进私人银行业务全面升级，打造综合金融服务平台”。国内家业治理的代表性业务是家族信托等；全球资产配置的代表性业务是“内保外贷”的资金监管等。

（四）家族企业的传承

如果我们以1978年改革开放作为国内家族企业发展的起点，以1992年邓小平南方谈话作为国内家族企业发展的第二波高潮，以25～30岁作为家族企业创始人的起始年龄，那么1978年的第一代创业者目前的年龄为63～68岁，而1992年的第二代创业者目前的年龄为49～54岁。这表明1978～1992年的创业群体目前的最小年龄也已近50岁，所以对他们而言，家族财富管理业务绝非简单的金融产品买卖问题，而应是家族财富的资产配置、权益重构和家业治理等跨界综合金融/非金融解决方案问题。

以福布斯富豪百人榜中的企业为样本来分析家族企业创始人和接班人以及家族企业传承方式等相关问题。从创始人的年龄分布来看，创始人中年龄最小者为排名分别为第28位和第35位的44岁的蔡荣军和刘载望；年龄最大者为82岁的百丽国际创始人邓耀，其企业排名第10位。创始人年龄分布中，60岁及以上者占比为51%，其余49%为40～59岁的创始人。其中，60～69岁的创始人占比最高，达38%。据统计，104位信息明确的家族企业创始人中有41位已经完成传承，而在已传承的家族企业中，除因司法问题而被动传承的47岁国美电器创始人黄光裕外，其余创始人的年龄均在50岁以上。由图4可以看出，随着创始人年龄的增长，已传承家族企业创始人数量占不同年龄段家族企业创始人总数的比重逐步提高。总体而言，家族企业创始人多在60岁以后才考虑或完成家族企业传承。由图4还可以看出，创始人年龄为70～79岁的10家家族企业中仍有4家尚未考虑或完成家族企业传承。

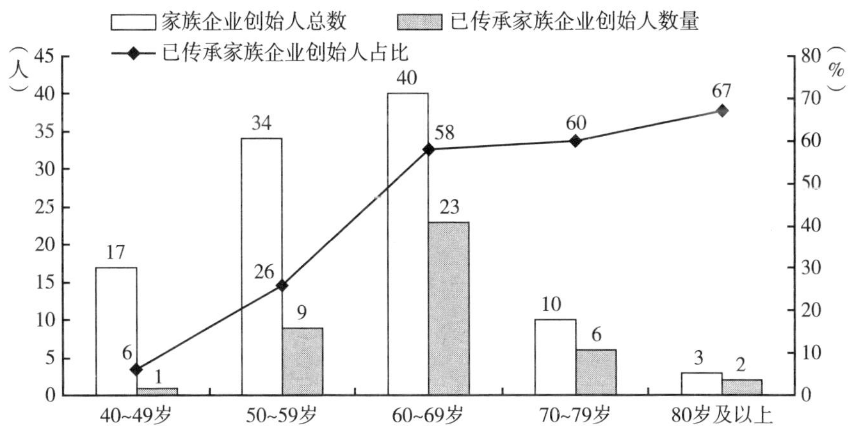

图 4　不同年龄段家族企业创始人及已传承家族企业创始人数量分布

资料来源：笔者整理。

下面，我们重点分析已完成传承的家族企业的传承方式及接班人情况。就“传亲”和“传贤”两种方式而言，41 位信息明确的已传承家族企业创始人中有 28 位选择传给家族成员的“传亲”方式，其余 13 位选择传给职业经理人的“传贤”方式（见图 5）。年龄为 70 ~ 79年的已传承家族企业创始人中有 2 位选择传给职业经理人的

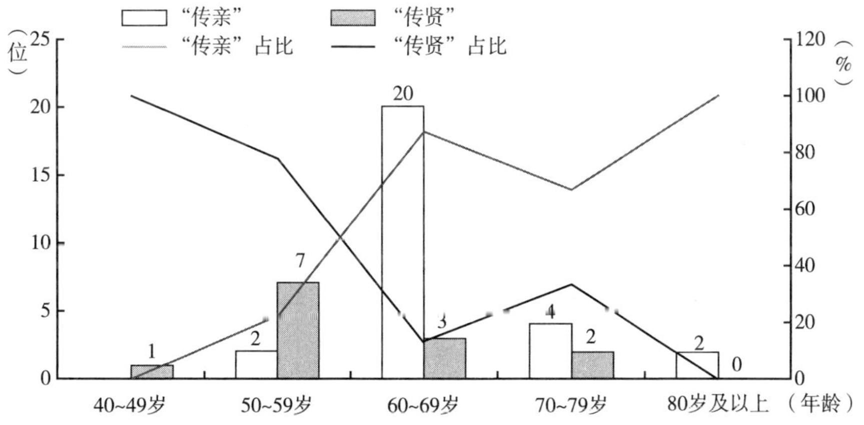

图 5　不同年龄段已传承家族企业创始人的传承方式

资料来源：笔者整理。

“传贤”方式，其中一家是目前较为成功的代表——美的集团。从趋势上看，年龄越大的家族企业创始人越倾向于选择传给家族成员的“传亲”方式，主要原因有二：一是受传统的宗法制家族观念影响，认为“肥水不流外人田”；二是受国内计划生育政策的影响，年龄相对较小的家族企业创始人只有一个孩子，父辈和子辈之间的代沟以及子辈的能力不足等都有可能成为家族企业选择“传贤”方式的主要原因。

我们再来分析不同年龄段接班人的分布情况。总体而言，年龄在50岁以下的接班人占接班人总数的80%，其中年龄为40～49岁的接班人占比最大，为41%，30岁以下的接班人只有1位，为排名第75位的中国生物制药家族企业继承人谢其润。在44位继承人中有8位是女性，且都是通过家族继承而来。在15位职业经理人中没有一位是女性。从不同年龄段“传贤”男性和“传亲”男性的人员数量分布情况来看，家族企业创始人一开始都倾向于将家族企业传给家族成员，后期可能会将家族企业经营权交给职业经理人。统计发现，在30～39岁的接班人中，“传亲”男性数量远大于“传贤”男性，而在50～59岁的接班人中，“传贤”男性和“传亲”男性比例各占一半（见图6）。

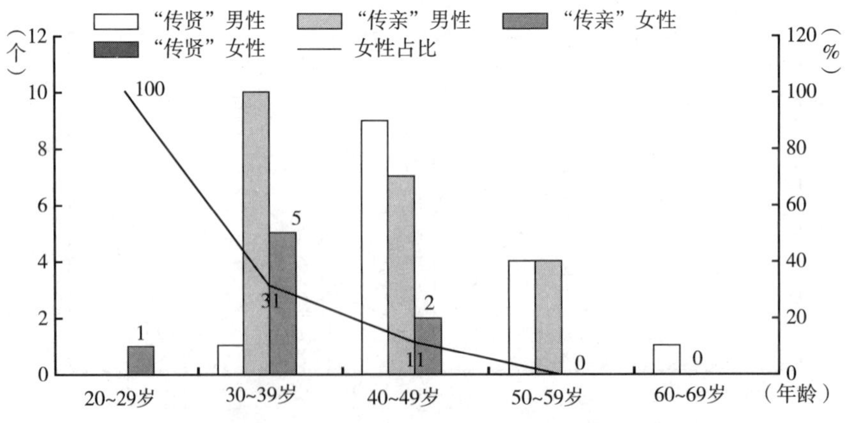

图6　不同年龄段已传承家族企业创始人的性别分布

资料来源：笔者整理。

三 财富管理市场发展展望

本报告聚焦国内财富管理市场，在全面梳理国际国内财富管理市场发展概况的基础上，重点分析银行系财富管理市场的三个热点问题，即理财业务监管办法评述、“非标转标”/“非标出表”催生ABS以及私人银行的市场定位问题，兼顾与国内高端财富管理市场相关的家族企业传承现状的评析。事实上，国内财富管理市场中针对普通客户的传统资产配置型工具，如银行理财、信托计划、证券投资基金、证券公司集合资产管理计划和保险产品等日趋成熟，新型业务，如期货公司或私募公司的资产管理与财富管理业务也蓄势待发，不仅如此，针对高端客户的家族信托、家族基金乃至家族办公室等高端财富管理业务也渐入佳境，原因在于前文所述国内家族企业的传承现状堪忧。以2013年发端的国内家族信托业务为例，目前至少有21家信托机构已经推出或研究推出家族信托业务，存量的家族信托业务规模逾400亿元，预计到2020年，家族信托业务规模将超过1万亿元。

鉴于此，国内财富管理市场发展的趋势首先是高端化。其次是私募化，其表现之一是在中国证券投资基金业协会统计的公募和私募分类数据中，私募资产管理规模是公募资产管理规模的3倍之多；表现之二在于中国工商银行为打破因没有信托牌照而无法向高端客户提供家族信托服务的约束，在自贸区设立家族财富私募基金，目前在运行的基金有14款，而且在中国证券投资基金业协会私募基金备案信息中含“家族”二字的私募基金也日渐增多；表现之三在于人员的“私募化”，即金融机构的高层管理人员纷纷跳槽或退休后转向类金融机构从事财富管理业务，如陆金所董事长李仁杰、乐视副总裁王永利、万达金融集团筹建组组长王贵亚、微众银行首任行长曹彤等。再

次是网络化，其表现在于互联网金融或互联网理财的兴起，据统计，目前国内的 P2P 市场规模已突破 3 万亿元大关，其他形式的互联网理财产品或模式更是层出不穷。最后是净值化。中债登发布的 2016 年上半年理财报告数据显示，在 11.26 万亿元的开放式理财产品中有 1.59 万亿元为净值型产品，占比为 14.12%。在监管机构的强势推动下，净值型产品将是传统银行理财产品未来发展的主要方向，其政策效果有待在后续报告中予以评价。

B.8
2016年的中国互联网金融

李　鑫*

摘　要：2012年以来，互联网金融在中国逐渐兴起，引起了中国金融界、学术界和决策层的广泛关注。关于互联网金融的概念界定及其对金融体系的影响，学界有着激烈的争论。随着因缺乏有效监管而产生的种种负面影响逐渐显露，人们对其认识也逐渐回归理性。本报告旨在对互联网金融的缘起与演进，以及互联网金融概念涵盖的主要业态，即互联网支付、P2P网络借贷、众筹、区块链、金融互联网化等的发展情况进行简要的梳理，并对其发展前景进行展望。

关键词：互联网金融　互联网支付　P2P网络借贷　众筹　区块链

一　互联网金融的缘起及演进

自20世纪80年代起，计算机和互联网开始高速发展，同时其在金融领域的应用也逐步扩展，通过降低金融服务的交易成本，计算机

---

* 李鑫，中国社会科学院金融研究所博士后，支付清算研究中心副秘书长，主要研究领域为经济发展、金融创新、支付清算等。

技术极大地提高了普通大众的金融服务可得性。伴随着各种电子数据处理系统、金融信息管理系统和决策支持系统逐步取代传统的手工操作，以及电子支付系统和支付信息管理系统的不断创新和演变，网络金融开始在许多金融服务商中间兴起，即借助互联网平台来提供网络证券业务或网络银行业务等。在国外，相应的业态有时被称为电子金融（Electronic Finance）或数字金融（Digital Finance），此外，也有人称之为 Internet Finance、Cyber Finance、Virtual Finance、Online Finance 等。不过，随着 21 世纪初互联网经济泡沫的破灭，各国的监管者和学者似乎突然对电子金融或数字金融失去了兴趣[①]。尽管如此，互联网技术自身的迅猛发展依然使其对金融的潜在变革逐渐显露出来。2012 年以来，互联网金融开始在中国受到广泛关注，并在 2013 年第二季度的《中国货币政策执行报告》中被专门提及，这也是官方报告中首次出现“互联网金融”这一词语。“互联网金融”这个并不十分严谨的概念迅速引起了中国金融界、学术界和决策层的广泛关注，进而也波及其他国家。

起初，互联网金融的概念在国内学界引起了轩然大波，究竟何为互联网金融？它对传统金融究竟是颠覆还是影响抑或是仅带来些许改变？学者们针对这些问题展开了激烈的讨论。有人指出，互联网金融是一个具有前瞻性的谱系概念，涵盖受互联网技术和互联网精神影响，从各类金融中介和市场到瓦尔拉斯一般均衡对应的无金融中介或市场情形之间的所有金融交易和组织形式，具有颠覆传统金融的潜力[②]。也有人认为，互联网金融指的是以互联网为平台构建的具有金融功能链且具有独立生存空间的投融资运行结构，虽然或许谈不上颠覆，却可与传统金融有效融合[③]。不过也有学者对此观点表示质疑，

① 殷剑峰：《“互联网金融”的神话与现实》，《上海证券报》2014 年 4 月 22 日。

② 谢平、邹传伟、刘海二：《互联网金融手册》，中国人民大学出版社，2014。

③ 吴晓求：《中国金融的深度变革与互联网金融》，《财贸经济》2014 年第 1 期。

如殷剑峰认为，所谓的“互联网金融”无非是利用互联网来提供金融服务，其概念之所以被热炒，是因为一些互联网企业想要涉足金融业，从而带动了“互联网金融”概念被热炒[①]。

客观来看，互联网金融本身在实务层面可能并不构成一个稳定的业态，并且国内所谓的互联网金融业态往往参差不齐，与国外规范的业务形式相比甚至全然变形，然而云计算、大数据等新技术确实在供给面引领着金融服务模式的变迁，同时 P2P 网贷、众筹、移动支付等新金融模式也确实对满足小微企业、创业者、消费者、“三农”等传统金融覆盖范围之外的市场主体的金融需求产生了积极作用。同时，互联网金融确实存在所谓的“创造性破坏”效应，它们加剧了金融业的竞争，使得金融机构的垄断利润在一定程度上被蚕食，特别是推升了商业银行的资金成本，加速了金融脱媒过程。更为重要的是，互联网金融这个“搅局者”的出现会起到倒逼改革的作用，有利于传统的较为固化的金融体制朝着更加鼓励创新、更加高效的方向发展。

然而，互联网金融在产生积极作用的同时，缺乏有效的监管也使得互联网金融的种种负面影响逐渐显露出来。新技术与金融业务的融合在许多方面“穿透”了传统的金融监管框架，而交易的虚拟化则进一步使得交易过程更加不透明，这极大地增加了监管的难度。同时，依托云计算、物联网等信息技术平台进行金融活动，加快了金融风险的扩散速度，而互联网金融业主与客户之间的相互渗透又使得风险在金融机构间、各金融业务种类间“交叉传染”的可能性增大。具有针对性的监管规则迟迟不能出台恰恰意味着互联网金融所蕴含的风险的复杂性。终于到 2015 年，风险开始集中爆发，尤以承担更多金融中介职能的 P2P 网贷行业为甚。“e 租宝”“泛亚”“大大”，一个又一个曾经号称代表新金融发展方向的平台陆续倒下，“裸条贷

① 殷剑峰：《“互联网金融”的神话与现实》，《上海证券报》2014 年 4 月 22 日。

款”“大学生负债自杀”，一个又一个由互联网金融引发的社会事件不断触动着人们敏感的神经，这使得互联网金融开始在泡沫喧嚣中逐渐走下神坛，许多人甚至将其与非法集资直接画上等号。

在此背景下，政府对互联网金融的态度也开始由“促进”转为“规范”。特别是自2015年以来，针对互联网金融的监管规则日趋完善。2015年7月，国务院发布《关于积极推进“互联网+”行动的指导意见》，把“互联网+”普惠金融作为重点行动之一，并明确提出要改进和完善互联网金融监管，提高金融服务安全性，有效防范互联网金融风险及其外溢效应。紧随其后，中国人民银行等十部委于同月发布《关于促进互联网金融健康发展的指导意见》（以下简称《指导意见》），确定了“依法、适度、分类、协同、创新”的监管原则，明确了各业态的准入条件和业务边界，并分别落实了监管主体。互联网金融监管框架自此正式成型。2016年3月发布的《“十三五”规划纲要》进一步明确提出要“规范发展互联网金融”，“实施网络强国战略，加快建设数字中国，推动信息技术与经济社会发展深度融合”。这表明中国政府仍在努力平衡风险与效率，致力于将互联网金融推入健康发展的轨道。2016年10月13日，国务院办公厅印发《互联网金融风险专项整治工作实施方案》，进一步对互联网金融风险专项整治工作进行了全面部署，旨在规范各类互联网金融业态，形成良好的市场竞争环境，在防范和化解风险、维护金融稳定的同时，促进行业健康可持续发展。

二　互联网金融的主要业态和发展现状

（一）互联网支付和移动支付

第三方支付在国内出现较早，其运营大体上经历了支付网关、第三方担保、便捷支付工具三种模式。在支付网关模式下，电子商务企业与商业银行需要有一个收款或付款的“中转站”，即第三方支付机构，它既以较低的成本构建了支付系统，解决了网络连接问题，又提高了电子支付的连接效率。在第三方担保模式下，支付机构已经不仅仅局限于支付网关的基本功能，还通过第三方支付机构的介入为网上交易提供信用担保。便捷支付工具模式是在前两种模式的基础上，进行支付工具的不断创新，如支付账户或电子钱包等，将互联网支付账户集成多种缴费功能并可通过手机客户端实现移动支付。

自 2011 年 5 月首批 27 家机构获得央行颁发的支付牌照起，第三方支付行业正式走向规范化发展。央行总计发放了 9 批 270 张牌照，同时取消牌照 3 张，目前共有 267 张有效的第三方支付牌照。按照运营主体类型来分，目前的第三方支付主要有两种模式：一种是以银联电子支付、汇付天下、快钱等为代表的银行账户模式，主要以金融企业为主导；另一种则是以支付宝、财付通、盛付通等为代表的支付账户模式，主要由互联网企业来主导。第三方支付的主要业务类型见图 1。

图 1　第三方支付的主要业务类型

易观网统计数据显示，2016 年上半年，中国第三方互联网支付市场交易规模为 90148 亿元（见图 2），而中国第三方移动支付市场交易规模则达 134740 亿元（见图 3）。

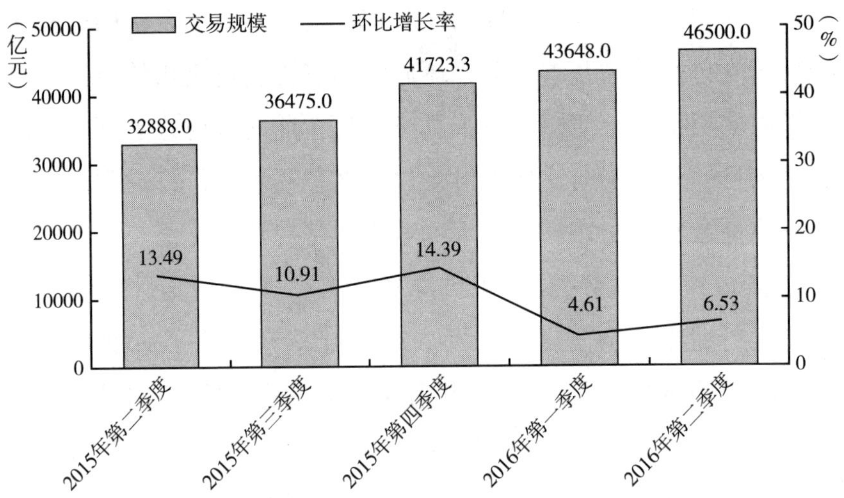

图 2　中国第三方互联网支付市场交易规模

资料来源：易观网。

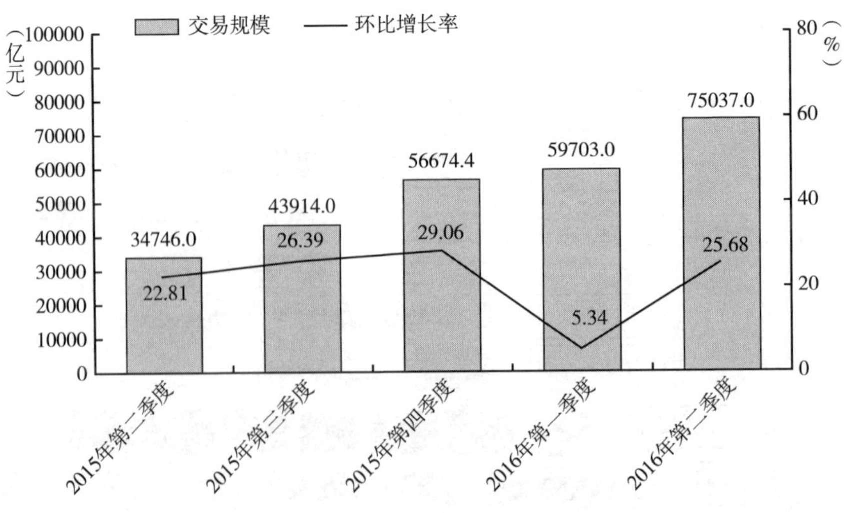

图 3　中国第三方移动支付市场交易规模

资料来源：易观网。

不仅第三方支付机构在推动互联网支付业务创新，银行业金融机构也在纷纷实施互联网环境下的战略转型。在支付业务方面，一方面优化已有手机银行 APP，另一方面重视支付终端的拓展，可穿戴设备替代传统卡片成为趋势之一。央行统计数据显示，2016 年第二季度，银行业金融机构共处理网上支付业务 110.27 亿笔，涉及金额 474.04 万亿元，同比分别增长 6.05% 和 2.11%；共处理移动支付业务 61.37 亿笔，涉及金额 29.32 万亿元，同比分别增长 168.46% 和 10.20%。

在中国人民银行等十部委发布的《指导意见》出台后，央行也陆续出台相关管理细则以规范互联网支付的发展。2015 年 12 月，央行发布《关于改进个人银行账户服务加强账户管理的通知》，提出从证件有效性、申请人与证件的一致性、用户真实意愿三个方面落实实名制。《非银行支付机构网络支付业务管理办法》也于 2015 年 12 月发布，该办法兼顾支付的效率与安全，不仅对支付机构定位给予了清晰的界定，明确了分类监管的原则，而且坚持支付账户实名制，强调保护个人消费者的合法权益。随着 2016 年起第一批支付机构牌照陆续到期，央行发布《关于〈支付业务许可证〉续展工作的通知》，明确了第三方支付机构牌照续展所需满足的条件。2016 年 4 月，《非银行支付机构分类评级管理办法》发布，明确了包括监管指标和自律管理指标在内的支付机构分类评级指标，其中自律管理指标由中国支付清算协会制定并上报央行。2016 年 10 月出台的《互联网金融风险专项整治工作实施方案》再次明确了非银行支付机构不得挪用、占用客户备付金，不得连接多家银行系统，不得无证经营支付业务，等等，同时指出，为防止非银行支付机构以“吃利差”为主要盈利来源，央行或商业银行不得向支付机构的备付金账户计付利息。

（二）P2P 网络借贷

上海的拍拍贷是国内最早的 P2P 网络借贷平台，其成立的 2007 年也成为国内 P2P 网络借贷的起始年份。P2P 网络借贷平台数量在 2010 年后迅速增加。与国外一个市场通常只有少数几家平台不同，中国的网络借贷市场相当分散。Wind 资讯数据显示，截至 2016 年 10 月，P2P 网络借贷运营平台数量达 2154 家，1 ~ 10 月总成交额为 15998.12 亿元。更为重要的是，与国外典型的 P2P 网络借贷模式相比，国内的 P2P 网络借贷模式存在严重的分化局面，各家平台在运营模式、定价模式以及风控模式等方面存在显著的差异。在《网络借贷信息中介机构业务活动管理暂行办法》出台前，还普遍存在数额达到千万元甚至过亿元的单笔借款。

虽然 P2P 网络借贷作为一种金融创新在支持次级客户及小微企业方面体现出普惠金融的理念，可以有效地填补传统金融在服务领域的空白，然而在经历了“野蛮生长”之后，问题也开始集中爆发，其最直接的表现就是违约频现、跑路频发。从 2015 年起，各月 P2P 网络借贷问题平台数量始终居高不下（见图 4）。尤其是在 2015 年底爆发的“e 租宝”事件中，“e 租宝”通过假项目、假三方、假担保的手法制造骗局，非法吸收存款 500 多亿元，涉及投资人遍布全国 31 个省份，达 90 万人。

问题频发也促使监管部门加快拟订监管办法。2015 年 12 月 28 日，中国银监会会同工业和信息化部、公安部、国家互联网信息办公室等部门研究起草了《网络借贷信息中介机构业务活动管理暂行办法（征求意见稿）》（以下简称《征求意见稿》），为行业的规范发展指明了方向。2016 年 8 月，在《征求意见稿》的基础上，《网络借贷信息中介机构业务活动管理暂行办法》（以下简称《暂行办法》）正式发布，网络借贷行业正式告别了无监管时代。《暂行办法》明确了 P2P 信息中介定位，并采用以负面清单为主的管理模式，明确了包括

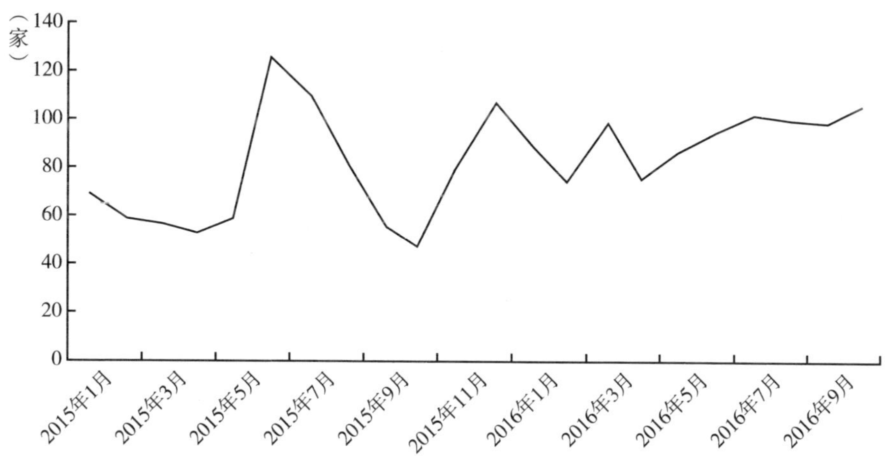

图4　各月 P2P 网络借贷问题平台数量

资料来源：Wind 资讯。

不得为自身或变相为自身融资、直接或间接接受归集出借人的资金、直接或变相向出借人提供担保或者承诺保本保息等 13 项禁止行为，并给予网络借贷平台 18 个月的整改期限。

实际上，自 2015 年底《征求意见稿》公布以来，P2P 网络借贷平台已经陆续开始整改，整体行业向好态势明显。P2P 网络借贷平台运营数量开始下降，意味着行业已经迈过了“野蛮生长”的阶段（见图 5），成交量与贷款余额环比增速的放缓则证明市场在朝着更加理性的方向发展（见图 6），而综合利率下行和平均借款期限上行则表明平台在规范经营方面日趋改善（见图 7）。

2015 年 10 月出台的《互联网金融风险专项整治工作实施方案》进一步体现了对 P2P 网络借贷监管升级的态势，不仅重申 P2P 网络借贷平台应守住法律底线和政策红线，而且明确提出 P2P 网络借贷平台未经批准不得从事资产管理、债权转让，特别强调房地产开发企业、房地产中介机构等须取得相关金融资质，方可利用 P2P 网络借贷和股权众筹平台从事房地产金融业务。

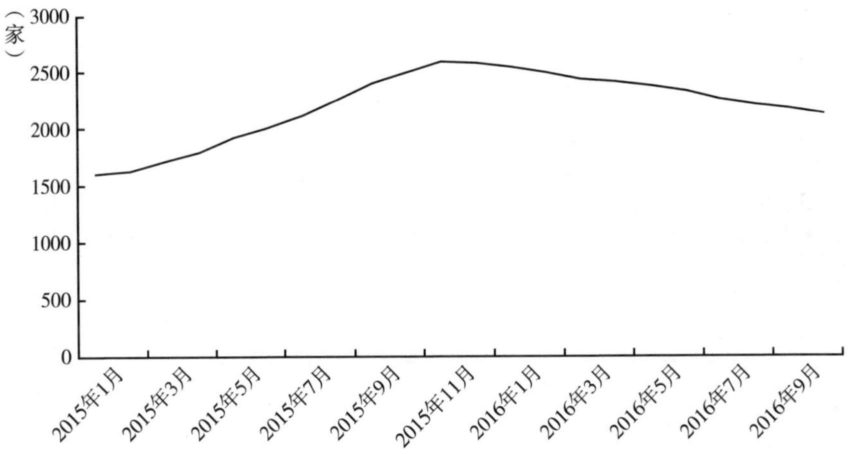

图 5　各月 P2P 网络借贷平台运营数量变化趋势

资料来源：Wind 资讯。

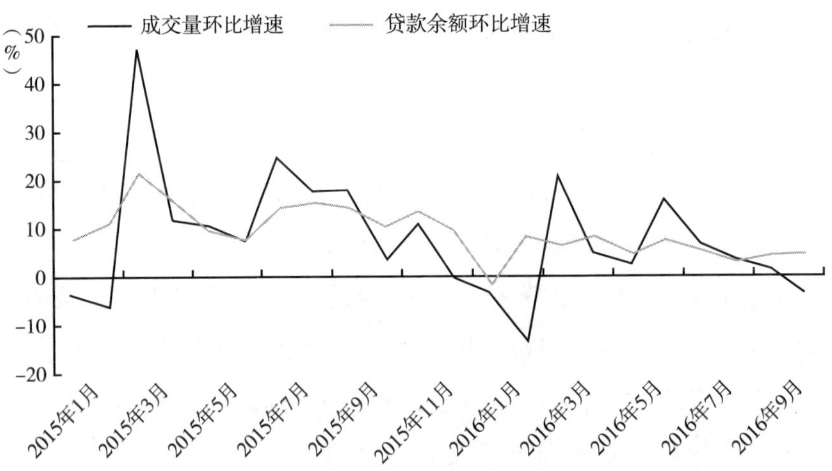

图 6　各月 P2P 网络借贷平台成交量及贷款余额环比增速变化趋势

资料来源：Wind 资讯。

（三）网络众筹

众筹模式由来已久，然而将其搬到互联网上则是 20 世纪 90 年代

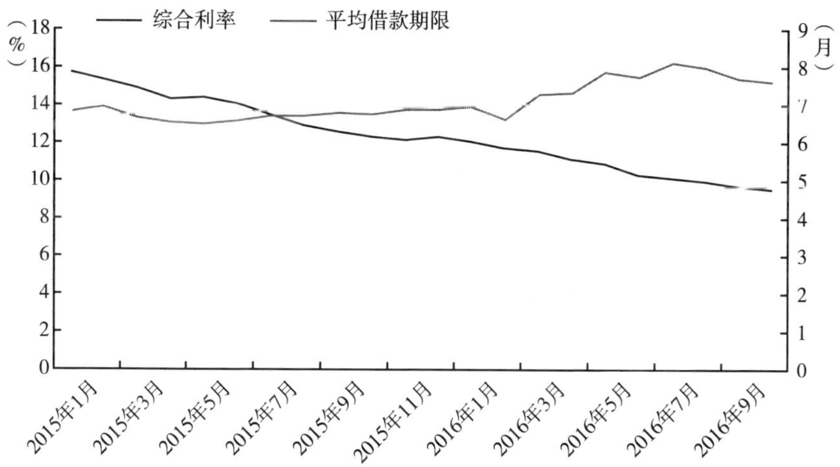

图7　各月 P2P 网络借贷平台综合利率和平均借款期限变化趋势

资料来源：Wind 资讯。

后期的事情。起初它只是为独立作家、艺术创作者、出版商、剧场、电影、音乐、游戏等筹资的一种形式，然而在第一批网络众筹融资平台——IndieGoGo、Kickstarter 等上线后，这种在线融资模式开始变得更加普遍。众筹正式进入中国通常是从 2011 年 5 月“点名时间”作为国内第一家专门的众筹平台上线起算，此后陆续出现了淘梦网、积木盒子、JUE. SO 等各种侧重不同方向、具有不同特色的类似 Kickstarter 的众筹平台。随后出现了天使汇、追梦网、众筹网、大家投、浙里投等，如今在全国共有 400 余家众筹平台正常运营，并已形成了各自的特色。

与国外将 P2P 网络借贷和网络众筹统称为众筹不同，在国内分业监管的格局下，P2P 网络借贷和网络众筹有着明确的划分，按照中国人民银行等十部委出台的《指导意见》，中国银监会负责网络借贷业务的监管，而中国证监会则负责股权众筹业务的监管。除此以外，与国外相比，国内的众筹融资模式也出现了明显的变异，逐渐从线上走到线下。由于征信体系的缺失，为保证项目的可行性，国内众筹融资平台不得不做更多的线下工作。不仅如此，为了吸引投资者，股权众筹往往还需要专业的投资者或机构来担任领投人。此外，虽然一些众筹平台的创业团队中拥有经验较为丰富的金融从业者，但也有一些则纯粹是从互联网技术起家，从创始人背景来看可谓参差不齐。

目前国内的众筹融资模式按照投资回报方式的不同主要分为两大类：一类是以筹资者的实物产品或服务作为回报，另一类是以筹资者的股权或预期利息收益作为回报，而类似国外的公益型众筹项目在国内所占的比例目前还极小。网贷之家数据显示，截至 2016 年 10 月底，全国各类型正常运营的众筹平台总计 448 家，其中奖励众筹平台 238 家、非公开股权融资平台 123 家、混合众筹平台 69 家，而公益众筹平台仅 18 家。从项目数量和金额来看，2016 年 10 月，众筹行业成功项目数为 7501 个，成功筹资额为 20.06 亿元。其中，奖励众筹成功项目数为 5478 个，成功筹资额为 17.16 亿元，占总筹资额的 85.54%；股权融资成功项目数为 148 个，成功筹资额为 2.48 亿元，占总筹资额的 12.36%。2016 年1 ~10 月众筹成功项目数及成功筹资额见图 8。

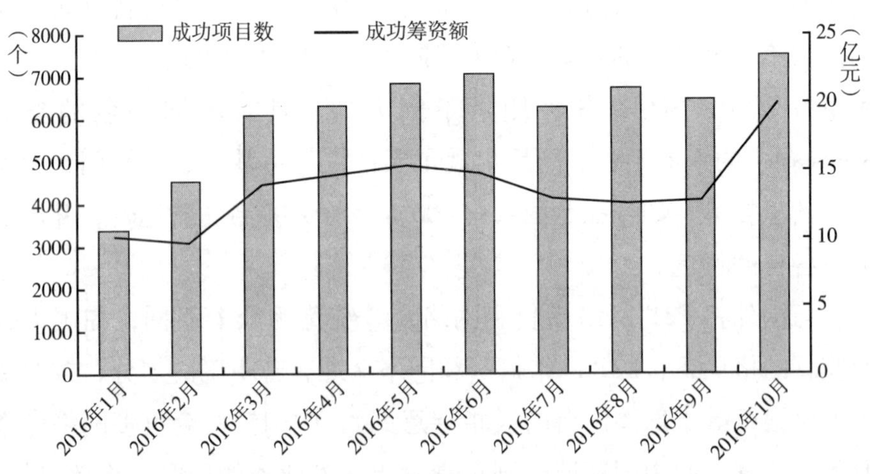

图 8　2016 年 1 ~10 月众筹成功项目数及成功筹资额

资料来源：网贷之家、盈灿咨询。

从政策角度来看，政府对众筹的态度同样是规范发展。2016 年 1 月发布的《国务院关于印发〈推进普惠金融发展规划（2016 ~ 2020 年）〉的通知》提出要发挥股权众筹融资平台对大众创业、万众创新的支持作用；《国民经济和社会发展第十三个五年规划纲要》也明确提出要完善监管制度，规范发展实物众筹、股权众筹和网络借贷。2016 年 10 月 13 日，中国证监会等十五部委印发《股权众筹风险专项整治工作实施方案》，重点整治互联网股权融资平台以“股权众筹”等名义从事股权融资业务、以“股权众筹”名义募集私募股权投资基金，以及平台上的融资者擅自公开或者变相公开发行股票等八项内容。

（四）由比特币到区块链

比特币的构想最初源自一个自称为中本聪的人，他在 2008 年 11 月发表的《比特币：一种点对点的电子现金系统》一文中首次阐述了一个去中心化数字货币的设想，而两个月后这个设想则在第一版比特币客户端成为现实。比特币的出现使得许多人开始重提哈耶克、弗里德曼等老一辈经济学家提出的非国家化的货币理念，并由此引发了世界范围的疯狂炒作。从 2011 年起比特币开始逐渐被中国人认识，随着互联网金融概念的兴起，中国投资者开始成为比特币市场上最活跃的投机者。随着各国政府陆续出面“泼冷水”，尤其是中国《关于防范比特币风险的通知》在 2013 年底发布，比特币炒作之风才被刹住。

虽然备受争议的比特币最终并没有获得大多数国家政府、学界以及主流机构的认可，然而作为其基础的区块链技术则引起了各界的普遍重视。麦肯锡报告显示，2015 年全球范围内投资在与比特币和区块链相关的初创公司的风险投资资金规模达 4.8 亿美元；普华永道专家则指出，2016 年 1 ~ 9 月全球区块链初创企业便已获得 14 亿美元投资。不仅如此，英国政府、欧洲央行、欧洲证券与市场管理局（ESMA）、世界证券交易所联合会（WFE）等组织纷纷对其展开研究，而花旗银行、德意志银行、巴克莱银行等全球领先银行和投行也在纷纷布局并试图通过组建 R3 联盟抢占发展先机。正如高盛报告里所言，“区块链已经完全俘获了硅谷和华尔街的想象空间，而作为其起源的比特币则早已被人们抛在脑后”①。

相比国外，国内金融机构在区块链方面的进展则较为迟缓，不过 2016 年起有加速趋势。2016 年 4 月，由万向区块链实验室牵头，11 个区域的商品交易所、产权交易所及金融资产交易所共同组建了中国分布式总账基础协议联盟（ChinaLedger），由中国证券业协会互联网证券委员会担任项目顾问，结合中国政策法规和中国金融行业独特的业务逻辑，开发符合中国政策、国家标准、业务逻辑和使用习惯的区块链技术底层协议。2016 年 5 月，中国平安保险集团正式加入 R3，成为首个来自中国的成员，招商银行随后在 9 月加入 R3。此外，中国银联也试水区块链，与 IBM 预演“使用区块链技术的跨行积分兑换系统”，而中国证券登记结算有限公司也宣布联合俄罗斯中央证券存管机构开展区块链试验合作。此外，一些新兴的金融科技公司在区块链方面发展得更为迅速，如小蚁已凭借其在区块链方面的应用场景开发优势入选 2016 年毕马威中国领先金融科技公司 50 强名单。在研究领域，对区块链的研究在 2016 年也呈井喷之势，截至 2016 年 11 月，以“区块链”为主题的著作已出版近十部，在学术期刊上发表的文章有数百篇。早在 2016 年初，中国人民银行就表态计划发行数字货币，而区块链技术则被许多学者及市场人士认为是实现数字货币的可选技术。2016 年 10 月，由工信部信息化和软件服务业司指导编

① Schneider, J., Blostein, A., Lee, B., Kent, S., Groer, I., Beardsley, E., “Profiles in Innovation Blockchain: Putting Theory into Practice”, The Report of Goldman Sachs Equity Research, May 24, 2016.

写的《中国区块链技术和应用发展白皮书》正式发布，意味着区块链在中国迎来了第一个官方指导文件。

（五）其他：金融的互联网化

除了上述诸多新兴业态外，一些传统的金融业态与互联网的有机结合通常也被认为是互联网金融的组成部分，其中最典型的便是互联网基金销售和互联网保险。中国电子商务研究中心统计数据显示，2016 年上半年，“宝”类理财产品规模达到 3.46 万亿元，比 2015 年底的 1.94 万亿元增长了 78.35%，不过收益率较前些年持续走低。融 360 监测的数据显示，2016 年 10 月 31 日，72 只互联网“宝宝”的平均 7 日年化收益率为 2.52%。互联网保险市场发展同样迅猛。中国保险行业协会数据显示，2016 年上半年，互联网保险市场累计实现保费收入 1431.1 亿元，是上年同期的 1.75 倍，占行业总保费的比例上升至 5.2%。其中，互联网人身保险累计实现规模保费 1133.9 亿元，财产险保费收入为 297.2 亿元。此外，伴随着 P2P 网络借贷市场的整顿，互联网消费金融逐渐成为互联网金融企业新的着力点。据中国电子商务研究中心预测，到 2017 年，中国电子商务生态消费信贷规模占比将增至 73.9%。

在这些领域，较早的监管政策便是在中国人民银行等十部委发布《指导意见》不久便率先出台的《互联网保险业务监管暂行办法》（自 2015 年 10 月 1 日起施行），明确了鼓励创新、防范风险和保护消费者权益的基本思路，并明确提出了经营条件、经营规则、信息披露、监督管理等方面的要求。2016 年 4 月，《互联网保险风险专项整治工作实施方案》发布，中国保监会连同其他 13 个部门共同开展整治工作，重点整治互联网高现金价值业务、保险机构依托互联网跨界开展业务以及非法经营互联网保险业务。2016 年 10 月发布的《互联网金融风险专项整治工作实施方案》进一步明确了对通过互联网开展资产管理及跨界从事金融业务的监管要求，强调金融机构不得依托互联网通过各类资产管理产品嵌套开展资产管理业务、规避监管要求，而互联网企业若要依托互联网开展相应业务则须取得相关金融业务资质；对于同一集团内取得多项金融业务资质的，将按照与传统金融企业一致的监管规则，要求集团建立“防火墙”制度，遵循关联交易等方面的监管规定，切实防范风险“交叉传染”。

三 2017年互联网金融前景展望

对于互联网金融前景的展望需要从技术和制度两方面来把握。从技术角度来说，互联网金融的兴起确实与ICT技术的演进，特别是大数据、云计算等的出现密切相关。然而，互联网金融仅存在于中国，是由中国较为严格的金融管制体制造成的。从理论上讲，互联网金融的概念并不严谨，它更多的是舆论炒作的产物，所谓的“颠覆传统金融”则只是一些新型金融机构试图通过这种炒作获得合法的身份。随着监管的逐步落地，身份问题也随即得到解决，于是对互联网金融的狂热开始逐渐消退，当然这种代价也是十分巨大的。从目前来看，无论是从业者、监管者还是学者都开始更加理性地看待这些新兴事物，人们的目光也开始由“互联网金融”转向“金融科技”。与互联网金融这种革命性的概念相比，金融科技显得更加中性，并且从理论上也更能讲通，即借助更为先进的计算机和网络技术达到改进金融服务的目的。这使得无论是传统金融机构还是新型金融机构都更加容易接受。我们预期未来“金融科技”的概念会逐步替代“互联网金融”，而在实践中，随着监管的逐步完备，经历过互联网金融浪潮洗礼的传统金融机构，将会以更加开放的姿态拥抱金融科技创新，而新型金融机构也会重新找准自己的定位。

从具体业态角度来看，支付市场的竞争定会越来越激烈，尤其是伴随着清算市场的放开，新的清算组织陆续进入，市场格局将发生根本性的改变，不仅第三方支付之间，而且第三方支付与银行之间的竞争均会呈现加剧趋势，对支付场景和支付终端的争夺将成为主旋律。P2P网络借贷行业同样面临重新洗牌，信息中介的定位将使得市场所能容纳的平台数量远远小于目前的存量，因此，未来几年仍然会有大量的P2P网络借贷平台退出市场。不过平台的正常、合法退出还需监管部门继续完善P2P网络借贷平台的退出机制，以保护投资者的权益。P2P网络借贷受打压以及众筹行业本身暂无有效监管将促使众筹市场在一定程度上起到替代P2P网络借贷市场的作用，然而对P2P网络借贷市场的整治在一定程度上也会对众筹行业起到震慑作用。不过，与P2P网络借贷模式相比，众筹模式更加灵活，产品众筹与股权众筹的转换也更加容易，因此监管难度也会更大。区块链正引起越来越多人的关注，未来几年区块链应用场景开发必将成为金融科技发展的前沿。随着政府机构以及一些金融巨头逐步加入探索区块链的行列中，未来区块链泡沫或将出现。然而，与互联网金融泡沫中所鼓吹的互联网思维相比，区块链有着更明确的技术背景，因此其改善现有一些金融服务环节的能力仍值得期待。虽然互联网金融的呼声逐渐平息，但已经改变了传统金融机构的固有思维，传统金融业态的互联网化仍将持续。在经济下行背景下，金融互联网化在一定程度上将有助于传统金融机构渡过难关。

B.9
2016年的中国信托市场

袁增霆*

摘 要：自2015年第三季度以来，狭义信托市场的规模总量增速进一步放缓。新发行的非证券类信托产品预期收益率显著下调，打破了自2012年以来的横向震荡格局。在信托产品结构中，财产管理类业务、投向金融机构的资金信托业务以及海外投资业务都获得了快速增长，存量结构占比显著上升。受业务布局调整与资本实力的影响，信托业的内部分化有所加强。2016年金融业以及具体到代客资产管理、财富管理业务的监管进入全面加强阶段。监管风格转变有可能将进一步抑制信托市场扩张，加剧产品结构调整和行业内部分化。同期供给侧结构性改革与市场投机所带来的商品价格上涨有利于增强投向房地产、能源、材料等行业的信托产品安全性，但这种短周期的影响又有可能加剧这些产品及业务运营的不确定性。

关键词：信托市场　管理资产　信托监管

* 袁增霆，经济学博士，中国社会科学院金融研究所金融实验室副研究员，主要研究领域为资产组合管理、新型金融工具与交易。

2015～2016年，中国狭义信托市场的总体规模增速进一步放缓，内部分化和调整节奏则有所加快。这里所谓的狭义信托市场仅限于以信托公司名义提供的产品和服务。当前行业统计口径下的信托公司总计68家。根据中国信托业协会的统计数据，截至2016年第二季度末的信托资产管理规模达到17.3万亿元，比2015年底增长6%，比上年同期增长8.9%。该指标的季度同比增速在逐年下滑的趋势下首次跌入个位数增速水平。这一短期变化显然受到上年同期基数较高（或称为翘尾因素）和当期金融市场低迷相叠加的不利影响。从中长期来看，在经济增长减速、金融体系动荡以及同业竞争加剧的复杂背景下，信托市场规模自2012年以来的减速增长趋势仍将持续下去。

迄今，信托市场的发展走向在很大程度上取决于两大类市场机会的平衡布局及其各自表现。一类是亲近银行业周期的融资类信托业务；另一类是亲近证券业周期的投融资类业务。自2014年以来，信托业正是借助两类金融周期的更迭，加大力度布局证券类业务，减少面向实体经济的融资类业务配比，才得以推陈出新。证券类业务的广阔市场空间已经打开。此期间私募股权投资活跃，股票与债券二级市场机会此起彼伏，甚至足以经受2015年中期“股灾”事件的冲击检验。在多数情形下，传统融资类业务的信用风险被证券类业务的市场机会所对冲。而且，在金融资本加快“脱实向虚”的潮流中，面向金融机构的安全融资类业务不断上升，在一定程度上置换了信用风险显著的实体企业融资类业务。伴随信托产品质量改善以及金融市场基准利率和风险溢价下行，非证券类信托产品的平均预期回报率在2015年第四季度至2016年第三季度迅速下滑，些期限品种的收益率跌幅接近2个百分点。当然，如同2016年第一季度那样，上述两大类市场双双受挫的少数情形也时有发生。这种压力情境会造成信托市场以及信托业经营表现低迷。此外，自2016年下半年以来不断加强的金融监管与金融业务去杠杆政策，也可能创造新的压力情境。

一　信托市场运行概况

（一）信托业总体与内部分化特征

从2015年第四季度开始，信托业总资产增速的下滑态势有所加剧（见图1）。即使考虑环比增速及其历史比较，也不难看出这种规模增速的趋势性放缓甚至出现逆转的可能。在总资产的两大类构成中，占比较低的固定资产甚至在2016年第一季度出现了同比负增长，占比约为97%的受托资产管理规模增速减缓才是主要成因（见图2）。与银行业相比，信托业的总资产同比增速已经从领先转为滞后。如果与同期蒸蒸日上的保险业和基金业指标相比，差距更为明显。自2014年以来，信托业务在亲近银行业与证券业两大类市场机会之间的平衡布局，在很大程度上实现了跨市场的机会共享与风险分摊。但是，在金融业总体规模仍处于快速膨胀的时期，信托业与金融同业之间的增长差距及其趋势逆转还是显得尤为醒目。过去业务高速扩张所形成的问题包袱与行业内所谓“制度红利”的衰减，是造成这种状况的重要成因。短期翘尾因素在一定程度上加剧了2016年第一、第二季度行业总资产增速的下滑。这两个季度的行业利润总额则罕见地陷入了连续负增长状态，同比分别增长-17.4%、-13.4%。此外，证券类业务经营绩效的稳定性很容易受到金融市场剧烈波动的冲击。例如，2015年中期的“股灾”以及2016年第一季度的国际性金融市场低迷，都构成了显著的负面冲击。

信托业的内部分化特征日益明显。在动荡的市场环境中，每家信托公司在市场布局调整和业务资源背景方面的个性化差异，导致其行业地位不断发生变化。一些信托公司已经尽显疲态，另一些信托公司则借助新兴业务或资本注入得以重整旗鼓。在利率下行与投

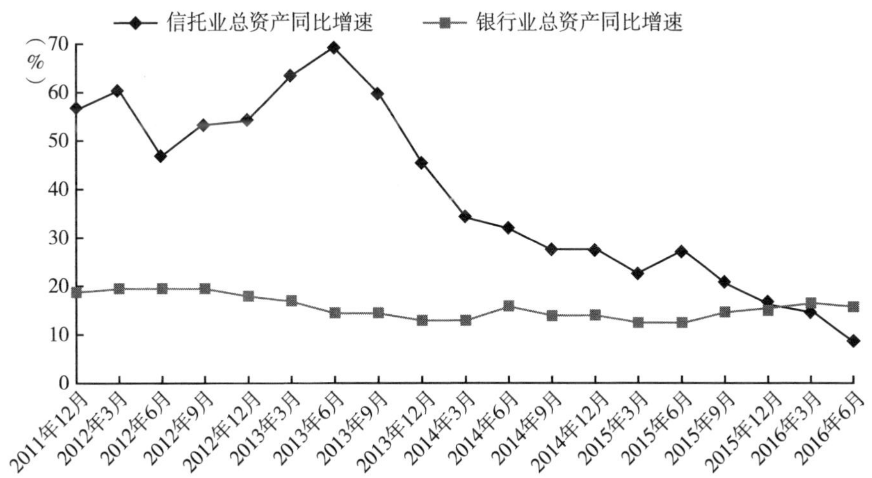

图1　信托业与银行业总资产同比增速比较

资料来源：中国银监会、中国信托业协会。

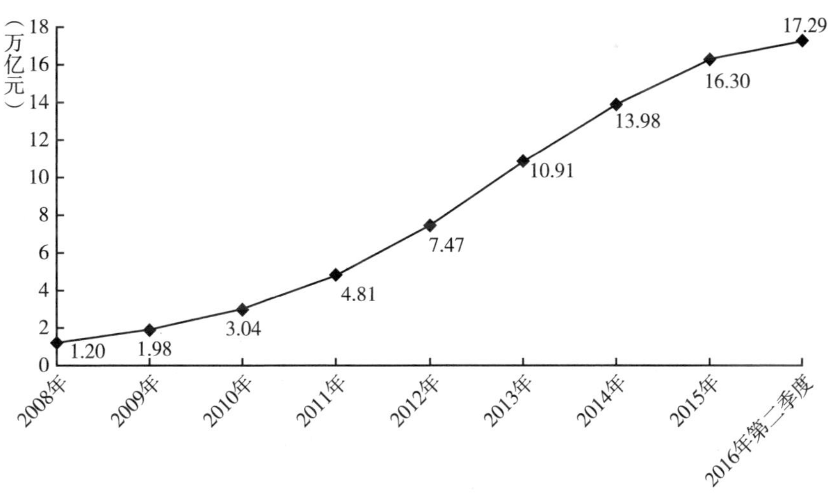

图2　信托业的受托资产管理规模增长趋势

资料来源：中国信托业协会。

融资息差收窄导致“资产荒”的背景下，成功者通常拥有可以不断扩充资本实力或获取业务资源的流行特征。用益信托金融研究院对

68 家信托公司 2013 ~2015 年的综合评价结果，基本上揭示出行业分化特征及其主要成因。行业分化特征直接体现于信托公司每年排名变化的标准差统计值逐年扩大。2013 ~2015 年的标准差统计值分别为 6. 8、9. 2、10. 8。2014 年和 2015 年，每年都有 10 家公司排名上升 7 位及以上（相当于 10% 以上的名次提升），其中 5 家公司排名上升 14 位及以上（相当于 20% 以上的名次提升）。同时，这两年每年都有 13 家信托公司排名下降 7 位及以上。行业的集中度变化在一定程度上从升少降多的不对称排名变化中可见一斑。但是，这种行业分化背景下的集中度上升还不能很好地反映信托公司竞争力的变化。信托公司综合评分与资本实力、业务能力、理财能力、盈利能力、抗风险能力 5 个细分项目评分之间的统计相关性，可以在一定程度上解释行业分化的主要原因以及集中度指标质量不高的原因。2013 ~2015 年，综合评分与资本实力、业务能力 2 个细分项目评分之间的相关系数分别高达 0. 96、0. 93，与其他 3 个细分项目评分之间的相关系数依次递减。代表信托公司“受人之托，代人理财”理念精髓的理财能力 2015 年的相关系数为 0. 75，与前两者相形见绌。由此可见，资本实力以及依靠背景资源开拓市场的业务能力对信托公司综合实力排名或经营发展而言具有更大的贡献度。这一点也可见于一些具有银行系、金融集团或上市公司背景的信托公司排名上升、经营扩张的状况。

（二）信托产品的结构变化和统计特征

信托业的市场布局调整带动了信托产品与服务市场结构的变化。从 2015 年第三季度开始，传统融资类业务与股票市场低迷带来的调整压力不断增大。在信托资产来源与功能两大分类统计中，财产管理类与事务管理类业务的规模占比显著上升。截至 2016 年第二季度末，财产管理类与事务管理类信托的存量规模占比分别为 11. 4%、43. 2%，比上年同期分别上升4.8个、10.1个百分点。虽然目前没有进一步的统计数据表明这些信托业务的主要品种或形式的变化情况，但从行业发展动态来看，这方面的积极变化应当对应于资产证券化、家族信托等业务的积极开拓。相应的，按信托资产分类的资金类业务与按信托功能分类的融资类业务的存量规模占比略有下降。投资类业务占比则显著下降，其受到的替代影响更为明显。当然，这种情况与2015年第二季度投资类业务的基数较高（或翘尾因素）以及随后“股灾”事件的冲击休戚相关。从更长时期的季度数据序列来看，投资类业务占比仍然呈缓慢上升态势。几乎出于同样的背景根源，按照资金运用方式分类统计的交易性金融资产占比以及按照投向方式分类统计的证券市场占比也都出现了暂时回落。

资金类信托业务的投向分布动态显示出融资类业务的内部替代性。2015年以来，投向基础产业和房地产的资金类信托占比仍在缓慢下降。这似乎疏离于同期社会基础设施融资扩张以及一、二线城市房地产行情震荡上行的背景基调。换言之，它们还没有给资金类信托业务带来显著的机会。但是，投向金融机构的产品占比自2013年以来一直稳步上升。从市场情况来看，这主要体现为在金融资本“脱实向虚”潮流下，面向金融机构的融资类业务日渐兴起。金融业相比工商企业通常具有更高的信用。因此，资金流向金融机构，虽然相较于流向实体企业或项目构成了融资替代，但具有修复或提高融资类信托产品总体信用水平的作用。值得注意的是，如果从实质意义上而非名义统计意义上的融资类产品来理解，这种替代意义将更为重要。从金融部门自我循环的社会角度进行评价，这种替代可能会具有一定的消极意义。2016年第二季度末银行合作业务中信托业务布局的调整还体现在信托特色业务统计中的银信合作与QDII业务的持续增长。银信合作业务规模在2016年第二季度约为4万亿元，比2014年第四季度末增加1万亿元。而且，它似乎没有受到“股灾”事件的负面影响。该类业务的加强无疑为一些具有银行股东及合作背景的信托公

司提供了支持。另外，QDII 业务的持续活跃与 2016 年以来海外资产配置需求的上升密切相关。2016 年第二季度末，信托 QDII 业务规模约为 422 亿元，比 2014 年的 97 亿元实现了大幅增长。

新发行的非证券类集合资金信托产品的预期收益水平从 2015 年下半年开始迅速下降（见图 3）。截至 2016 年第三季度，主要期限产品预期收益率降幅接近 2 个百分点。这种走势基本上结束了 2012 年之后持续数年的区间震荡格局。短期调整主要受同期金融市场基准利率先行下调以及风险溢价收窄的影响。在过去 5 个季度内，3 年期中债国开金融债到期收益率下降约 0. 8 个百分点（其中最大降幅发生在 2015 年第三、第四季度）；同等期限的中债中短期票据到期收益率相较于此利率基准的息差常被视为信用风险溢价，降幅约为 1 个百分点。两者合计比较接近非证券类信托产品的收益率降幅。

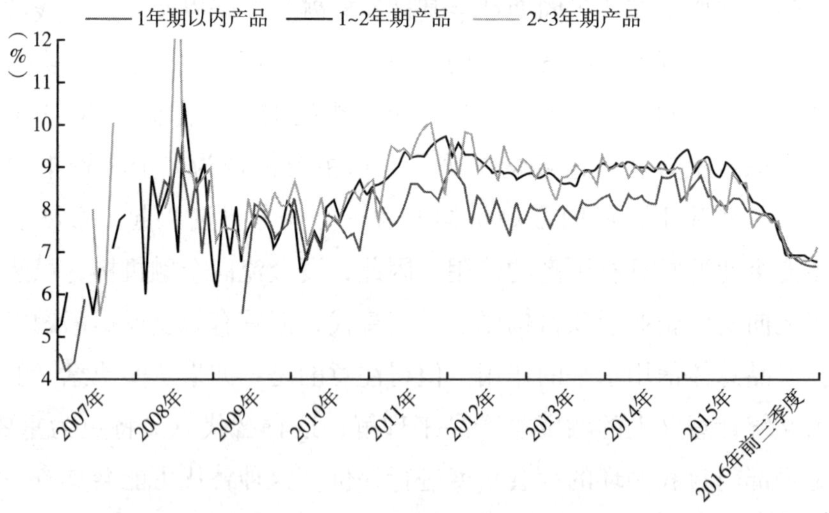

图 3　非证券投资类信托产品的预期收益率（月度）

资料来源：Wind 资讯。

从新产品发行情况来看，集合资金类信托产品受 2015 年“股灾”事件的冲击，恢复进程缓慢（见图 4）。“股灾”之后证券类信托产品的发行数量和发行规模似乎都领先于非证券类产品，率先开始企稳回升。由图 4 可知，前者似乎表现出更强的需求弹性。根据 Wind 资讯的统计数据，非证券类产品的发行数量仍然处于下滑趋势，但募集资金规模已经逐渐回升。另外，根据中国人民银行统计的社会融资总量数据，新增信托贷款经过 2015 年 9～11 月的连续净减少之后，从 2015 年 12 月至 2016 年 9 月都处于净增加状态。

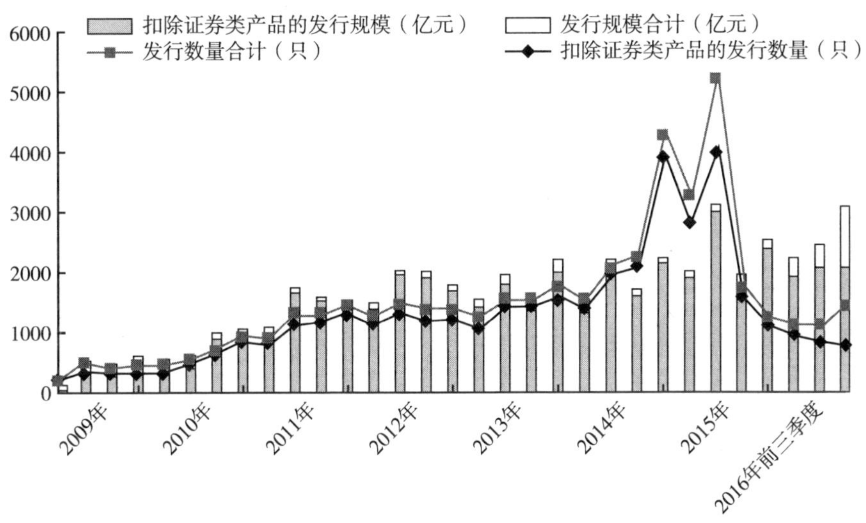

图 4 集合类信托产品的发行动态（季度）

注：基于截至 2016 年 9 月的查询数据。

资料来源：Wind 资讯。

资金类信托产品的信用风险水平呈现缓慢提升的趋势。存在风险暴露的产品仍然主要集中于房地产、能源、矿产等资金运用方向，这与宏观和行业经济发展中的背景风险基本一致。中国信托业协会公开披露的风险项目规模只在 2015 年第四季度暂时回落，随后则连续攀升。截至 2016 年第二季度，行业风险项目规模总计 1381 亿元。通常，风险项目规模与信托资产总量之比被当作行业不良率的估算指标。据此估算的当季行业不良率为 0.8%，被认为仍处于较低的风险水平。

二　信托市场焦点问题与监管动态

（一）信托风险评估与处置

信托市场上部分产品的兑付危机与刚性兑付事件一直是近年来金融领域备受关注的焦点问题。因此，关于信托业务或市场的风险评估及处置问题也备受关注。从宏观经济和金融背景来看，国内债务型融资工具的总体信用风险水平自 2013 年以来就呈不断上升态势。中国人民银行在 2014 年 4 月发布的《中国金融稳定报告（2014）》中则非常尖锐地指出了理财产品市场的刚性兑付问题，其中包括信托产品的兑付问题。该报告还提倡“有序打破理财产品的刚性兑付”[①]，这在当年脆弱的金融环境中曾经引起较大反响。2014 年，大量信托公司年报中披露的信托项目不良率显著上升。2015 年之后，信托业加强了项目风险处置与公司资本补充，导致 2015 年第四季度行业统计的风险项目规模出现了暂时下降。一部分信托公司 2015 年年报中的不良率数据甚至出现了清零。加大风险处置力度对信托公司的后续健康发展以及信托市场的稳定繁荣具有积极意义。同时，银行业也开始行动起来，到 2016 年第三季度时几乎暂时抑制了不良率上升势头。相比较而言，信托业在 2016 年上半年的进展就不那么顺利。

因此，合理评估信托风险状况以及积极处置应变就显得越来越重要。在风险评估方面，缺乏有效的统计数据是一大障碍。这方面的社会评价经常是基于主观性的市场经验判断。在宏观总体

① 中国人民银行：《中国金融稳定报告（2014）》，“专栏 22　有序打破理财产品的刚性兑付”，2014，第 129 页。

上的信用风险水平及其易变的脆弱性没有得到有效控制之前，这种担忧是客观存在的。在行业层面，中国信托业协会公布的风险项目规模指标以及借此估算的不良率水平可能不够准确或不具有统计上的稳健性。这里值得特别注意的是，“风险项目”仍是一个没有公开、明确描述性定义的概念。它是否专指隐含信用风险的不良类项目，仍不得而知。而且，鲜有信托公司在年报中正式提及风险项目这一指标。在一些业内人士的分析语境中，它似乎就是指信用不良类[①]。据此理解，估算行业总体的信托不良率时应当重新选择分母项。严格来说，分母项应是信用类产品规模。然而，在信托资产的功能分类与资金信托的运用方式分类中，都还很难予以确认。由于局部范围内“名股实债”的现实操作，因此很难确认哪些类型的产品是真正的信用融资工具。此外，像2015年中期“股灾”事件前后暴露出的伞形信托及股票配资问题，同样也不清楚哪些证券类信托产品在充当信用融资工具。在技术层面，也有必要考虑风险处置可能带来的样本选择问题。单从集合资金类产品来看，2016年第二季度以该类风险项目规模估算的单项不良率为1.3%，可谓风险水平显著但并不严重。在微观层面，少数信托公司年报中披露的不良率较为突出，甚至已经对经营业绩造成巨大冲击。从信托公司年报中披露的项目诉讼事项以及媒体报道的产品兑付事件来看，风险事件依然呈现增长趋势[②]。根据近年来的市场经验，信托项目的风险暴露开始表现出越来越高的易变性。一些实体企业的信用资质时常发生突然恶化。这些经验事实也会加剧人们在评估信用风险时的心理脆弱性。

在风险处置方面，信托市场正在出现一些改善。2016年，信托

---

① 张林、胡丽峰：《信托项目风险处置与思考》，《当代金融家》2015年第12期。

② 关于信托产品诉讼情况，可参见陈进《行业转型时期信托诉讼案件解析》，中国金融新闻网，2016年7月4日。

产品兑付事件与债券违约事件似乎已经逐渐被市场接受。同期公开债券市场信用风险溢价的下降似乎从一个侧面给出了验证。这不仅反映出投资者风险态度及承担能力的改善，而且见证了当事多方在共同沟通与处置方面的经验积累及方法改进。当然，信托公司的资本充足性以及对风险项目的处置力度，仍在发挥决定性的作用。近年来，以房地产类产品为代表的信托产品在基础资产价格虽然出现城市分化但总体震荡上行的背景条件下出现的风险问题，仍主要表现为短期流动性问题①。总体而言，这些问题可以通过基础资产处置或机构资金接盘的方式予以解决，处置成本仍然是低廉的。但是，兑付问题中的纠纷仍暴露出信托机制的约束力在执行过程中的脆弱性。

（二）信托业务的布局调整与创新发展

对重要信托业务板块进行布局调整是近年来信托业应对传统业务经营压力做出的策略选择。行业层面的产品结构调整主要体现在以下四个方面。一是提高主动管理类产品占比，降低被动管理类产品占比。通常认为，主动管理类产品相较于被动管理类产品具有数倍差异的信托报酬率②。这一选择已经成为信托公司提高盈利能力的关键。二是在亲近银行业周期的市场机会与亲近证券业周期的市场机会之间进行平衡。2013～2015 年，这种平衡意味着减少前者、增加后者的配比调整。在行业统计分类中，这一变化也主要对应于投资类相对于融资类、证券类相对于非证券类产品配比的增加。在遭受证券市场动荡冲击之后，信托业又增加了财产管理类业务的配比。三是

① 王东君：《信托产品风险频发　打破刚性兑付关键在于厘定信托责任》，《证券日报》2015 年 11 月 13 日。

② 这方面的数据在一些信托公司年报中有披露。另见杨卓卿《透视信托盈利能力，7 大公司报酬率解析》，《证券时报》旗下新媒体——微信公众号“信托百老汇”文章，2016 年 10 月 28 日。

在亲近银行业周期的市场机会或融资类业务中，增加投向金融机构的安全融资配比，实现局部的新旧资产置换。四是在境内外市场之间、人民币与外币资产市场之间相对增加后者的配比。这种选择适应了人民币汇率走势以及富裕阶层日益增长的海外资产配置需求。这方面的调整具体表现为QDII产品的快速增长以及部分信托公司在海外设立子公司。

信托公司在业务布局调整中的差异是信托业内部分化的重要原因。从行业层面看，在新的体制变革动力尚未形成而旧的制度红利日渐衰微之时，过去探讨的行业转型升级大略正逐渐演变成具体业务阵地的市场开发和竞争。在主营业务领域，信托公司不仅要清理过去盲目扩张所遗留的历史包袱，而且要面临更加严峻的金融同业竞争压力。因此，一些活跃的信托公司开始更加务实地加大业务布局调整力度，借助新资本以及机构合作资源来培植新的利润增长点和盘活存量问题。在这种严峻的环境中，经营管理能力与背景实力的细小差异都可能导致信托公司之间市场地位的显著差异，同业竞争形势也因动荡的市场环境而更加变幻无常。

信托业务创新兼有政策和市场两方面的推动力。例如，资产证券化业务的迅速扩容就是政策因素推动的，并受到现有金融体制的约束。同样，还有政府部门基础设施融资领域中的PPP项目。在金融同业竞争加剧的背景下，信托公司倘若深度介入这些并非嫡系的政策业务资源，需要具有与以往相比更强大的硬实力。海外投资、QDII业务与家族信托业务的创新发展则主要受市场需求因素驱动。相比较而言，海外投资业务还受到该领域管制放松的积极推动，家族信托业务则几乎没有新的政策或制度便利。

家族信托业务的创新发展值得特别关注。尽管该领域一直被认为面临诸多重要的制度障碍，如财产确权、过户或财产独立性等法治方面的基础设施缺陷，但还是有一些信托公司、商业银行与律师事务所积极参与进来。根据市场调查情况[①]，2015 年有 21 家信托公司涉入该领域，当年国内家族信托业务的总规模估算为 442 亿元，主要业务模式有资产管理型、竞争合作型、投行/基金型、机构部门型和三方平台型五类，主要功能有资产配置的保值增值、事务管理的家业治理、财富传承的有序定向、保险信托的双重保障和公益慈善的利他主义等。

（三）监管动态与制度调整

2014～2015 年，信托业监管实现了监管风格由此前过度宽松向适度收紧的转变，并迅速建立起“安全网”体系[②]。这个“安全网”体系包括风险责任承担、净资本监管、分类监管以及信托保障基金等一系列具体规则和基础设施，对防御和缓解信托行业经营风险发挥了重要作用。同时，它在一定程度上也刺激了直至 2016 年的信托业务布局调整和资本补充需求。

自 2016 年以来，信托市场与信托业开始更加显著地受到金融监管收紧的大环境以及“营改增”税收制度调整、《慈善法》出台等因素的影响。

首先，从 2016 年中期开始，在“抑制资产泡沫，防范金融风险”的政策背景下，推动金融部门与房地产市场去杠杆的政策力度逐步加大。这种金融监管口径的收紧将从不同角度影响信托业务。事实上，2016 年上半年金融监管口径的收紧就已经逐步展开。2016 年 4 月，中国银监会发布《关于规范银行业金融机构信贷资产收益权转让业务的通知》（银监办发〔2016〕82 号），提出了加强信贷资产收

① 以下关于家族信托市场状况的数据和其他事实，引自由北京银行、北京国际信托有限公司、中国社会科学院金融研究所财富管理中心与中央财经大学银行业研究中心组成的联合课题组的报告《国内家族信托发展报告（2016）》（待出版）。

② 袁增霆：《信托业安全网与监管转型》，《中国金融》2015 年第 24 期。

益权转让的资本监管及合规要求。2016 年 5 月，中国证监会针对基金子公司的管理规定和风险控制指引发布征求意见稿。2016 年 6 月，中国保监会下发通知规范保险资产管理公司通道业务。这标志着自 2012 年下半年“泛资产管理新政”以来，从事“类信托”业务的信托业同业竞争者也开始面临严格约束。2016 年 7 月，《商业银行理财业务监督管理办法（征求意见稿）》发布，随即引起的金融市场震动就已经表明代客资产管理领域监管风格转变及其对风险资产市场的不利影响。

其次，信托公司从 2016 年 5 月开始实施“营改增”税收制度。依照当年 3 月发布的《营业税改征增值税试点实施办法》，新的税收调整因素最终将渗透于信托业务的各个环节，且影响到那些频繁流转的交易、为规避监管而分拆拉长的交易链条以及渠道合作业务。产品销售环节的渠道合作业务还受到中国证券基金业协会于 2016 年 4 月发布、7 月实施的《私募投资基金募集行为管理办法》的强力约束。该办法要求代销机构持有牌照，并恪守私募性质。以上两项的叠加影响已经加速了第三方财富管理机构的行业洗牌。

最后，《慈善法》分别于 2016 年 3 月、9 月获得通过和实施。2016 年 9 月，北京市民政局还发布了《关于印发〈北京市慈善信托管理办法〉的通知》。这些法规为未来慈善信托的发展创造了制度便利。

三　2017年信托市场展望

我们预计，2017 年信托市场仍将处于总量规模增速进一步放缓、产品结构和信托业内部分化格局加快调整的进程中。2016 年前三季度，在供给侧结构性改革与商品投机的影响下，原来产能过剩的能源和材料行业的产品价格与财务状况有所恢复。同期一、二线城市的房

地产价格再次疯狂上涨。这些因素为投向该领域的信托产品及业务创造了有利条件。但是，这些行业的经济及政策调整周期都可能是短期的，仍可能延续近年来的剧烈波动状况，并最终传导至信托市场。同时，国内金融业代客资产管理业务监管的加强以及可能正在展开的金融部门去杠杆行动，都有可能打断资产管理或财富管理业务的高速膨胀进程。这些风险因素有可能进一步拉大主要信托产品类型的市场表现差异并加剧信托业的内部分化。美元走强与美国大选结果可能还将带来国际金融市场动荡，刺激国际资本流动。这在总体上仍然有利于海外信托业务的发展。值得关注的是，海外投资业务能否真正吸取历史教训。在海外资产市场内部分化同样处于加快调整的背景下，要避免再次成为劣质资产的接盘。

B.10
2016年的中国债券市场

安国俊　刘智成 等*

摘　要：　2016 年前三季度的债券市场整体规模基本维持了上年两成以上的增长率，其中政府债券和金融债券余额分别达 21.75 万亿元和 15.54 万亿元，政府债券余额较 2015 年末增长 39.93%。2016 年前三季度，债券市场发行量合计达 15.62 万亿元，其中政府债券和公司信用类债券发行量居前两位；债券市场交易规模基本稳定，成交量达 443.45 万亿元。纵观 2016 年前三季度的债券市场，在经济数据持续疲弱、物价水平走低、货币政策持续宽松的背景下，利率债呈现阶段性上涨行情。

本报告主要从债券市场总体情况、利率产品、信用产品等方面对 2016 年债券市场运行状况进行总体回顾与总结，并结合国内外宏观经济形势对债券市场的影响及走势进行研判。随着债券市场发展不断创新，利率市场化、债券市场风险管理、绿色债券市场、地方政府债券等问题再次成为焦点。《中共中央关于制定国民经济和社会发展第十三个五年规划的建议》提出，要积极培育

* 安国俊，中国社会科学院金融研究所副研究员，MBA 导师，美国哥伦比亚大学、美国斯坦福大学访问学者，中国人民大学经济学博士。主要研究领域为金融市场、国际投资、绿色金融等，在经济类核心期刊上发表论文百余篇。感谢参与研究的专家刘智成、孙明洁、翟光耀、郑翔宇、陈星、陆文添，他们来自中央国债登记结算有限责任公司研发部和中债估值中心；还有徐光、李秋菊等，他们来自中国银行间市场交易商协会创新部。

公开透明、健康发展的资本市场，推进股票和债券发行交易制度改革，提高直接融资比重，降低杠杆率；开发符合创新需求的金融服务，推进高收益债券及股债相结合的融资方式。本报告还针对如何推动债券市场发行和交易制度改革、提高直接融资占比、通过债券市场推动投融资机制完善、通过绿色债券市场发展推动城市绿色发展进程，以及有效防范信用风险和市场风险提出相关的建议。

关键词： 债券市场 绿色债券 信用风险

一 2016年债券市场总体情况

本部分主要描述2016年前三季度中国债券市场一级市场发行规模、债券市场存量、市场交易量、投资者结构等方面的情况。

（一）一级市场发行规模

2016年前三季度，债券市场发行量合计达15.62万亿元，其中政府债券和公司信用类债券发行量居前两位（见表1）。地方政府债券依旧是政府债券发行的主力，2016年前三季度发行总量达5.08万亿元，超过了公司信用类债券的发行规模。2016年前三季度金融债券的发行总量为3.33万亿元，发行主力仍是政策性银行债。2016年前三季度公司信用类债券共发行4.66万亿元，与2015年同期相比减少989.07亿元。2014年至2016年前三季度债券市场发行量及其占比见表2。

考虑到债券每年都有一定的到期规模，为考察债券市场净发行规模，我们对各类债券的发行量减去兑付额后得到的净发行量进行分析，结果见表3。

表1　债券市场整体状况

单位：亿元

券　种	2016年前三季度存量	2015年末存量	2016年前三季度发行量	2016年前三季度净发行量	2016年前三季度交易量
政府债券	217494.58	155432.12	74113.20	59261.25	1559975.02
央行票据	273.72	4281.72	0	-4008.00	28917.60
金融债券	155379.57	140229.15	33319.10	15570.42	2474675.36
公司信用类债券	181632.09	151505.50	46578.40	7969.48	368934.84
资产支持证券	5276.04	5526.70	2097.25	-364.97	1975.80
国际机构债券	135.00	10.00	95.00	95.00	47.30
合　计	560191.00	456985.19	156202.95	78523.18	—

注：①政府债券含国债和地方政府债；金融债券含政策性银行债、商业银行债、政府支持机构债（汇金债）和非银行金融机构债；公司信用类债券含企业债、中期票据、超短期融资券、短期融资券、私募票据、公司债、可转债、可分离交易可转债、中小企业集合债、中小企业集合票据、中小企业私募债。②交易额含现券、质押式回购及买断式回购成交总额。

资料来源：中国债券信息网、中国证券登记结算有限责任公司、上海清算所。

表2　债券市场发行量

单位：亿元，%

券　种	2016年前三季度		2015年		2014年	
	发行量	占比	发行量	占比	发行量	占比
政府债券	74113.20	47.47	58291.10	37.12	20247.35	19.97
金融债券	33319.10	21.34	35332.75	22.50	26571.52	26.21
公司信用类债券	46578.40	29.83	59323.66	37.78	51772.06	51.07
资产支持证券	2097.25	1.34	4091.34	2.61	2793.50	2.76
国际机构债券	95.00	0.02	0	0	0	0
合　计	156202.95	100	157038.85	100	101384.43	100

资料来源：中国债券信息网、中国证券登记结算有限责任公司、上海清算所。

表 3　债券市场净发行量

单位：亿元，%

券　种	2016 年前三季度		2015 年		2014 年	
	净发行量	占比	净发行量	占比	净发行量	占比
政府债券	59261.25	75.47	46642.19	56.04	11315.10	22.59
央行票据	-4008.00	-5.10	0	0	-1240.00	-2.48
金融债券	15570.42	19.83	14377.02	17.27	11908.69	23.77
公司信用类债券	7969.48	10.15	20622.76	24.78	25775.21	51.46
资产支持证券	-364.97	-0.46	1615.87	1.94	2331.33	4.65
国际机构债券	95.00	0.12	-21.30	-0.03	0	0
合　计	78523.18	100	83236.54	100	50090.33	100

资料来源：中国债券信息网、中国证券登记结算有限责任公司、上海清算所。

从表 3 的数据可以看出，2016 年前三季度，债券市场净发行量为 7.85 万亿元，净发行量最高的品种为政府债券，达 5.93 万亿元，其次为金融债券和公司信用类债券，分别为 1.56 万亿元和 0.80 万亿元。

（二）债券市场存量

2016 年前三季度，债券市场存量规模达 56.02 万亿元，较 2015 年增长 22.58%，各券种占比基本稳定。其中，金融债券、政府债券和公司信用类债券存量规模分别达 15.54 万亿元、21.75 万亿元和 18.16 万亿元，公司信用类债券占比较 2015 年下降 0.73 个百分点，金融债券占比较 2015 年下降 2.95 个百分点，资产支持证券占比较 2015 年下降 0.27 个百分点（见表 4）。

（三）市场交易量

2016 年前三季度，债券市场交易量达 726.24 万亿元，同比增长 70.03%。其中，交易所市场交易量为 167.35 万亿元，超过 2015 年全年交易规模；银行间市场交易量为558.89万亿元，交易规模绝对优势仍然明显（见表5）。

表4　债券市场存量

单位：亿元，%

券　种	2016年前三季度		2015年		2014年	
	存量	占比	存量	占比	存量	占比
政府债券	217494.58	38.83	155432.12	34.01	105745.94	29.43
央行票据	273.72	0.05	4281.72	0.94	4281.72	1.19
金融债券	155379.57	27.74	140229.15	30.69	126312.95	35.15
公司信用类债券	181632.09	32.42	151505.50	33.15	120098.50	33.42
资产支持证券	5276.04	0.94	5526.70	1.21	2860.33	0.80
国际机构债券	135.00	0.02	10.00	0	31.30	0.01
合　计	560191.00	100	456985.19	100	359330.74	100

资料来源：中国债券信息网、中国证券登记结算有限责任公司、上海清算所。

表5　债券市场交易量

单位：亿元，%

交易场所	2016年前三季度		2015年		2014年	
	交易量	占比	交易量	占比	交易量	占比
银行间市场	5588868.45	76.96	5484145.80	81.23	2690626.55	75.08
交易所市场	1673537.66	23.04	1267160.36	18.77	892840.82	24.92
合　计	7262406.11	100	6751306.16	100	3583467.37	100

资料来源：中国债券信息网、上海清算所、Wind资讯。

具体来看，2016年前三季度，银行间市场现券交易规模持续上升，质押式回购和买断式回购交易规模与2015年全年交易规模基本持平（见表6）。

分券种看，2016年前三季度，金融债券依旧是交易最活跃的品种，

表 6　债券市场各类交易规模

单位：亿元

交易场所	现券		质押式回购		买断式回购	
	2016 年前三季度	2015 年	2016 年前三季度	2015 年	2016 年前三季度	2015 年
银行间市场	912067.88	841628.23	4423776.44	4383804.88	253024.14	247647.86
交易所市场	8837.91	16203.12	—	—	—	—
合　计	920905.79	857831.35	—	—	—	—

资料来源：中国债券信息网、上海清算所、Wind 资讯。

金融债券的现券交易规模最大，政府债券的现券交易规模居第二位；质押式回购则以金融债券和政府债券为主，市场对利率产品作为质押式回购的担保品的偏好与上年保持一致；金融债券买断式回购规模有较大提升（见表 7）。

表 7　债券市场各类产品交易规模

单位：亿元

券　种	现券		质押式回购		买断式回购	
	2016 年前三季度	2015 年	2016 年前三季度	2015 年	2016 年前三季度	2015 年
政府债券	103028.01	97323.21	1425932.25	1568827.58	31014.75	42798.67
央行票据	2027.37	6212.35	26873.23	23530.18	17.00	14.00
金融债券	423760.05	404786.10	1960581.43	1969064.90	90333.88	70174.99
公司信用类债券	68691.12	95236.85	247930.46	298156.01	52313.26	68542.75
资产支持证券	1032.43	394.29	943.38	769.31	0	0
国际机构债券	734.18	0	2.80	4.57	22.00	0

资料来源：中国债券信息网、中国证券登记结算有限责任公司、上海清算所。

考察不同市场各券种的换手率，银行间市场总体活跃度远高于交易所市场。2016 年前三季度，银行间市场的整体换手率为

161.26%，较2015年同期上升19.12个百分点，交易所市场的整体换手率为13.48%，较2015年同期下降22.43个百分点，银行间市场日趋活跃，而交易所市场交易规模则呈下降趋势。从各券种看，对于银行间市场，公司信用类债券、金融债券和央行票据等主要券种的换手率较高；对于交易所市场，公司信用类债券的换手率仍然远远低于银行间市场，反映了信用类产品在两大市场的流动性差异（见表8）。

表8 债券市场各类产品换手率

单位：%

券种	全市场		银行间市场		交易所市场	
	2016年前三季度	2015年	2016年前三季度	2015年	2016年前三季度	2015年
政府债券	48.64	64.20	49.96	65.66	15.55	25.72
央行票据	741.00	146.87	741.00	146.87	—	—
金融债券	280.38	298.08	280.37	297.67	295.85	898.29
公司信用类债券	143.99	191.29	203.87	234.91	12.57	40.32
资产支持证券	20.91	2.12	19.57	0	—	—
国际机构债券	543.84	70.66	543.84	70.66	—	—
全部债券	144.03	178.13	161.26	191.22	13.48	40.58

资料来源：中国债券信息网、中国证券登记结算有限责任公司、上海清算所、Wind资讯。

（四）投资者结构

由于交易所市场未公布各类投资者的债券持仓数据，因此我们对投资者结构的分析以银行间市场为主。

首先，2016年在中央结算公司直接或间接开立一级托管账户的投资者有一定程度增加，截至2016年第三季度末达到13740个，较2015年增加3722个。其中，乙类账户数量增加较多，截至2016年第三季度末达到12733个，较2015年增加3691个；丙类账户数量也有小幅增加（见表9）。

表9　银行间市场投资者数量

单位：个

机构	合计		甲类		乙类		丙类	
	2016年第三季度末	较2015年增加	2016年第三季度末	较2015年增加	2016年第三季度末	较2015年增加	2016年第三季度末	较2015年增加
特殊结算成员	21	1	4	0	16	1	1	0
商业银行	932	169	53	0	847	175	32	-6
信用社	525	-39	0	0	432	-31	93	-8
非银行金融机构	232	33	5	0	214	36	13	-3
证券公司	130	0	55	0	75	0	0	0
保险机构	153	1	0	0	129	1	24	0
基金类	11118	3508	0	0	11019	3509	99	-1
非金融机构	274	-1	0	0	0	0	274	-1
其他	355	50	0	0	1	0	354	50
合　计	13740	3722	117	0	12733	3691	890	31

资料来源：中国债券信息网。

其次，从各类投资者的持仓量看，银行间市场最主要的投资者仍然是商业银行，2016年前三季度的持仓量达到26.40万亿元，占中央结算公司托管债券规模的62.69%。具体来看，全国性商业银行的持仓量最大，基金类和城市商业银行的持仓量分别排在第二位和第三位，达到6.76万亿元和3.52万亿元，占中央结算公司托管债券规模的16.04%和8.37%（见表10）。

最后，从各类投资者的现券交易规模看，保险机构持仓量占总体的5.05%，但交易规模只占总体的0.44%；全国性商业银行交易规模占总体的11.82%，是除城市商业银行和证券公司外交易规模占比最高的，但相较于其持仓量占比（48.82%），交易相对不活跃。而城市商业银行、证券公司、农村商业银行、基金类、外资银行等机构交易较为活跃。考察各类机构自营的买卖净额，基金类的净买入最高，而城市商业银行、全国性商业银行和证券公司则是主要的净卖出交易方（见表11）。

表10　银行间债券市场各类投资者持仓量

单位：亿元，%

机　构	2016年前三季度		2015年		2014年	
	持仓量	占比	持仓量	占比	持仓量	占比
特殊结算成员	25222.25	5.99	20101.92	5.74	17099.96	5.95
商业银行	263976.81	62.69	221193.85	63.12	181007.95	63.00
全国性商业银行	205605.65	48.82	173807.68	49.60	145776.53	50.74
外资银行	3313.54	0.79	3324.28	0.95	3937.41	1.37
城市商业银行	35240.27	8.37	28874.03	8.24	20019.91	6.97
农村商业银行	19255.79	4.57	14615.77	4.17	10540.04	3.67
农村合作银行	516.74	0.12	544.28	0.16	695.09	0.24
村镇银行	34.52	0.01	24.92	0.01	38.96	0.01
其他	10.30	0	2.90	0	0	0
信用社	7597.95	1.80	7291.09	2.08	6234.42	2.17
非银行金融机构	920.25	0.22	879.56	0.25	736.25	0.26
证券公司	2986.71	0.71	3108.47	0.89	2166.83	0.75
保险机构	21246.14	5.05	22526.59	6.43	22816.21	7.94
基金类	67559.06	16.04	48065.84	13.72	32642.51	11.36
非金融机构	73.24	0.02	71.63	0.02	124.62	0.04
个人投资者	6768.45	1.61	6613.04	1.89	5868.30	2.04
交易所	17477.15	4.15	14517.94	4.14	13215.34	4.60
其他	7285.90	1.73	6042.17	1.72	5379.80	1.87
合　计	421113.91	100	350412.10	100	287292.19	100

资料来源：中国债券信息网。

表 11　银行间债券市场各类投资者现券交易规模

单位：亿元

机构	总计		自营		委托	
	买卖总额	买卖净额	买卖总额	买卖净额	买卖总额	买卖净额
特殊结算成员	3544.73	634.43	3544.73	634.43	0	0
商业银行	798811.70	-18534.90	798566.72	-18551.06	244.98	16.16
全国性商业银行	141754.28	-8291.16	141633.30	-8302.72	120.98	11.56
外资银行	62119.57	131.17	62118.07	129.67	1.50	1.50
城市商业银行	469683.96	-10140.27	469667.26	-10144.17	16.70	3.90
农村商业银行	122227.69	-176.70	122220.69	-178.30	7.00	1.60
农村合作银行	2881.69	-78.43	2881.69	-78.43	0	0
村镇银行	131.20	7.20	32.40	9.60	98.80	-2.40
其他	13.30	13.30	13.30	13.30	0	0
信用社	18056.11	391.67	18052.11	389.67	4.00	2.00
非银行金融机构	1302.68	75.38	1301.68	76.38	1.00	-1.00
证券公司	268444.48	-3262.86	268444.48	-3262.86	0	0
保险机构	5295.48	570.84	5232.71	544.67	62.77	26.17
基金类	95346.47	16542.14	89856.51	13994.48	5489.95	2547.66
非金融机构	0	0	0	0	0	0
个人投资者	0	0	0	0	0	0
其他	8954.41	3583.30	998.91	211.71	7955.50	3371.59
合　计	1199756.05	0	1185997.85	-5962.57	13758.20	5962.57

资料来源：中国债券信息网。

二　2016年利率产品市场运行分析

（一）利率产品[①]市场运行情况

2016 年前三季度，利率产品发行量为 10.15 万亿元。其中，政

① 利率产品包括托管在中央结算公司的政府债券、央行票据与政策性银行债。

府债券发行量为7.40万亿元（含5.08万亿元地方政府债券）；国家开发银行、中国农业发展银行及中国进出口银行三家政策性银行共发行金融债券2.75万亿元（见图1）。

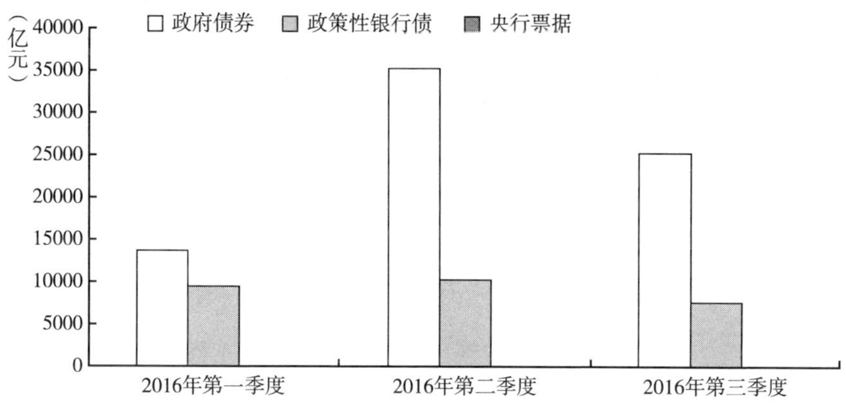

图1　利率产品发行量

资料来源：中国债券信息网。

截至2016年第三季度末，利率产品存量达到33.15万亿元，较2015年末增加6.75万亿元。其中，政府债券存量为20.91万亿元，政策性银行债存量为12.21万亿元，分别较2015年末增加5.94万亿元和1.22万亿元（见图2）。

总体上看，2016年前三季度，政府债券发行量和政策性银行债发行量较2015年同期均有所增加，政策性银行债及政府债券的托管量继续增加。

2016年前三季度，银行间市场利率产品交易结算量为395.92万亿元，同比增长47.81%。其中，现券交易结算量为51.90万亿元，占总体结算量的比重小幅上升至13.11%，而2015年同期占比为12.46%；质押式回购交易结算量平稳增加，从2015年前三季度的227.61万亿元上升至332.26万亿元，但占总体结算量的比重下降至83.92%；买断式回购交易结算量大幅提高，2016年前三季度共实现

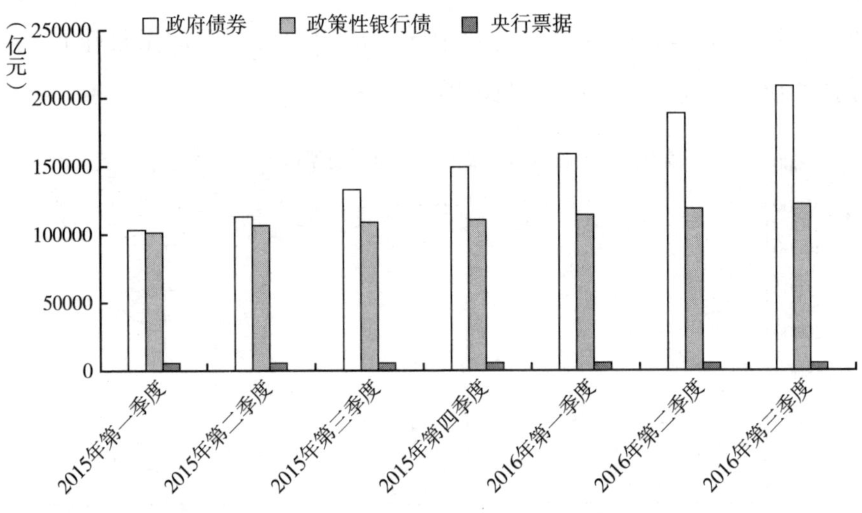

图2　利率产品存量

资料来源：中国债券信息网。

11.76 万亿元，较 2015 年同期增加 4.89 万亿元，涨幅为 71.18%（见图 3）。

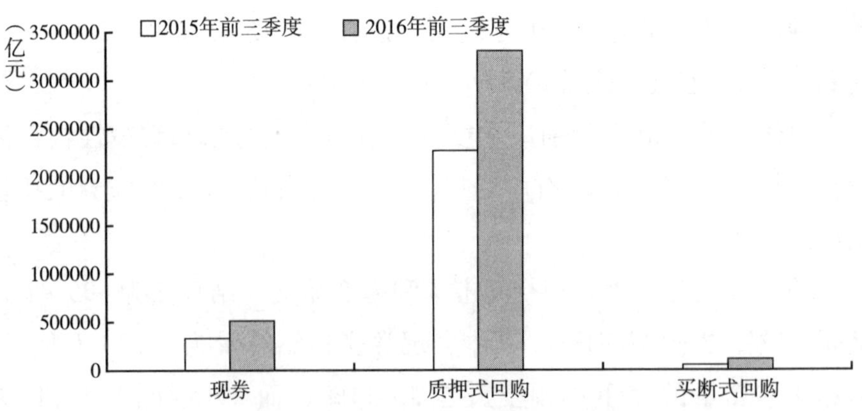

图3　银行间市场利率产品现券及回购交易结算量

资料来源：中国债券信息网。

（二）利率产品市场运行特点

第一，利率产品发行量稳步增长，地方政府债券发行规模超过国债。在政府债券方面，2016 年前三季度共发行记账式国债 21596.90 亿元、储蓄国债（电子式）1591.89 亿元，同比分别增长 69.32%、7.06%；发行地方政府债券 50839.40 亿元，涨幅为 107.26%。

第二，利率产品发行期限集中在中长期限。2016 年前三季度，利率产品发行期限主要集中在中长期限，期限在 3 年以上的中长期品种发行量占比为 72%，而期限在 3 年及以下的短期与超短期品种发行量占比相对较小（见图 4）。

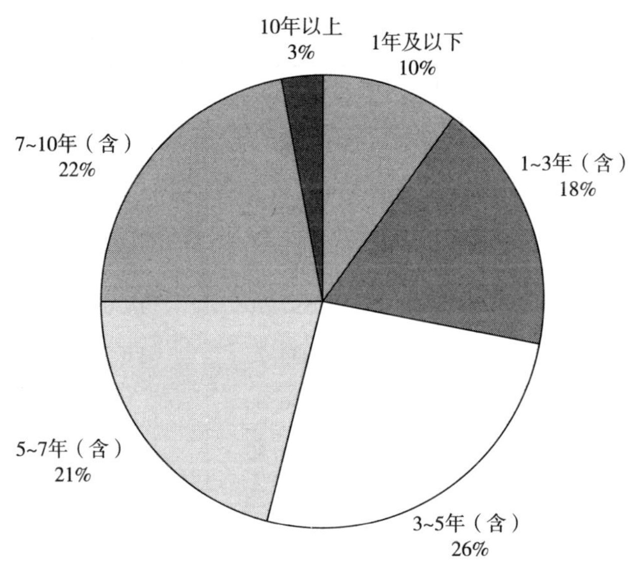

图 4 2016 年前三季度记账式附息国债各期限发行情况

资料来源：中国债券信息网。

第三，地方政府债券发行规模大幅扩容。据《全国人大地方债调研报告》披露，2016 年地方政府债券将有 2.8 万亿元到期，截至 2016 年第

二季度末，地方政府置换债已发行2.68万亿元。2016年前三季度地方政府债券累计发行5.08万亿元，同比增长107.26%。

三　2016年信用产品市场运行分析

（一）信用产品市场运行情况

从一级市场发行看，2016年前三季度，银行间市场信用产品（含金融债券、公司信用类债券、短期融资券、私募票据、中期票据和集合票据等）发行量达5.06万亿元（见表12）。

表12　银行间债券市场发行量

单位：次，亿元

券　种	2016年前三季度		2015年	
	发行次数	发行量	发行次数	发行量
商业银行债券	46	2652	55	2009
非银行金融机构债券	21	549	22	793
公司信用类债券	407	4848.70	303	3431.02
超短期融资券	1478	20897.70	1430	22944.30
短期融资券	571	4944.25	1105	9483.00
证券公司短期融资券	56	1096.60	174	3515.60
中期票据	693	8669.40	912	12416.70
私募票据	592	4833.25	1113	8781.35
集合票据	0	0	2	4.26
资产支持证券	205	2063.57	385	4056.34
资产支持票据	13	33.68	9	35
绿色债务融资工具	2	17	0	0
合　计	4084	50605.15	5510	67469.57

资料来源：中国债券信息网、上海清算所。

从发行主体看，越来越多的中等评级和中低评级发行人参与到债券市场中。2016 年前三季度，非金融企业信用债发行中，AA + 及以下评级信用债发行规模约为 2.73 万亿元，同比增长 17.59%，其占比上升 2 个百分点。随着债券市场的发展，发行主体信用等级多元化的趋势不可逆转，新的发行人不断涌入。

2016 年，交易所债券一级市场发行量较上年有较大提升。2016 年前三季度，发行中小企业私募债 378 只，共计 4758.01 亿元，同比增长 418.66%，发行频率较 2015 年明显提高；发行可转债 12 只，共计 238.52 亿元，同比增长 183.95%。相对应的是，公司债发行量平稳增加。2016 年前三季度，发行公司债 1633 只，共计 12512.19 亿元，较 2015 年同期的发行规模大（见表 13）。

表 13　交易所债券市场发行量

单位：亿元

券种	2016 年前三季度	2015 年
可转债	238.52	93.80
公司债	12512.19	9816.49
中小企业私募债	4758.01	1588.11

资料来源：中国证券登记结算有限责任公司。

从二级市场交易看，2016 年前三季度，信用产品交割量为 41.46 万亿元，交割笔数为 42.67 万笔，同比增长 15.18%。具体来看，中期票据交割量为 7.59 万亿元，公司信用类债券交割量为 29.31 万亿元，商业银行债券交割量为 3.97 万亿元（见表 14）。与上年同期相比，中期票据交割量有所下降，其中现券交割量降幅最大，达到 78.99%，公司信用类债券和商业银行债券交割量有所上升，涨幅分别为 31.33% 与 31.93%，显示出投资者对信用产品的投资和交易需求有所调整。

表 14　银行间债券市场信用债交割量

单位：亿元，笔

券　种	2016 年前三季度		2015 年	
	交割量	笔数	交割量	笔数
商业银行债券	39745.67	20644	41398.27	19610
非银行金融机构债券	3971.93	3842	2158.03	1840
公司信用类债券	293051.66	321835	318665.47	355504
短期融资券	—	—	—	—
资产支持证券	1975.80	1411	1163.60	767
中期票据	75881.09	78975	143182.63	139950
集合票据	2.10	5	87.50	204
合　计	414628.25	426712	506655.50	517875

资料来源：中国债券信息网。

从信用产品存量看，2016 年前三季度，信用产品市场债券总存量达 20.46 万亿元，比 2015 年底净增 3.26 万亿元。其中，公司债、中小企业私募债和中期票据居净增量前三位，合计净增量达 2.70 万亿元（见表 15）。

表 15　信用债市场存量

单位：亿元

券种	2016 年前三季度	2015 年	净增量
商业银行债券	15998.15	13811.05	2187.10
非银行金融机构债券	1755.00	1234.00	521.00
公司信用类债券	43942.73	40718.91	3223.82
超短期融资券	16683.20	14726.40	1956.80
短期融资券	7145.25	9460.00	-2314.75
中期票据	44051.94	40105.48	3946.46
私募票据	21662.66	21393.99	268.67

续表

券种	2016 年前三季度	2015 年	净增量
集合票据	15.25	60.68	-45.43
公司债	37343.19	18452.51	18890.68
可转债	344.84	132.74	212.10
分离债	0.00	68.00	-68.00
中小企业私募债	10343.03	6227.79	4115.24
资产支持证券	5107.26	5380.61	-273.35
资产支持票据	168.78	158.90	9.88
合　计	204561.28	171931.06	32630.22

资料来源：中国债券信息网、中国证券登记结算有限责任公司、上海清算所。

从信用产品投资者结构看，2016 年前三季度，基金类成为银行间市场信用产品的第一大投资者，信用产品持仓规模达到 2.54 万亿元，同比增长 38.41%，商业银行持仓规模达到 1.67 万亿元，保险机构持仓规模达到 7808.28 亿元，其他依次为证券公司、信用社、非银行金融机构和非金融机构（见表 16）。

表 16　信用产品投资者结构

单位：亿元

券种	合计	公司信用类债券		中期票据		商业银行债券	
		2016 年前三季度	2015 年	2016 年前三季度	2015 年	2016 年前三季度	2015 年
商业银行	16692.24	5723.76	6360.80	4214.96	6190.15	6753.53	5385.24
信用社	1249.51	632.14	878.73	459.03	733.43	158.35	157.85
非银行金融机构	204.69	110.89	120.26	65.00	95.90	28.80	28.30
证券公司	1668.44	1377.74	1533.11	256.89	454.42	33.80	38.05
保险机构	7808.28	2208.51	2737.38	1048.78	1208.26	4550.98	5265.88
基金类	25445.99	15761.29	10935.36	5273.16	6494.60	4411.55	2879.83
非金融机构	32.26	22.26	24.86	8.00	8.00	2.00	7.60
合　计	53101.42	25836.60	22590.50	11325.82	15184.76	15939.00	13762.75

资料来源：中国债券信息网。

（二）信用产品市场发展特点

2016 年，信用产品市场发展呈现以下特点。

第一，信用债稳步扩容。2016 年前三季度，包括商业银行债券及次级债、银行间非金融企业债务融资工具、公司信用类债券与公司债等在内的信用债市场持续发展，总体发行量仍保持高位，存量规模继续大幅提升。信用债非公开发行（私募发行）规模大幅扩容，中小微企业债券市场融资规模稳步扩大，我国债券市场产品类型进一步丰富，债券品种覆盖的期限结构和风险类型日益齐全。作为社会融资总量中的重要组成部分，信用债市场的稳步发展不仅完善了我国企业的直接债务融资渠道，而且对促进我国国民经济健康发展发挥了重要作用。

第二，信用债投资者结构改变。2016 年前三季度，投资者对信用债（公司信用类债券、中期票据与商业银行债券）的持有量较 2015 年末净增加 0.16 万亿元，仅基金类投资者增持信用债，其余投资者均减持信用债，其中信用社、非金融机构与证券公司减持幅度较大，分别为 -29.4%、-20.27%与 -17.63%。随着信用债违约现象的频发，各类机构投资者为控制风险，有可能进一步减持信用风险较高的债券。

第三，信用债违约的信用风险进一步释放。2016 年 2 ~7 月，信用债违约数量与金额分别达到 62 笔与 376.3 亿元，信用债违约事件频发，债券市场刚性兑付已被打破。长期来看，打破债券市场刚性兑付能够在一定程度上提高市场信用风险的定价能力，为债券市场发展营造良好的融资环境。

四　2016年前三季度债券市场走势回顾

（一）利率债走势回顾

2016 年前三季度，在经济数据持续疲弱、物价水平走低、资金面较为宽松的背景下，利率债价格呈现震荡上涨行情。从2016年初至2016年第三季度末，中债国债总指数（财富）上涨4.00%，中债金融债券总指数（财富）上涨3.02%。从收益率水平看，中债国债收益率曲线10年期从2016年初的2.87%下行至2016年第三季度末的2.73%，下行幅度为14BP；中债国开债收益率曲线10年期下行12BP，下行幅度较上年同期有所减小。

1. 市场运行情况

2016前三季度，短期限国债收益率逐步震荡下行，中长期限国债收益率呈现区间震荡趋势（见图5、图6）。具体来看，2016年第一季度，外汇占款持续大幅下降，人民币贬值预期不断上升，资金面短端偏紧，以上因素推动短期国债与金融债收益率有所上行。2016年3月初降准0.5个百分点，抚平市场流动性缺口，因此，2016年3月底利率债短端收益率逐步走低，中长端收益率平稳震荡。2016年第二季度，在基本面上，国家统计局发布的CPI以及PMI均好于预期；在资金面上，市场资金宽松预期落空，利率震荡上行。由于预期“营改增”初期方案会增加政策性金融债持有成本，因此政策性金融债与国债点差有所扩大。2016年5月“营改增”初期方案正式实施后，“营改增”后续增补方案出台，政策性金融债与国债点差出现回落。之后受“英国脱欧”事件影响，无风险资产受到追捧，因此2016年6月利率快速下降。2016年第三季度，经济增长仍存在较大下行压力，各项经济数据不及预期，国债收益率区间震荡。

2. 市场运行特点

2016年前三季度，利率债市场走势呈现以下特点。

第一，宏观经济下行态势延续，市场收益率整体下行。随着经济结构性改革的深入，宏观经济逐步走出“L”形的趋势。2016年前三季度，GDP的同比增速均为6.7%，较上年同期的7.0%、7.0%、6.9%出现下滑。价格指数方面，2016年前三季度CPI同比增长逐步

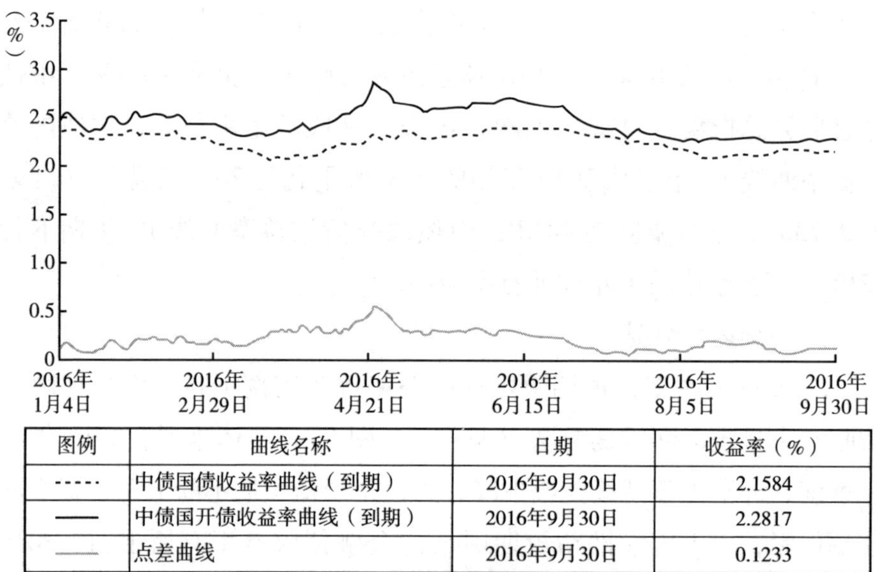

图例	曲线名称	日期	收益率（%）
-----	中债国债收益率曲线（到期）	2016年9月30日	2.1584
——	中债国开债收益率曲线（到期）	2016年9月30日	2.2817
——	点差曲线	2016年9月30日	0.1233

图5　1年期利率债走势

资料来源：中国债券信息网。

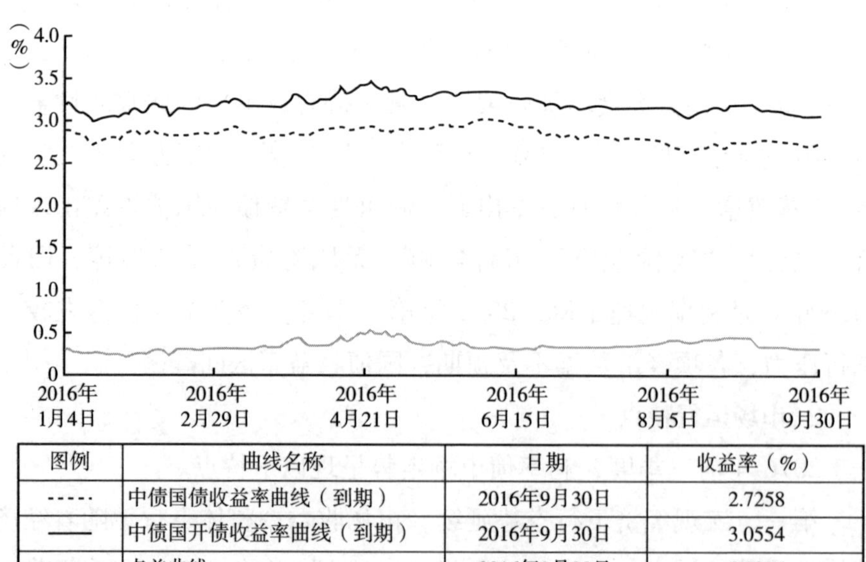

图例	曲线名称	日期	收益率（%）
-----	中债国债收益率曲线（到期）	2016年9月30日	2.7258
——	中债国开债收益率曲线（到期）	2016年9月30日	3.0554
——	点差曲线	2016年9月30日	0.3296

图6　10年期利率债走势

资料来源：中国债券信息网。

下行，CPI 同比增速由 2 月的2.3% 下降至 8 月的1.3% 。经济数据疲弱造成债券市场收益率下行。

第二，中长期限利率与短端拆借利率的相关程度不断提高。由于资金面相对稳定，短期负债端成本处于较低水平，长期资产端因此维持较为稳定的收益率。Shibor 的报价逐步走稳，波动率降低，与 10 年期国债收益率走势的相关性逐步提高（见图 7）。

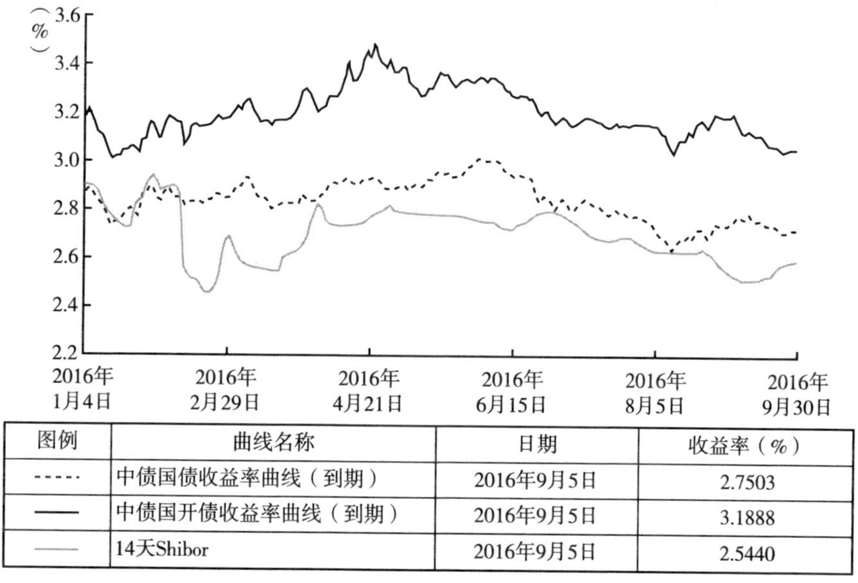

图例	曲线名称	日期	收益率（%）
- - - - -	中债国债收益率曲线（到期）	2016年9月5日	2.7503
——	中债国开债收益率曲线（到期）	2016年9月5日	3.1888
——	14天Shibor	2016年9月5日	2.5440

图 7　10 年期利率债及 14 天 Shibor 走势

资料来源：中国债券信息网。

第三，国债收益率期限利差先上行后下行，10 年期国债收益率创 2002 年以来的新低。2016 年 3 月中旬，受后市利率走势不确定性预期的影响，市场机构偏好短久期配置，1 年期国债收益率快速下行，10 年期国债收益率窄幅震荡，期限利差逐步增大。随着流动性的不断补给，资金面宽松，市场机构情绪逐步稳定，配置久期偏好增长，国债收益率长短期限利差收窄。2016 年 8 月中旬，由于国家统

计局公布的经济数据不及预期，因此 10 年期国债收益率再次快速下行至 2. 64%，创 2002 年以来的新低。

第四，隔夜回购利率与中长期限国债收益率点差收窄。受宏观经济悲观预期影响，市场风险偏好下降，“资产荒”逐步显现，利率债成为市场资金追捧的投资品种，中长期限国债收益率不断下降。与此同时，资金不断流入债市，市场成交活跃，隔夜回购的交易量保持较高水平。短端资金获得成本走高，隔夜回购利率逐步上升，日交易量逐步下降，与 10 年期国债收益率点差收窄（见图 8）。

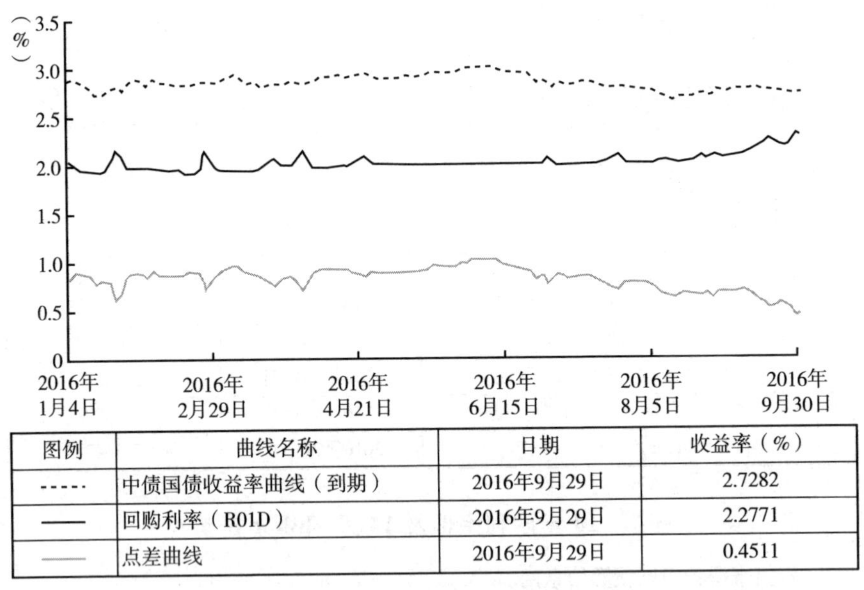

图 8　中债国债收益率曲线 10 年期与隔夜回购利率点差关系

资料来源：中国债券信息网。

第五，受投资者避险情绪影响，超长期限国债备受追捧，交易逐步活跃。从 2016 年 7 月中旬开始，由于国际上大事连连，“英国脱欧”超出投资者预期，英镑急速贬值，市场风险偏好急剧降低，以往交投清淡的 30 年期国债受到避险资金的追捧，收益率连续走低，逐渐缩小与10年期的利差。2016年前三季度，超长期限国债一级市场加速扩容，发行数量从过去月均1～2只扩容至月均7只。同时，二级市场上超长期限国债的交易量显著提升，流动性溢价收窄。

第六，地方政府债券二级市场流动性增强，一级市场发行利率差异明显，市场化程度进一步提高。2016年前三季度共发行地方政府债券5.08万亿元，同比增长107.26%。从一级市场发行利率来看，不同地区发行的地方政府债券分化明显。由于地区经济实力下滑的影响，部分地方政府主体的发行利率高于平均水平。相比较而言，经济保持高速增长的地区发行地方政府债券的利率接近下限。从二级市场交易水平看，地方政府债券的流动性不断增强，市场化程度进一步提高。2016年前三季度中债地方政府债券收益率曲线（AAA、AAA－）与中债国债收益率曲线见图9。

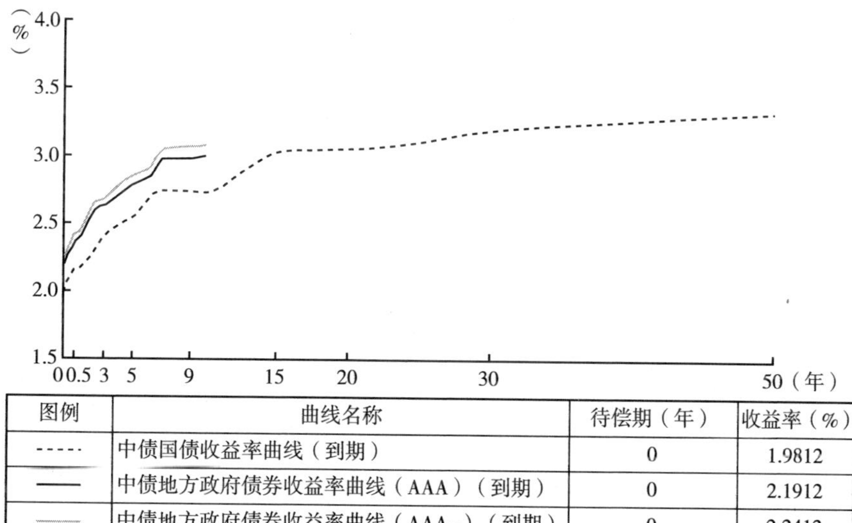

图例	曲线名称	待偿期（年）	收益率（%）
-----	中债国债收益率曲线（到期）	0	1.9812
——	中债地方政府债券收益率曲线（AAA）（到期）	0	2.1912
——	中债地方政府债券收益率曲线（AAA-）（到期）	0	2.2412

图9　2016年前三季度中债地方政府债券收益率曲线（AAA、AAA－）与中债国债收益率曲线

资料来源：中国债券信息网。

（二）信用债市场走势回顾

受宏观经济下行压力增大、货币市场资金供给充裕及市场风险偏好变化等因素影响，2016 年前三季度信用债指数大幅上行，中债信用债总指数（财富）涨幅为 3.69%（见图 10）。

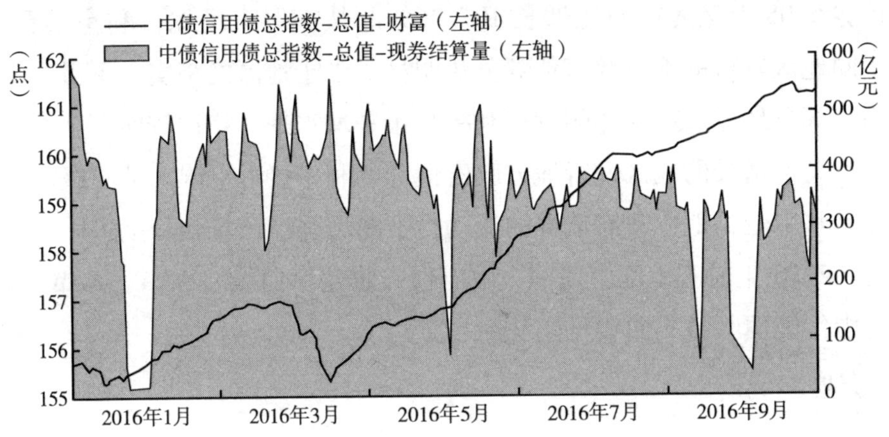

图 10　中债信用债总指数（财富）走势

资料来源：中国债券信息网。

1. 信用债收益率震荡，快速下行

2016 年前三季度，信用债收益率呈现先上后下的大幅震荡趋势，短期限下行幅度小于中长期限（见图 11、图 12）。其中，中短期票据收益率曲线（AAA）1 年期、3 年期、5 年期累计下行 4BP、14BP、16BP，中短期票据收益率曲线（AA）1 年期、3 年期、5 年期累计下行 61BP、84BP、84BP，期限利差缩窄。

2. 信用风险叠加，资金宽松，高收益债券点差先扩大后收窄

2016 年前三季度，受宏观经济下行压力增大、化解“两高一剩”政策逐步展开等因素影响，评级机构信用评级下调的企业数量保持高位，累计达 275 家。信用评级下调的企业主要集中在高污染、高能耗

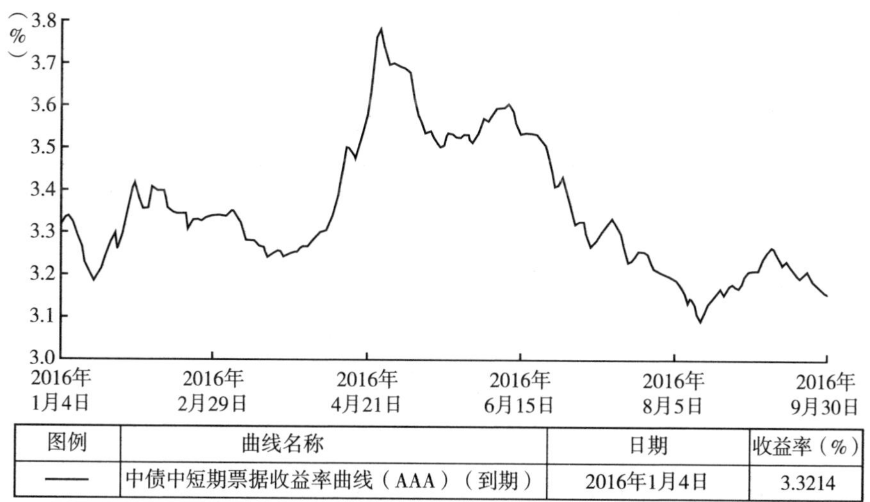

图例	曲线名称	日期	收益率（%）
——	中债中短期票据收益率曲线（AAA）（到期）	2016年1月4日	3.3214

图 11　中债中短期票据收益率曲线（AAA）5 年期走势

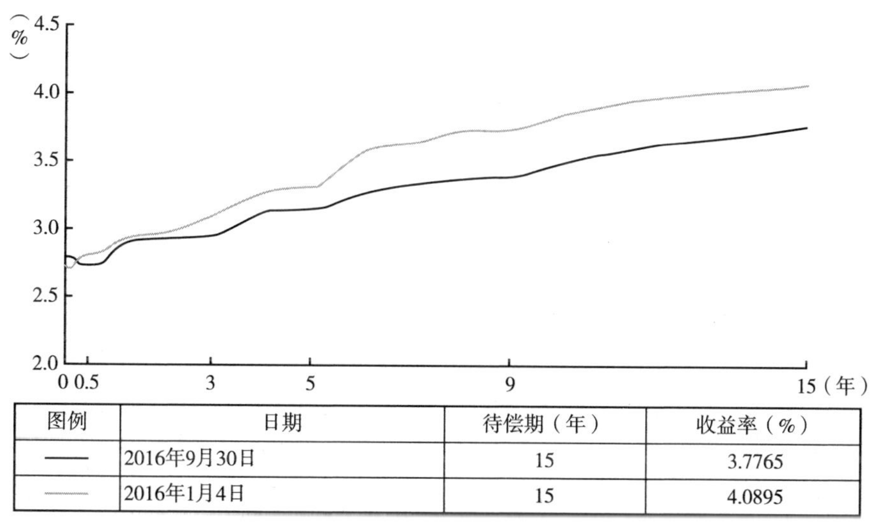

图例	日期	待偿期（年）	收益率（%）
——	2016年9月30日	15	3.7765
——	2016年1月4日	15	4.0895

图 12　2016 年初与 2016 年第三季度末中债中短期票据收益率曲线（AAA）对比

资料来源：中国债券信息网。

以及产能过剩的行业，被下调的原因大多为行业不景气导致的盈利能力下滑，且多伴随着债务负担加重和偿债能力下滑。另外，信用风险事件频繁发生，涉及品种包括中期票据、短期融资券、超短期融资券、公司债、企业债以及资产支持证券。违约主体也由民营企业蔓延至地方国有企业甚至中央企业。2016 年 4 月初，东北特钢、华昱能源等多起违约事件爆发，中短期票据收益率曲线短端信用利差一度迅速扩大。之后，由于经济形势下行延续，资金面保持宽松，随着回购利率保持高位稳定，机构为覆盖负债端成本，资产端收益要求剧增，高收益资产受到追捧。自 2016 年 7 月中旬以后，企业债收益率曲线 AAA 与 AA－中长端利差不断缩减（见图 13）。

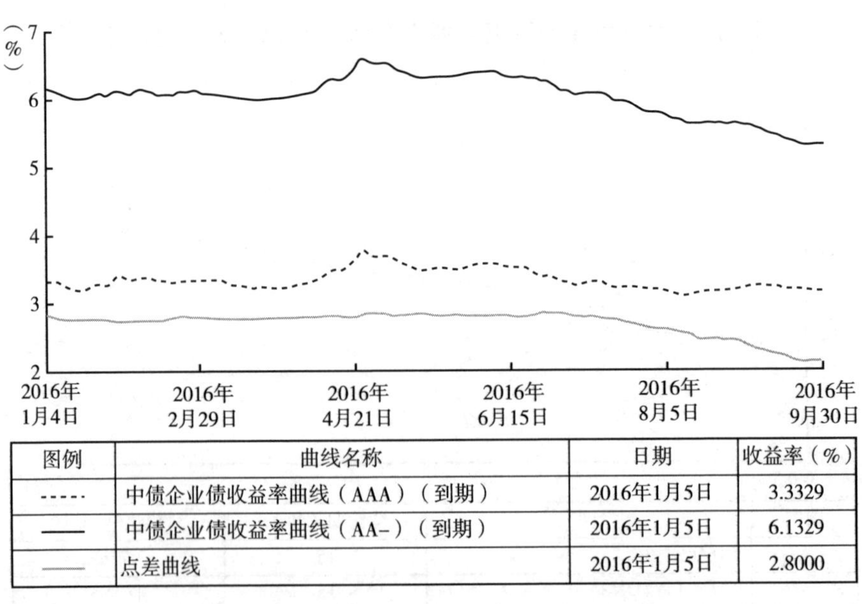

图 13　中债企业债收益率曲线（AAA 与 AA－）5 年期走势及点差关系

资料来源：中国债券信息网。

3. 资产支持证券发行量激增，流动性溢价收窄

2016 年前三季度，我国资产支持证券市场快速发展，企业资产证券化产品明显提速，资产支持证券发行量激增，共发行 1092 只。在市场规模持续扩大的同时，证券底层资产类型呈现更加多元化的趋势。资产支持证券二级市场流动性较差，一般发行时会有流动性溢价，因此资产支持证券的优先级在目前“资产荒”的局面下备受配置型投资者欢迎，进而导致资产支持证券发行利率总体逐步下行，流动性溢价收窄。

（三）绿色债券市场成为创新新动力

为实现全球经济的可持续发展，绿色金融已受到国际社会的普遍关注，在杭州 G20 峰会上，绿色金融也成为一个重要议题。中国正处于经济发展模式转型的关键时期，构建绿色金融体系，有助于加快我国经济向绿色化转型，提升经济增长潜力。

自 2015 年 12 月 22 日中国人民银行发布《绿色金融债公告》以来，各主管部门及官方机构相继出台了与绿色债券相关的政策指引。2015 年 12 月 31 日，国家发改委办公厅发布《关于印发〈绿色债券发行指引〉的通知》；2016 年 4 月，上海证券交易所、深圳证券交易所配套发布开展绿色公司债券的相关通知；2016 年 8 月 31 日，中国人民银行、财政部等七部委联合发布《关于构建绿色金融体系的指导意见》；2016 年 9 月 2 日，G20 峰会形成《G20 绿色金融综合报告》，绿色金融市场的关注度逐渐提升。目前，我国境内已经发行的绿色债券品种包括绿色金融债、绿色债务融资工具、绿色公司债、绿色企业债、绿色熊猫债。截至 2016 年 8 月底，我国境内累计注册各类绿色债券 1499.5 亿元，累计发行各类绿色债券 1099.9 亿元，已发行的绿色债券以绿色金融债为主。截至 2016 年 8 月底，我国境内累计发行绿色金融债 920 亿元，占发行总额的 83.64%；累计注册绿色金融债 1160 亿元，占注册总额的 77.36%。此外，2016 年 7 月 18 日，金砖国家新开发银行发

行了一只30亿元的绿色金融债，这是多边开发机构首次在中国发行的绿色金融债。目前，中国已经成为全球最大的绿色债券市场。

2016年2月，中央国债登记结算有限责任公司与中节能咨询有限公司合作编制并发布“中债绿色系列债券指数”，成为国内首批发布的绿色债券指数，包括中债－中国绿色债券指数与中债－中国绿色债券精选指数。指数样本券主要根据国际资本市场协会推出的绿色债券原则（GBP)、气候债券倡议组织（CBI）发布的气候债券分类方案、中国金融学会绿色金融专业委员会发布的《绿色债券支持项目目录》（2015年版）以及国家发改委办公厅发布的《绿色债券发行指引》四项原则，通过债券的募集资金用途与发行人所处行业、主营业务及主要产品等信息对绿色债券进行识别。截至2016年11月，中债－中国绿色债券指数样本券数量为805只（其规模统计特征见表17)，中债－中国绿色债券精选指数样本券数量为500只。

截至2016年12月中旬，中国银行间市场交易商协会支持绿色企业发行债务融资工具的规模已经超过1500亿元，其中“贴标”的绿色债务融资工具已注册12单，总金额超过180亿元，积极引导资金流向清洁能源、公共交通等绿色产业，支持国家绿色经济建设。

表17　中债－中国绿色债券指数样本券规模统计特征

绿色债券分类	规模(亿元)	规模占比(%)
节能	1045.22	4.23
清洁交通	15326.34	62.00
清洁能源	3897.74	15.77
生态保护和适应气候变化	1069.80	4.33
污染防治	2090.18	8.46
资源节约与循环利用	224.29	0.91
其他	1067.20	4.32
总　计	24720.77	100

在中国银行间市场交易商协会注册的绿色债务融资工具品种包括绿色中期票据、绿色定向工具、绿色永续票据、绿色债贷基等品种。其中，协合风电投资有限公司于2016年3月28日在中国银行间市场交易商协会成功注册国内首单绿色债务融资工具，成为银行间市场及国内首单经由专业第三方认证评估的非金融企业绿色债券；新疆金风科技股份有限公司成为首家在银行间市场公开发行绿色永续中期票据的企业，注册金额为30亿元，已发行规模为15亿元，绿色永续中期票据有利于促进企业资产负债结构调整，进一步落实国家去杠杆相关政策要求。首单“绿色债贷基”——武汉地铁项目于2016年10月25日在银行间市场成功发行，注册金额为35亿元，发行金额为20亿元，实现了将债券募集资金与国开发展基金、中长期信贷资金统筹同步监管和运用，能够更好地防范和分散风险。

五　2017年债券市场发展建议

当前资本市场正处在制度改革的关键期，要提高直接融资在社会融资结构中的占比。债券市场呈现快速发展的态势，其发行和交易制度也在逐渐完善。当前我国资本市场的改革和融资结构的改善正在加速进行，但同发达国家相比仍存在显著差距。因此，提高直接融资占比，探讨直接融资渠道中的债券市场改革显得尤为重要，本报告为未来债券市场发展提出以下建议。

（一）完善国债市场建设，充分发挥国债的金融功能

1. 扩大国债发行规模，助力经济稳增长、调结构

2017年经济社会发展特别是供给侧结构性改革任务十分繁重，经济仍面临下行压力。为配合实体经济稳增长、调结构，落实“去杠杆”“降成本”“补短板”等发展任务，建议适度扩大国债

发行规模，保障公共开支。现阶段，我国社会事业领域（如住房、教育、养老、医疗和环境治理等）存在一些问题，扩增的财政资金应向这些领域倾斜，加大力度支持社会事业，这样不仅可以发挥财政政策的社会功能，以便更好地调整经济结构，而且可以较好地达到稳定经济增长的目的。在具体操作上，建议扩大单期国债发行规模，同时在3个月期国债常态化发行基础上提高6个月期国债发行频次。

2. 进一步强化国债收益率曲线的利率基准应用

目前，国债收益率曲线的作用已经得到一定程度的发挥，但与其作为基准的要求相比还有较大差距。应进一步强化其作用，适时考虑将国债收益率曲线的定价基准作用向贷款市场利率传导，鼓励商业银行以国债收益率曲线为基准进行存贷款定价。鼓励发行人以国债收益率曲线为基准发行浮动利率债券，使国债收益率曲线的广度与深度应用得到进一步扩展。

3. 进一步扩大国债担保品的应用范围

目前，国内的债券担保品得到了越来越广泛的应用，如在回购业务、证券借贷中作为质押品，在国债期货等衍生品交易中作为交易保证金等。在这些交易中，国债等债券担保品起到了覆盖风险敞口、降低现金占用和资金成本的作用。因此，担保品业务使投资者产生了较大的国债购入需求，可以提高国债市场的流动性。建议进一步推动担保品管理业务的发展，推动国债充当商品期货保证金，同时解决国债在某些业务中质押比例过高的问题。

4. 尝试发行全球人民币主权债券

在人民币国际化的新形势下，国债的发行要兼顾境内外机构的投融资需求。面对日益开放的政策环境，境内外金融市场的双向开放程度逐渐提高，境内外金融市场的互动不断增多，金融基础设施互联互通的水平也不断提高。在国债扩容的过程中，应将境内国债和全球人民币主权债券相结合。可尝试境内发行与离岸人民币市场相结合的方式，创新发行“全球债券”。建议主要操作框架是：利用中央国债登记结算有限责任公司的统一发行平台，在境内自贸区面向全球发行国债，实现统一托管。这样可同时调动境内外机构对国债参与的积极性，扩展国债的投资者基础；降低大规模国债发行对境内市场的冲击，同时降低单独在境外离岸市场发行国债的不确定性，有利于平衡和控制发行成本；巩固境内主体市场，统驭各离岸市场，提高对离岸市场的可控性，支持风险隔离；掌握人民币利率定价主导权，提升我国的金融话语权、区域向心力和国际影响力。

5. 推进国债市场基础设施统一互联

目前，我国国债市场统一互联已经取得了一定进展，主要表现在由中央国债登记结算有限责任公司支持跨市场统一发行、总登记托管、跨市场转托管机制。但是，以转托管为基础的互联互通是以机构投资者分散托管、银行间市场和交易所市场分割为前提的，信息、投资者仍然分散化。建议进一步尝试推进国债市场托管制度的改革，实现在国债中央托管机构（中央国债登记结算有限责任公司）的“一户通”，即以一个债券托管账户支持多个市场交易结算，这是一种更加便利高效的安排。这种统一托管的安排符合国际标准和国际实践，可以提高信息整合度和市场透明度，降低监管成本，有利于定价的稳定性和代表性，健全国债收益率曲线，同时降低系统连接风险，降低市场参与者分散托管带来的操作成本、系统成本等。

（二）适度扩大地方债规模，继续有序开展地方债务置换

1. 进一步完善地方政府债券法律制度体系

《新预算法》实施后，财政部出台了一系列关于地方政府债券管理的规章，但主要侧重于 2015 年和 2016 年地方债发行问题的规范。为了进一步完善地方政府债券市场，形成合理、规范的市场定价机制

及交易机制，要在行政法规层面进行细化。具体可由国务院制定专门的《地方政府债券条例》，对地方政府债券的管理体制、市场运行机制、市场化约束制度等进行体系化规范。

2. 不断扩展地方政府债券投资者基础

地方政府债券投资人主要包括特殊结算成员、商业银行、信用社、基金类、证券公司以及保险机构，其中商业银行持有份额达到90%以上。整体来看，我国地方政府债券市场的主要投资者只有商业银行体系。在美国，地方政府债券的50%由个人投资者持有，其余由共同基金、保险公司、银行等机构投资者分散持有。下一步，一方面，应当通过地方政府债券税收优惠政策带来的递延效应，吸引社会保险基金、企业年金、职业年金、商业保险资金等长期投资资金购买地方政府债券，从而拓展地方政府债券投资者类型，并在现有基础上提升非银行投资者的持有比例，改变投资者过于集中的现状。另一方面，可以鼓励个人尤其是地方政府债券发行人所在区域的个人投资者购买地方政府债券，这类投资人具有一定的信息获取优势，有利于形成区域性的地方政府债券市场。此外，还可配合金融市场对外开放进程，引入更多的境外投资者。

3. 建立动态、透明的地方政府信息披露机制

在2016年地方政府债券发行过程中，各省份已经尝试开展了信息披露工作，在招标前对外发布经济社会发展和财政收支指标。但与发达国家信息披露情况相比仍然存在一定差距，地方政府信息披露机制仍有待进一步完善。具体而言，应建设地方政府债券信息数据库，实行信息披露内容和格式标准化（如建立和采用XBRL分类标准格式），通过统一的信息披露平台集中发布，提高信息披露的格式化、专业化水平。应通过地方政府详细资产负债表，揭示地方政府的存量债务、财政收入、债务偿还能力等情况，披露拟发行债券的资金用途、项目收益、偿还计划等事项，提高投资者的风险识别能力，减少对外部评级的依赖。对于专项债券，还应当披露项目基本信息、项目收入来源与结构、经营利润预测、评级结果、项目管理单位以及影响债券发行、税收等的法律和政策事项，并向投资者披露进一步获取有效信息的渠道。

4.完善地方政府债务监测管理机制

债务规模是确定地方政府负债能力的重要基础性指标，应当继续完善相关机制。首先，将财政部开发的统计口径作为地方政府债务统计的权威口径，确保统计数据的准确性；其次，财政部应当加强与中国银监会、中国人民银行、国家发改委、审计署等部门联合对账，确保地方政府报送信息的准确性；最后，将统计、报送债务信息作为地方政府的强制义务，并将数据的真实性、准确性、及时性等情况与地方政府的债券融资资格挂钩。

（三）进一步鼓励公司信用类债券市场发展

1.优化债券发行程序

近年来，监管部门尝试了以降低发行门槛、加速债券主体覆盖面扩围等为目的的诸多改革，有效简化了审核流程，提高了发行效率。目前，信用债发行受不同监管机构的管理，这在一定程度上导致监管套利情况的发生，应对信用债发行环节制定统一的审核标准，避免过于繁杂多变的程序让发债机构无所适从。在监管模式上，应逐步推行注册制改革，有效降低信用债发行成本，为企业的融资提供便利。在发行方式上，应根据企业资信状况，采取公募、私募等多种发行方式。此外，应逐步放开规模管理，通过建立完善的市场化风险控制机制，为运作规范、治理结构较为完备、信用状况良好的企业进入债券市场创造有利条件。

2.健全投资者保护制度

目前，我国信用债市场存在投资人维权意识不强、相关法律法规制度不健全的问题，应及时在制度层面构建有利于债券投资人的保护机制。应效仿发达国家，健全债券持有人会议制度。债券持有人会议制度是拥有集体行动和多数决策的机制，可以让投资人在整体利益受到损害时形成统一的意见，共同与发债公司进行谈判。相较于逐个征求债权人的意见并加以汇总，该制度能够大大提高决策的效率，有利于控制债券的信用风险。除此之外，国外债券市场的交叉违约、加速清偿、限制性条款等偿债保障制度也值得效仿。

3. 健全市场化企业破产制度

针对信用债违约的情况，必要时应实行破产和解、破产重整和破产清算制度。上述破产制度可以保障债权人的权益，也是对过度举债而又无法有效利用资本的企业的必要惩罚。我国目前存在大量符合破产条件但无法实施破产程序的“僵尸企业”。此类偿还能力较差的企业目前并未有效实践破产制度，导致债权人承担的风险大于普通股的风险，扭曲了股票与债券的市场定价机制，不利于信用债市场的发展。应尽快完善企业破产的法律制度，健全市场机制，完善债权人的司法救济制度，让“僵尸企业”及时破产，降低债权人承担的风险。

4. 进一步加强信用债的信息披露

我国信息披露制度虽逐渐完备，但信用债市场依然存在投资者、筹资者、监管者之间的信息不对称问题。监管部门应制定统一、详细的披露规范，如按月公告主要财务数据、实行违约可能的预披露，以及公布企业运营情况等信息以维护投资者对该企业的知情权。借鉴发达国家的信息披露机制，以法规、准则等方式强制信息披露，有助于改善监管效果，弱化投资者和发行者之间的信息不对称问题。这样既可以保障投资者的利益，使投资者对潜在的信用风险做出及时评估和反应，也可以有效缓解投资者因信息不对称而对发债企业产生的担忧情绪。

5. 丰富信用风险管理工具

随着信用债违约事件的爆发式增长，债券市场各类投资者对风险缓释产品的需求与日俱增。继银行间市场推出信用风险缓释合约和信用风险缓释凭证两项产品后，2016 年 9 月中国银行间市场交易商协会又发布了修订后的《银行间市场信用风险缓释工具试点业务规则》以及《信用风险缓释合约》《信用风险缓释凭证》《信用违约互换》《信用联结票据》4 份产品指引，未来应积极在国内推广该类产品，用于对冲信用风险。丰富信用风险管理工具，有助于完善信用风险价格形成机制，提高市场信用定价水平，也可以促使市场参与者主动管理信用风险，提高商业银行的资本管理能力，对信用市场具有重大意义。为推动信用风险对冲机制有效落实，要积极推动违约认定和破产制度进一步完善。

（四）大力推动绿色债券市场发展，推动新型城镇化建设

作为债券市场的创新品种，绿色债券市场的发展亟待相关政策的出台，除了绿色债券和发行项目标准的界定，在资金投向与管理、信息披露、第三方认证、信用评级、绿色债券指数等方面有必要进一步引导和规范，担保与再保险等信用增信工具、环境效益评价、项目评估和资金使用评价体系等多个方面也需要完善。

首先，进一步完善绿色债券市场的基础设施建设。推动开展绿色征信系统建设，建立企业环保信息披露制度，将绿色评级结果纳入绿色征信系统以提高绿色评级的权威性。绿色债券作为新兴债券，在加强基础数据积累的同时，应运用互联网工具和大数据思维，加强对绿色项目的动态监测，完善绿色债券数据库的建设和共享机制。

其次，充分调动市场主体参与绿色金融债券市场的积极性和主动性。可以考虑出台相关政策为绿色债券发行人或投资人提供税收、绿色贷款、风险权重、增信、审批、海外人民币离岸市场发行债券等方

面的优惠。同时，可以考虑为提高绿色金融债券的吸引力，建立发行核准的绿色通道，明确将符合条件的绿色金融债券纳入中国人民银行相关货币政策操作的抵（质）押品范围。发行者可以利用绿色债券将不同的环保资产进行组合以吸引机构投资者，如太阳能、水和污染治理投资。另外，丰富多层次的绿色债券投资者体系，包括养老金、社保基金、企业年金、社会公益基金、主权财富基金等在内的机构投资者的培育对市场的发展也至关重要，应积极建立绿色投资者网络，促进各类资金参与绿色产业，更好地发挥债券市场服务实体经济的作用。

再次，以绿色债券市场的协调机制促进金融风险的防范。从监管协调机制看，经过多年的发展，目前我国的债券市场已形成了国债、地方债、非金融企业债务融资工具、企业债、公司债等品种，分别由财政部、中国人民银行、国家发改委、中国证监会监管。其中，非金融企业债务融资工具又分为中期票据、短期融资券、超短期融资券、中小企业集合票据以及非公开发行的定向债务融资工具。未来有必要建立绿色债券市场的统筹协调机制，促进绿色债券市场的规范发展和金融风险的防范。而市场的发展一定要有相关法律制度先行，包括债券发行与交易制度、信息披露监管制度、做市商制度、投资者保护制度等，为责任投资者营造一个健康有序的市场环境，从而在市场创新的同时有效防范金融风险。

最后，以人民币离岸市场发展助力企业提高海外绿色投融资效率。2015 年 10 月，中国农业银行在伦敦证券交易所发行中资金融机构首单绿色债券，总价值为 10 亿美元，来自亚洲和欧洲的近 140 家投资机构超额认购，获得了市场的高度认可。这也为以后中资金融机构和企业在人民币离岸市场发行绿色债券积累了经验。

从企业跨境融资的角度看，金融机构在境外发行绿色债券，能够助力企业提高海外绿色投融资的效率。同时，逐步推进债券市场对外开放的进程，吸引国际投资者投资于中国绿色债券市场，加强各离岸市场、货币当局、监管部门、金融机构间的合作，以人民币国际化推进低碳节能环保产业海外绿色投融资的进程。

值得一提的是，在2015年9月举行的第七次中英经济财经对话上，双方就确定绿色金融发展的国际合作进行了讨论，并且达成了全球共识，双方将共同推进全球绿色债券统一标准。而政府间互认绿色债券标准等国际合作，也有助于完善市场定价机制，提高市场流动性，推动全球在节能环保产业的合作。

2016年7月，在中国的倡导下，G20财长和央行行长会议也正式将七项发展绿色金融的倡议写入公报。会议对政府通过绿色金融带动民间资本进入绿色投资领域已达成共识。

2016年8月31日，中国人民银行、财政部等七部委联合印发的《关于构建绿色金融体系的指导意见》引起了各方关注。未来要通过这种创新性的金融制度安排，引导和吸引更多的社会资本进入绿色产业，包括通过绿色信贷、绿色债券、绿色股票指数和相关产品，以及绿色发展基金、绿色保险和碳金融等金融工具，为绿色金融发展提供可持续的推动力。

（五）增加资产证券化品种，提高资产证券化产品流动性

1. 继续加强资产证券化产品信息披露体系建设

作为一种结构化融资工具，资产证券化以资产信用为基础，对基础资产的信息披露有很高的要求。信息披露既是投资者决策的基础，也是市场定价的主要依据，尤其是进入注册制市场后，信息披露的重要性更加凸显。目前，银行间市场和交易所市场均已建立了信息披露的框架原则，下一步则需要进一步细化、标准化和透明化。中国银行间市场交易商协会已经对四大类信贷ABS发布了信息披露指引，建议在基础资产类型更为丰富的企业资产证券化市场中，也能够对已经

形成规模的大类资产制定有针对性的信息披露要点。同时，建议我国资产证券化市场加强标准化建设，强制推行统一做法，要求发行人提供的有关基础资产的数据信息是标准化的且机器可读。此外，我国虽然规定投资者在发行期间可以查询基础资产池的全部信息，但这些信息尚未满足第三方估值机构的查询分析需求，影响了一、二级市场定价和市场流动性的提升。建议在发行和存续期间均给予投资人及第三方估值机构查询基础资产中每笔资产明细信息的权利。

2. 多措并举进一步提升市场流动性

尽管市场流动性在2016年得到了一定的提升，但整体水平仍较低，2017年需要通过一系列措施继续保持市场活跃度的提升。一是继续沿品牌化、系列化道路发展。2016年在资产证券化市场中，伴随着发行量的增加，发行人开始注重对其不同基础资产类型的产品冠以不同的品牌，形成系列化、品牌化的资产证券化产品序列，如民生银行的“企富”“创富”“汇富”系列、招商银行的“和信”“和家”“和享”系列等。系列化和品牌化带来的是市场的相对标准化，有利于降低投资者的决策成本，对提高市场流动性具有积极作用。二是继续尝试对证券化产品做市。目前，由于我国资产证券化的历史数据量不大，一级市场不能做到定期发行，二级市场流动性不足，难以形成有效的定价估值体系，流动性价值得不到完全体现，导致做市商动力不足，且在市场规模仍较小、风险对冲机制缺乏的情况下，做市商也面临流动性风险、利率风险、信用风险等，做市的风险收益不匹配导致当前做市商制度利用率低，全市场至今仅有1例做市成交成功案例。推动做市商制度的发展不仅能够提高市场流动性，而且能够引导市场收益率曲线的形成，促进价格发现。在我国证券化市场蓬勃发展的背景下，应逐步推动做市商制度的应用，建议从对个人贷款ABS产品做市入手，因为这类产品的相对标准化程度高，风险稀释程度高，现金流更为平滑，更易定价。

3. 适当启用不良资产证券化试点

2016 年，资产证券化市场发展势头良好，常态化的运行有效盘活了市场存量资产，为投资者提供了新的投资选择。但目前所发行的产品以优质资产为主，在当前经济结构转型的情况下，无论是商业银行还是实体企业，对不良资产均存在广泛而迫切的化解需求。不良资产证券化处置方式是通过将不同类型、行业、地区的不良资产打包，组合形成能够产生稳定现金流的基础资产，并通过合理的结构设计和增信等措施，降低产品的整体风险。与单一不良资产处置方式相比，其回收率和回收效果都大大提高，并且批量处理的规模效应也能够降低处置成本。在 2005 ~2008 年的第一轮试点中，曾发行过四单不良贷款的证券化产品，目前已完全兑付，且运行良好。建议适当启用不良资产证券化试点，逐步完善相关法律法规，建立不良资产入库标准，推动标准化发展，引导市场打破刚性兑付，促进不良数据库和公允定价模型的形成，扩大投资者范围，形成多层次、有差异的投资者结构，逐步提高不良资产证券化产品的设计、交易和管理水平，带动整个证券化市场深入发展。

4. 推动个人住房抵押贷款支持证券（RMBS）市场发展

目前，我国 RMBS 产品的发行主体有两类：一类是商业银行；另一类是地方公积金管理中心。与欧美资产证券化市场中 RMBS 产品占较大比重的情况不同，我国的 RMBS 市场尚未发展起来。我国的公积金 RMBS 产品与商业银行 RMBS 产品除了发行主体性质不同外，在交易结构上并没有本质区别。此外，与商业银行住房抵押贷款相比，住房公积金累计贷款余额规模较小，利率较低，投资期限较长，证券化不具优势。为了尽快推动 RMBS 市场的发展，建议设立政府支持机构收购、重组两类住房抵押贷款，经过担保和信用加强，以标准化证券的形式出售，并进行统一的登记托管结算。通过这样的制度安排，形成标准统一的 RMBS 市场，既能够降低信用风险，又有利于扩大

RMBS市场的整体规模，逐步实现常态化发行，提高市场流动性，增强对投资者的吸引力。

（六）继续提高债券市场的开放程度

1. 坚持市场化改革方向，提高境外机构在境内债券市场发行和交易的便利性

首先，要在总结现有经验的基础上，研究适合境外发行人的信息披露、信用评级等制度，为不同国家和地区的境外机构在境内发行债券提供便利。其次，要顺应境外投资者的需求，为其投资银行间债券市场提供资金汇兑、风险对冲等方面的便利，采取更加友好的市场管理举措。最后，要根据境外投资者的交易和结算习惯，探索境内外交易平台、清算结算机构等的基础设施合作方式，研究中国现有的中央托管制度与国际广泛采用的多级托管制度之间的衔接关系，并在此基础上持续推进自律机制、自律组织、自律规则在对外开放中的运用和完善。

2. 完善制度安排，推动债券市场相关规则与国际接轨

一是进一步提高债券发行管理的透明度。构建境外机构境内发行人民币债券的制度框架，推动境外机构境内发行债券走上程序明晰、制度规范的轨道。二是结合资本项目可兑换进程，将境内机构赴境外发行人民币债券、美元债券与境外商业贷款等外债管理相结合，统筹纳入全口径外债宏观审慎管理框架。三是为境外机构投资者在境内债券市场投资提供更加丰富的交易工具，推动将中国债券纳入全球主流债券指数。四是推动完善会计、审计、税收和募集资金使用管理等各方面的配套政策支持。

3. 健全跨境资本流动监管框架，防范跨境资本流动风险

健全针对外债和跨境资本流动的监管框架，提高可兑换条件下的风险管理水平。综合考虑资产负债币种、期限等匹配情况，合理调控外债规模，优化外债结构，做好外债监测，防范外债风险。研究通过市场化手段抑制短期投机性资本冲击，加强对境外投资者投资行为和跨境资金大额异常流动的日常监测和风险预警，督促参与机构认真履行一线监测和信息报送义务，防范违规交易和异常跨境资本流动风险。

4. 加强金融市场基础设施建设和统筹管理，保障市场安全高效运行和整体稳定

金融市场基础设施具有系统重要性，是市场安全高效运行的基础和核心。要借鉴国际金融市场基础设施基本原则，消除金融市场基础设施可能存在的扭曲和风险。研究优化对外开放中金融市场基础设施整体布局，做好境内外市场体系和制度的衔接。继续推动人民币跨境支付系统建设，稳妥推进境内外金融基础设施合作，为人民币跨境金融交易提供更好的支撑。推进交易报告库建设，集中汇总债券市场全口径的交易数据，提高市场透明度。建立由中央银行对金融基础设施统筹管理的框架，确保金融市场在不断深化对外开放背景下安全高效运行和整体稳定。

B.11
2016年的中国股票市场

尹中立　洪正华*

摘　要：　经过上一年股市的大幅度波动之后，2016年的股市波动日趋减少，上证指数以3000点为轴心，在上下200点的狭窄区间里运行。市场波动日趋减少反映了投资者情绪在"股灾"后逐渐稳定，同时也与政府资金入市对市场的影响有关。政府入市的资金总量巨大，其对市场的影响日益显现。壳公司的股价上涨幅度超过指数的总体表现是2016年的一个重要特点，中概股回归及保险公司介入导致壳公司的价格不断上涨，尽管2016年9月监管部门颁布了新的上市公司借壳重组规则，收紧了借壳上市的标准，但壳公司的股票行情依然炙热。展望未来，房地产行业从高位回落，从居民资产配置的角度看有利于股市的活跃，但在美元升值的背景下，外部环境不利于我国股市走强。在发行制度注册制改革取得实质性进展的假设下，壳公司股价将贬值。总体而言，"维持稳定、窄幅波动"将是2017年股市的主基调。

关键词：　股市　政府资金入市　借壳重组

* 尹中立，中国社会科学院金融研究所金融市场研究室副主任，副研究员。洪正华，中航基金管理公司董事长。

一　股市运行状况

（一）股市波动日趋减少

2015 年 7 ~ 8 月的“股灾”之后，股市在一系列政策干预的影响下出现较大幅度的反弹。2015 年第四季度上证指数、中小板指数和创业板指数分别上涨 15.93%、23.81% 和 30.32%。但 2016 年 1 月股市再次出现大幅度下跌，之后股市逐渐稳定。2016 年前三季度上证指数、中小板指数和创业板指数涨幅分别为 -16.01%、-20.59% 和 -22.67%。如果将 2015 年第四季度至 2016 年第三季度作为一个完整的时间区间，那么在此期间内上证指数上涨 1.77%，中小板指数上涨 1.95%，创业板指数上涨 3.98%。股市运行总体平稳，其间上证指数的运行区间为 2638 ~ 3140 点（见图 1）。

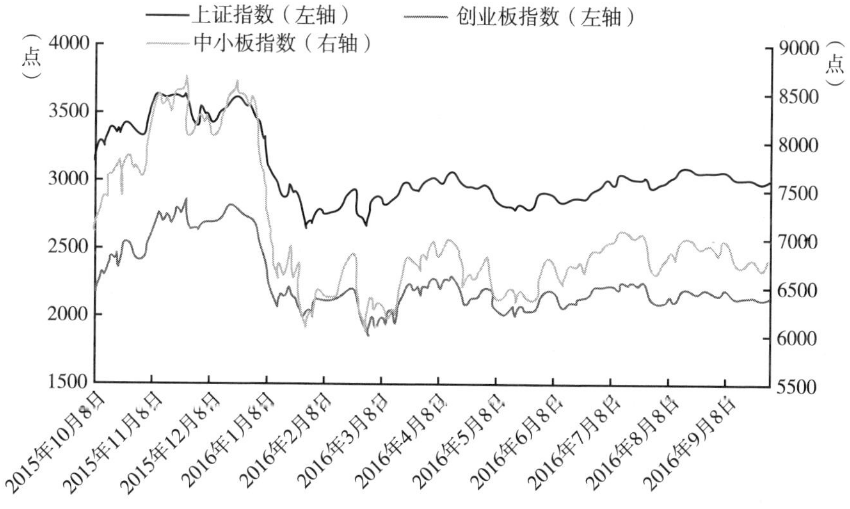

图 1　主要股指运行情况

资料来源：Wind 资讯。

2016 年初上证指数从 3600 点快速下跌到 2600 点，在短短的一个月内下跌了 1000 点，这是自 2015 年 7 月之后股市第三次出现急速下跌，被市场称为“股灾 3.0”，股价波动幅度相对较大。

但进入 2016 年 3 月（中国证监会领导班子调整）之后，股价波动明显减少，上证指数一直以 3000 点为轴心，在上下 150 点的范围内窄幅波动。2016 年前三季度上证指数波动率分别为 25.4%、10.5% 和 7.4%。从 2016 年第二季度开始，上证指数波动率基本回到了 2014 年底行情启动之前的水平（2013 年第四季度至 2014 年第二季度，上证指数波动率分别为 8.8%、9.6% 和 7.7%）。过去 20 年上证指数的季度波动率平均值为 20.9%。

从历史数据看，上证指数的季度波动率低于 10% 的情况十分少见，在 2014 年行情启动之前出现过，2005 年第四季度也曾经出现过（当时的季度波动率为 9.1%，上证指数在 1000 点附近徘徊）。股市波动率低于历史平均值，说明经过一系列努力之后，市场已经趋于平稳。但市场稳定的背后有政府资金的作用，是否真正实现稳定还需要时间来检验。

（二）“国家队”对股市运行影响巨大

市场从 2015 年大幅度波动状态迅速转为历史上少有的稳定状态，其中有政府资金干预的影子。2015 年 7 月 6 日之后，为了稳定市场，以中国证券金融股份有限公司（以下简称证金公司）为首的“国家队”进入股市（见表 1），开创了政府资金直接干预股市的先河，2016 年股市运行中具有政府资金干预的痕迹。这也是 2016 年度股市运行区别于以往年度的最重要特点。

2015 年 7 月初，为了应对“股灾”，以证金公司为代表的政府资金开始入市。自政府资金进入股市后，其对市场运行的巨大影响逐渐显现出来。例如，有些上市公司在 2015 年 8 月之后公布了股东变动清

表1 政府入市资金的组成

类别	组成
中证金融资产管理计划	嘉实中证金融资产管理计划、博时中证金融资产管理计划、中欧中证金融资产管理计划、银华中证金融资产管理计划、华夏中证金融资产管理计划、南方中证金融资产管理计划、大成中证金融资产管理计划、广发中证金融资产管理计划、易方达中证金融资产管理计划、工银瑞信中证金融资产管理计划
公募基金	华夏新经济基金、嘉实新机遇基金、招商庆丰基金、南方消费活力基金、易方达瑞惠基金
中央汇金	中央汇金投资、中央汇金资产管理

资料来源：根据交易所公开数据整理。

单，以证金公司为主的政府资金成为它们的前十大股东，这些上市公司的股票被市场形象地称为“王的女人”。这些股票在股东清单公布后都出现较大幅度的上涨，在此类股票中，“梅雁吉祥”最有代表性。该股票的总股本近20亿元，但多年来一直没有控股股东，从公开的股东资料看，其前十大股东变动相当频繁。在很多时候其第一大股东的持股比例还不到总股本的1%。2015年8月初，该公司公布证金公司持有736万股，虽然占总股本的比例不足1%，却成为该公司第一大股东。该公司在公布证金公司成为其大股东的消息之后股票连续出现10个涨停板，股价从4元涨到10元，涨幅达到150%。在该股票的示范带动下，凡是前十大股东中有证金公司身影的股票都出现不同程度的价格上涨。这是“国家队”最初带给市场的“兴奋”。

2016年初，投资者从披露的上市公司年报里发现证金公司在很多上市公司前十大股东名单里消失了，这说明“国家队”在2015年第四季度卖出了这些股票，这让市场多了很多猜测：“国家队”抛售股票或持有股票的标准是什么？减持股票是否有时间或股价上的考虑？有市场人士甚至猜测，“国家队”在进行“高抛低吸”的操作。

2016年1月，股市自2015年“股灾”后再次出现大跌，这与“国家队”的行为有较大关系。2015年7～12月，每当市场出现急跌，蓝筹指标股总是会挺身而出，使市场走势出现逆转。显然，这是政府资金在起作用，符合政府资金入市的初衷。但2016年1月股市出现快速下跌时，并没有看到“国家队”护盘的行动，而“国家队”没有干预市场的行为对市场产生了一定的暗示作用，加上新出台的“熔断机制”，导致上证指数在短短的十几个交易日大跌1000点，酿成了第三次“股灾”。

“国家队”为何在此次大跌过程中没有出手干预股市？这似乎印证了市场中政府资金进行“高抛低吸”的传言。2016年1月的下跌正是其有计划的行动，目的是获取差价。从市场前后表现看，这个推测不无道理。

市场传言的“国家队”进行“高抛低吸”的操作行为在2016年4月中旬似乎再次得到印证。在经历1月的大跌之后，自3月初开始股市持续反弹，4月初反弹的趋势继续，市场的投资热情开始高涨，表现为每日的交易量在增加。但股市进入4月中旬就出现放量滞涨的现象。这让市场参与者纷纷猜测“国家队”是否又在进行“高抛低吸”的操作。尽管没有办法证实此猜测是否属实，但严重打击了市场的做多积极性。

类似2016年4月的经历，投资者在8月再次遭遇。2016年8月15日上证指数突破4月的高点（3100点），投资者的预期又开始好转，但第二天（8月16日）便出现大规模卖出银行股的现象，宁波银行等多只银行股集体放量大跌。8月16日的公开交易数据显示，宁波银行的前5个抛售席位均为机构投资者，抛售金额为4.65亿～4.74亿元，这5个交易席位合计卖出金额占总卖出金额的比重高达46.3%。宁波银行在8月16日的成交额达50.6亿元，创历史最高值。从盘中看，很多单笔抛出的数量几乎一致，可以推断这是程序化交易所致。

除宁波银行外，中国银行、南京银行和中国工商银行等多只银行股均放量大跌。类似的还有贵州茅台等。正在上演股权争夺战的万科股票也出现大量卖盘，业界推测是“国家队”出手卖出股票。

从客观的结果看，政府资金“高抛低吸”可以起到稳定市场的作用，减少市场的波动，起到类似“平准基金”的作用。而且通过“高抛低吸”的操作还可以实现盈利。从公开的数据看，2016 年上半年“国家队”控制的基金收益远远超过指数。“国家队”无意中成为市场其他投资者博弈的对立面。股市里的“国家队”拥有其他机构投资者所无法比拟的资金优势，如果采取市场推测的“高抛低吸”行为操作股票，该行为是否构成操纵市场的行为？其合法性值得有关部门高度关注。

从发达国家的股市历史看，类似我国证金公司的行为还没有先例，即使在特殊的背景下政府资金参与救市，也是通过市场化途径进行的（通常是购买指数基金），一般情况下政府资金不会直接参与市场的买卖，更不会进行“高抛低吸”的短线操作。香港政府在 1998 年的金融阻击战中曾经直接入市，但买入的股票最后均通过市场化的方式退出。

从短期效果看，政府资金入市的确减少了市场的波动，但从长期看，该行为不利于市场的健康发展。因为政府是监管者，是市场的裁判，如果政府资金直接入市就成了裁判下场参与比赛，这对其他市场参与者不公平，应该考虑给“国家队”立规矩。

（三）借壳重组行为愈演愈烈

尽管 2016 年股市总体波澜不惊，但“壳价值”不断走高。所谓的“壳价值”是指上市公司“牌照”的价值。从理论上说，股票的价值是上市公司未来现金流的贴现值，如果上市公司没有任何业务，其股票的价值应该归零，但这样的上市公司在我国股票市场有相当高的市值，这是我国股票市场所特有的现象。“壳价值”也会随着股市的波动而波动。尽管股市在 2015 年 7 月前后出现较大幅度的波动，但“壳价值”从总体上来说还是不断上升的。我们将沪市 50 只市值最小的股票作为壳公司的样本，其市值的算术平均值从 2014 年初到 2016 年第三季度末上涨了近 2 倍（见图 2）。该指数在 2015 年末的值为 275.57，在 2016 年第三季度末的值为 261.78，这表明“壳价值”在 2016 年前三季度的上升幅度为 -5.0%，其表现强于综合指数。

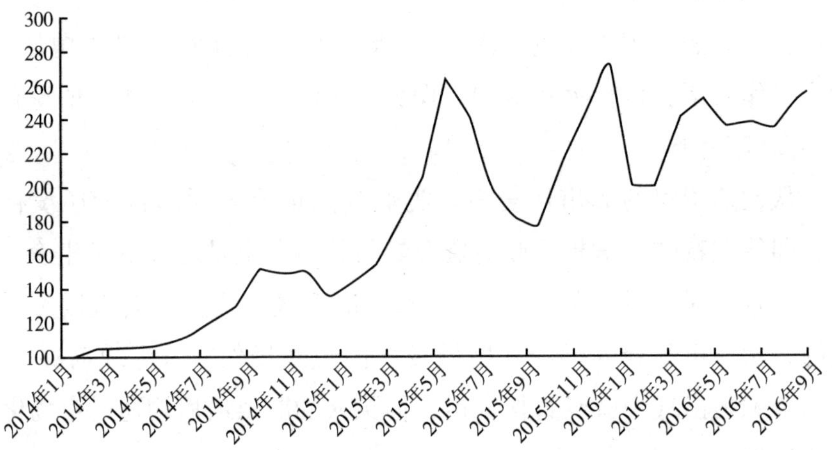

图 2　壳公司价格波动情况（用月度数据，期初为 100）

注：图中曲线为沪市 50 只市值最小的股票的算术平均值。

资料来源：原始数据来自 Wind 资讯，由中国社会科学院金融研究所绘制。

值得关注的是，尽管 2016 年 9 月底的上证指数与 2015 年最高点相比还有 40% 的差距，但壳公司的市值指数已经接近 2015 年的最高点。

如果将考察的时间区间拉长，则“壳价值”从 2013 年开始不断上升。2013 年初 10 只市值最小的股票的平均市值只有 7.07 亿元，这 10 只股票在 2013 年平均上涨了 91.15%。2016 年初 10 只市值最小的股票的平均市值为 30.30 亿元。

导致“壳价值”不断上升的原因是复杂的，与新股发行制度和退市制度都有关。新股发行核准制的本质是行政审批制度，企业上市需要经过漫长的审批流程，等待审批的拟上市公司数量越多，审批的速度就越慢，壳公司的价格也就越高。2013 年前后新股发行一度停止，2014 年中虽然得到恢复，但发行的速度相当缓慢，而排队准备发行上市的公司数量越来越多，从 300 多家增加到当前的 700 多家，这是“壳价值”不断上升的根本原因。

有些产业资本和金融资本高调介入壳公司也是导致壳公司股票价格不断上涨的原因。最典型的案例是恒大地产，该集团在获得 A 股“嘉凯城”的控股地位后，出手上市公司“廊坊发展”，最终成为“廊坊发展”的第一大股东，导致股价连续出现涨停板。在“廊坊发展”股权争夺战硝烟未散之际，恒大地产再入“深深房”，欲谋求借壳上市。与恒大集团的行为类似的还有很多。这与出现所谓的“资产荒”有一定的关系，在资本过剩的背景下，这些机构试图进行“自主可控”的投资尝试，控制上市公司并对其进行资产重组成为这些资本的选择。

监管部门有关上市公司融资制度的变化也是导致壳公司股价不断上涨的因素（参见本报告第三部分）。

上述分析表明，如果以壳公司为标的进行投资，可以超越指数而获得超额收益。该结论与提倡价值投资的主流投资理念南辕北辙，长此以往将严重扭曲市场的投资理念。监管部门显然也意识到了该问题，2016 年 9 月 9 日修改后的《上市公司重大资产重组管理办法》出台，新规则采取多种措施遏制借壳重组行为，杜绝了花样翻新的监管套利行为。此举可以在一定程度上促进市场估值体系的理性修复，但要彻底解决“壳价值”问题，需要发行制度的市场化改革。

（四）供给侧结构性改革在股价上有明显的反应

2016 年初开始的供给侧结构性改革在股市中有积极的反应。煤炭、钢铁、有色金属是产能过剩最集中的三个行业，在2016年之前的几年里，这三个行业的股价明显逊于综合指数的表现，但2016年这三个行业指数获得了超额收益。2015年第四季度至2016年第三季度末，煤炭行业指数上涨了21.72%，钢铁行业指数上涨了-2.4%，有色金属行业指数上涨了22.87%。值得关注的是，煤炭、钢铁等行业指数在2015年第四季度指数反弹过程中的表现弱于综合指数，它们在2015年第四季度分别上涨8.51%和8.80%，低于综合指数的上涨幅度，这充分说明2016年初的供给侧结构性改革政策带动了这些行业盈利能力的提升，从而使这些行业的股票表现强于平均水平。

从行业指数看，一些竞争比较激烈的行业的指数表现强于综合指数，可能是因为部分行业已经通过市场的力量淘汰了落后产能，行业的盈利能力开始复苏，这些行业分别是酿酒、家电、汽车、通信设备、半导体、元器件、化纤等（见表2）。

表2　表现强于综合指数的重点行业指数运行情况

单位：%

行业分类	2015年第四季度指数变动	2016年前三季度指数变动	2015年10月初至2016年9月底指数变动
酿　　酒	19.27	24.08	55.07
家　　电	29.29	1.61	31.10
汽　　车	29.16	-3.02	25.23
通信设备	43.47	-11.97	26.37
房 地 产	39.01	-14.11	19.24
半 导 体	42.69	-9.59	29.39
有色金属	25.93	-2.90	22.87
元 器 件	42.43	-8.53	30.36
化　　工	35.43	-7.78	24.80
化　　纤	49.93	-8.83	36.59
证　　券	42.41	-13.35	22.97

续表

行业分类	2015 年第四季度指数变动	2016 年前三季度指数变动	2015 年 10 月初至 2016 年 9 月底指数变动
银　　行	9.25	-0.95	8.01
钢　　铁	8.80	-10.75	-2.40
煤　　炭	8.51	12.63	21.72
环境保护	22.49	-7.92	10.42
保　　险	18.79	-11.84	4.44

资料来源：根据上海证券交易所和深圳证券交易所的数据整理形成。

二　股市交易状况

与2015 年相比，2016 年的股市成交量萎缩十分明显（见图3）。2015 年6 月沪市单日成交金额超过10000 亿元是常态，但2016年沪市单日成交金额很少超过3000 亿元，大多时候日成交金额不足2000 亿元，日成交金额同比减少约六成。成交量是市场投资热情的“温度计”，成交量的减少反映出市场还没有从上一年的“股灾”中完全恢复正常。

（一）投资者账户变动状况

从是否参与二级市场集中交易的角度看，5153.35 万个投资者近一年内参与了二级市场交易，占期末投资者总数的45.34%；未参与交易的投资者数量为6212.19 万个，占期末投资者总数的54.66%。从投资者持仓账户看，2015 年8 月之后持仓投资者数量和占比都开始下降。值得关注的是，尽管2016 年5 月之后股价有所反弹，但持仓投资者占比仍然在下降（见图4）。从历史数据看，持仓账户40%处于股市底部区域（参见《2015 年股市发展报告》，2014 年持仓账

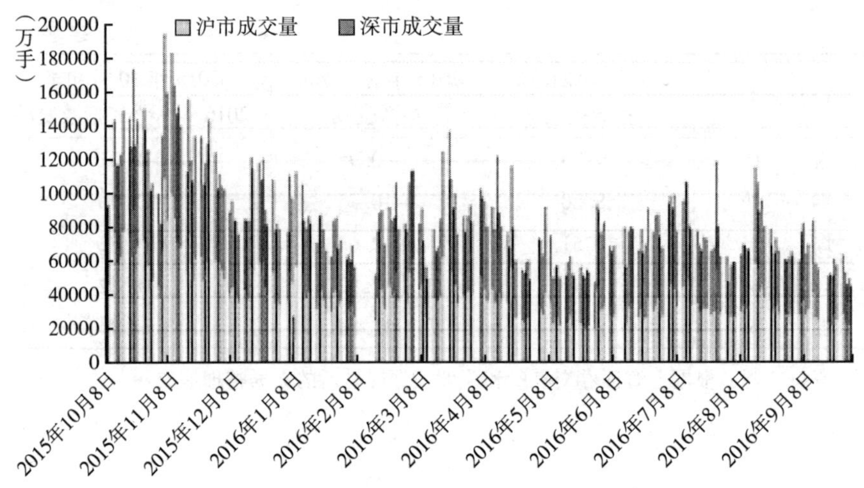

图 3　上海证券交易所和深圳证券交易所的股市成交量

资料来源：Wind 资讯。

户占比持续下降，最低值为 39.01%），过去一年里持仓账户占比平均每个月降低 1 个百分点，按照此速度，大约在 2017 年中，持仓账户占比将再次回落到历史低点。此时是否意味着股市行情会反转，将由时间和历史去验证。

（二）融资融券变动状况

从过去几年的经验看，融资融券（主要是融资，融券数量很小，可以忽略不计）的余额与指数之间呈现高度的正相关关系。2015 年第四季度股价反弹，融资数量迅速增加，而 2016 年初股市大幅度下跌过程中融资余额快速减少。但 2016 年度沪深两个市场融资余额与指数之间的关系发生了一些变化，深证成指与融资融券余额之间的相关性明显大于上证指数与融资融券余额之间的相关性（见图 5）。其原因可能与政府资金调整持仓的股票结构有关。有关公开资料显示，政府资金在刚入市之时持有近 1000 只股票，但自 2016 年初开始，减

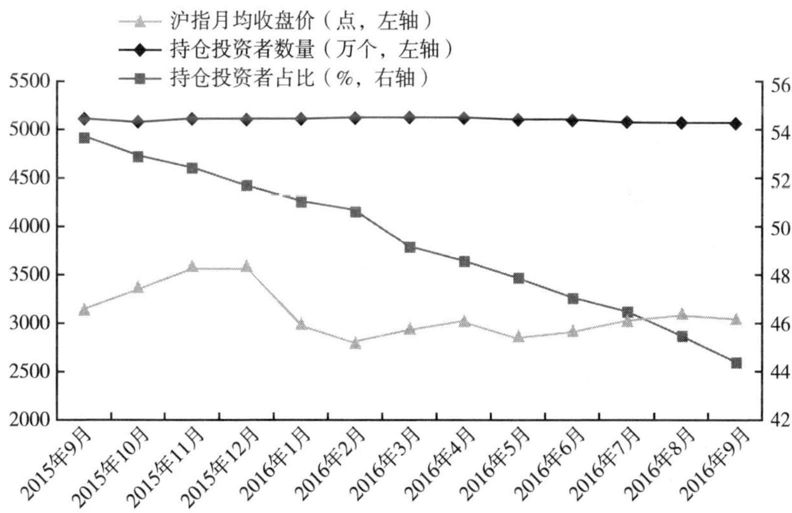

图4　持仓投资者数量及其占期末投资者总数比重的变化

资料来源：中国证券登记结算有限责任公司。

持了大多数创业板和中小板的股票，增持了银行与保险类股票及其他蓝筹股。可能是这个原因导致沪市指数的走势强于融资数量的增长，而政府资金对深市的影响相对于沪市弱。

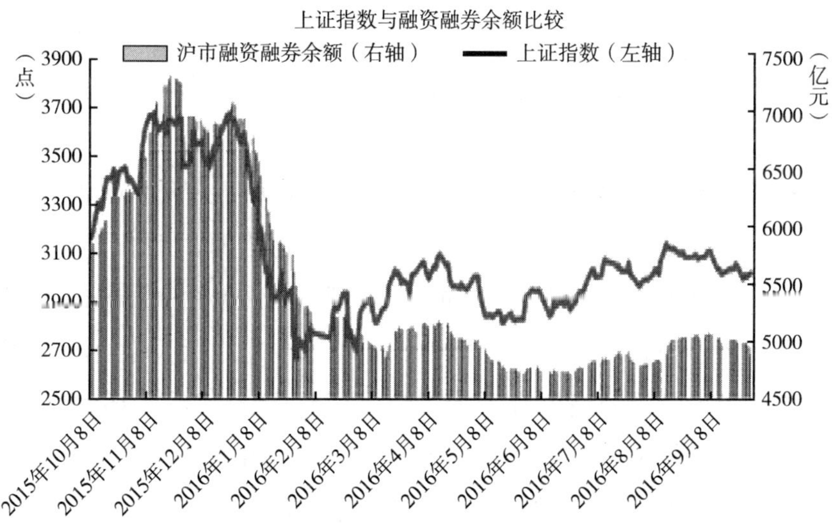

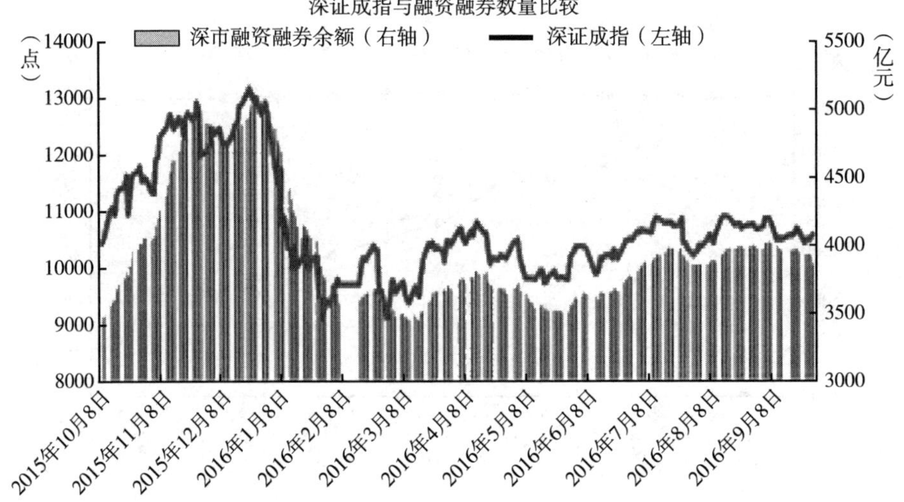

图 5　上海证券交易所和深圳证券交易所融资融券余额与股指比较

资料来源：根据上海证券交易所和深圳证券交易所公开数据整理而得。

（三）新开户数量

2016 年新增股票账户 1850. 6 万个，尽管月均有 150 多万个新开户的投资者入市，但期末持仓账户数量比上年净减少 74. 8 万个。可见，选择退出的账户数大于新增加的账户数。此数据与股市的成交量变动情况基本一致。

从开户数的月度波动看，2016 年 3 月和 4 月是开户的高峰，每月新开户数量都近 200 万个（见图 6），这与当时的股价走势有关。2016 年 3 月之后，中国证监会进行人事调整，市场对股市的期望值提升，刺激了投资者入市的积极性。但 4 月中旬之后，银行股出现减仓现象，市场猜测政府资金开始减仓，打击了市场投资的热情。进入第三季度，市场又开始走强，入市的投资者也开始增加，9 月的新开户数量达 220. 11 万个，创“股灾”后的新高。

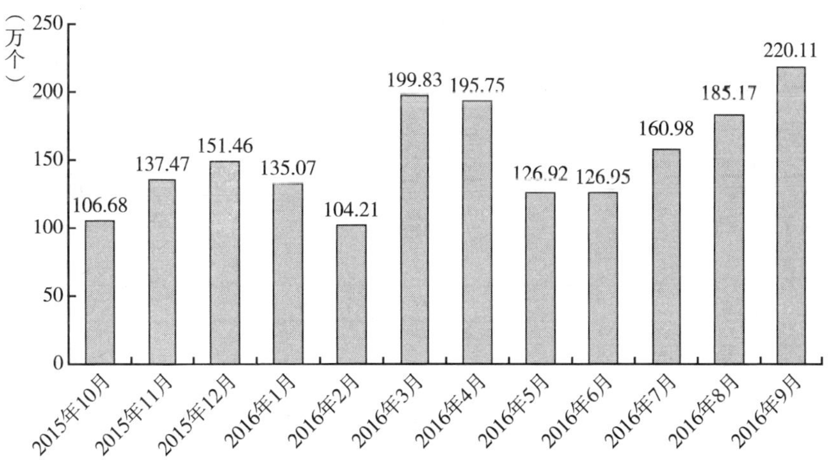

图6 新增投资者开户数量

资料来源：中国证券登记结算有限责任公司网站。

三 IPO数量与融资规模

2016年的IPO数量、融资规模都比上一年有所减少，这与二级市场的走势密切相关。2015年前两个季度股市二级市场出现井喷走势，一级市场的IPO数量增长较快，融资规模不断扩大，而2016年前两个季度股市二级市场处于下跌或修复状态，市场人气不足，新股发行的速度较慢，进入第三季度后市场才逐渐好转，新股发行得以逐渐提速。各板块市场IPO数量及融资规模见表3。

2016年新股发行审核的要求进一步提高，根据中国证监会的资料，2016年1～9月，IPO在发审会候审的企业，有73家终止审查。这是继三年前IPO专项核查以来，IPO企业终止审查数量最多的一次。从时间发布看，主要集中在2016年6月之后，1～5月终止审查的IPO项目有17个，而6～9月有56个。

表 3　各板块市场 IPO 数量及融资规模

单位：家，亿元

股市类别	2015 年前三季度		2016 年前三季度	
	IPO 数量	融资规模	IPO 数量	融资规模
主板(沪市)	77	966	72	598.09
中小板	38	144	35	157.35
创业板	78	249	61	198.46
合　计	193	1359	168	953.90

资料来源：Wind 资讯。

在新股发行定价方面，2016 年延续了 2014 年和 2015 年的新股定价方式，即监管部门对 IPO 的发行定价进行窗口指导，无论是上海证券交易所挂牌的上市公司还是中小板或创业板公司，它们的发行定价均在 22 倍市盈率左右，与上一年的新股发行定价情况完全一致。

由于 IPO 的定价比二级市场的估值低，因此新股上市之后的溢价幅度较大。新股首日交易的新规则限制，使新股上市首日均上涨 44%，随后出现连续多个涨停板，个别新股在上市之后出现 4 倍以上的溢价。

2016 年前三季度，上市公司再融资规模比上年同期有较大幅度增长，其中主板市场实现再融资 11168 亿元，中小板市场和创业板市场分别实现再融资 5019 亿元和 2076 亿元，再融资规模合计同比增长 140.2%（见表 4）。

表 4　上市公司再融资规模

单位：亿元，%

股市类别	2014 年前三季度	2015 年前三季度	2016 年前三季度	2016 年前三季度较 2015 年前三季度增长
主板(沪、深)	2065	5654	11168	97.5
中小板	742	1310	5019	283.1
创业板	173	639	2076	224.9
合　计	2980	7603	18263	140.2

资料来源：Wind 资讯。

2016年再融资的最大特点不仅体现在总体规模的大幅度提升上，而且表现为单个上市公司的再融资规模较大，超过100亿元的融资案例有16宗，长江电力、苏宁云商、西安民生、海航基础、紫光股份等公司的一次性融资规模均超过200亿元。

从股市融资的总体情况看，再融资规模是首发融资规模的20倍，这体现了监管者的融资政策偏向于上市公司的再融资，而对新股发行的数量及融资规模均采取严格控制。这样的融资政策导向一方面使等待首发融资的排队数量大幅度增加，提高了新股发行的成本；另一方面提高了上市公司的“壳价值”，导致二级市场炒壳之风愈演愈烈，严重扭曲了股票市场的定价机制，需要有关部门高度关注。

四　监管政策分析

2016年，股市的监管思路发生了比较大的变化，新的监管思路主要强调“股市为实体经济服务”。而之前的股市政策思路主要是提高直接融资的比重，政策着力点是搞活股市。

（一）暂缓全面推进注册制改革

推进股票发行的注册制改革是党的十八届三中全会关于资本市场改革的核心内容之一，也是提高资本市场融资能力的题中应有之义，但在实践中遇到了来自市场的阻力。

推进注册制改革的主要制约因素是股市二级市场的价格形成机制是扭曲的。根据金融资产定价的基本规则，股票的风险与收益应该是对称的，在其他因素相同的情况下，大盘蓝筹股的风险要小于小盘股，大盘蓝筹股的估值理应高于小盘股，国际上主要国家的股市定价也基本遵循这个原则，我国内地的很多科技类公司在香港股市的定价也同样符合该原则。而我国股市的估值体系正好相反，蓝筹股的估值

水平远低于小盘股。导致我国股市定价规则反常的原因是存在“壳价值”，即股价中除了包括上市公司未来现金流的贴现价值外，还包含一个“牌照”价格。“壳价值”存在的前提是股票的“稀缺”，造成股票人为稀缺的条件是存在市场准入门槛。如果符合条件的公司就可以上市，那么股票的“壳价值”将自然消失。换言之，新股发行的速度加快冲击着现有的估值体系，不利于市场的稳定。这也是市场一直“忌惮”推行注册制的根本原因所在。

将新股发行与扶贫工作结合起来，或许是“一箭双雕”之举。虽然不能全面实施注册制，但可以在设定的范围内（在贫困地区注册的公司）实施注册制。从数量分布看，贫困地区符合上市条件的公司十分有限，让这些公司加快发行速度不会对市场的估值体系构成较大冲击。发达地区的公司如果希望通过改变注册地址的方式加快进入股市的速度，需要支付一定的成本，该成本的存在客观上阻止了大多数公司选择该渠道进入股市，从而使得该项制度具有可行性。发达地区的公司把注册地址迁移到贫困地区，客观上达到了财政转移支付的功效，具有很好的社会效益。

（二）强化退市制度

2016年8月22日，欣泰电气（300372）股票停止交易，正式从创业板摘牌。该公司因欺诈发行及信息披露违法违规而触发退市条件，成为创业板退市第一股。为保证因欺诈发行而受害的投资者能够获得赔偿，创业板对欣泰电气实际控制人以及涉案的“董监高”人员持有的股份采取冻结等限制转让的措施，同时配合相关部门积极协调公司保荐机构兴业证券设立5.5亿元先行赔付专项基金。该股票的退市表明股市监管者整顿和规范市场秩序的决心。

退市制度的缺失使股市优化资源配置的功能难以得到发挥，这是制约股市服务实体经济的重要因素。上市公司淘汰机制无法正常建立的障碍之一是垃圾上市公司拥有过高的市值，大股东和地方政府都千方百计地阻止上市公司退市。垃圾公司拥有高市值的原因除了前文提及的“壳价值”外，与借壳重组行为的市场示范效应也有密切的关系。股市经常上演“乌鸡变凤凰”的游戏，通过借壳重组，可以让一个亏损的上市公司变成市场追逐的热点和明星。如果通过提高借壳上市门槛等措施大幅降低壳公司的市值，那么大股东和地方政府不惜成本保“壳”的动力将被大大削弱，退市制度的运行将更轻松，上市公司的破产清算也就成为可能。

虽然借壳上市从形式上看也属于上市公司的市场化重组，但其本质是一种“后门上市”行为，与国家鼓励的产业升级、调整无关，监管部门理应旗帜鲜明地表明监管态度，而不应当将其视为企业上市的正常途径之一。美国、日本以及中国香港的证券监管部门无不旗帜鲜明地反对借壳上市，并对借壳上市采取了一系列高压监管措施。自中概股危机爆发以后，美国政府大幅度提高了借壳上市的门槛，这使得借壳上市比正常的 IPO 难度要大得多，因此近四年来没有一家中国公司在美国借壳上市。中国香港市场也适时修改借壳上市认定标准，不断扎紧制度的“篱笆”，尽量减少“后门上市”的机会。

2013 年底中国证监会宣布借壳上市等同于 IPO 政策，但在实际执行过程中存在监管套利现象，不少借壳重组的案例试图通过技术处理来绕开监管规则。我们欣喜地看到，修改后的《上市公司重大资产重组管理办法》于 2016 年 9 月 9 日正式发布，新规则杜绝了花样翻新的监管套利行为。笔者认为，此举可以促进市场估值体系的理性修复，引导更多资金投向实体经济。

从长远看，要使股市更好地服务实体经济，需要更加完善的投资者保护制度。因为股票市场本质上是一种信用经济，股票市场发展的关键因素是用法律权威维护市场的信用，要让违规者及时得到应有的惩罚，让投资者能够采取手段维护自己的合法权益。当上市公司或其他参与主体存在违规行为时，投资者可以通过这些渠道为自己的损失讨回公道。目前，监管部门已经采取了一系列措施严惩财务造假、内幕交易、操纵市场等各种违法或违规行为，投资者信心有了较大的提振，但股市的监管工作永远在路上，期待监管的制度创新不断结出新的硕果，使股市在促进资本形成方面发挥更加积极的作用。

五　股市未来展望

从居民资产配置的角度看，房地产行业经过一年多的持续上涨，在政策的调控下，已经从高位回落。居民资产配置将向房地产之外的资产倾斜，短期有利于股市活跃。从中长期看，房地产的回落不利于各行业的盈利增长，反而会对股价产生抑制。

从市场博弈的心理因素看，2015 年的“股灾”对市场的负面影响还没有消除，投资者对股市的信心还处于低迷状态。投资者对股市的信心可以从投资者持仓账户占全部有效账户的比例这一数据中直观地反映出来（投资者持仓账户占比在 2016 年持续下降）。根据以往的市场波动周期，市场信心从回落至恢复需要 3～4 年的时间，2017 年市场的信心仍然处在“疗伤”阶段。

从外部环境看，美元升值将是未来股市的重要扰动因素。如果美元走强持续，则会出现资本外流，不利于我国股市走强。

从监管政策视角看，总结“股灾”教训，恢复市场的正常功能和秩序（参见《2016 年股市发展报告》）仍然是 2017 年的股市政策基调。为了贯彻“金融为实体经济服务”的思路，股票发行的注册制改革在 2017 年会艰难推进。在注册制改革取得实质性进展的假设下，借壳重组的行为仍将难以大行其道。

总体而言，“维持稳定、窄幅波动”将是 2017 年股市的主基调。

B.12

2016年的中国期货市场

董　昀*

摘　要：　2015年10月至2016年9月，中国期货市场在纷繁复杂的国际国内市场环境中继续发展。围绕“金融为实体经济服务”这一中心任务，我国期货市场在充分评估和严密监测风险的基础上，稳步推进期货产品的研发创新工作。与此同时，一些新的监管政策也相继出台。2016年1~9月，全国期货市场累计成交量与累计成交额同比分别增长19.99%和下降71.68%，增速急剧下跌，这主要是股市震荡导致的股指期货大幅萎缩所引发的负向冲击效应所致。预计未来一个时期，中国期货市场将在优化资源配置、助力创新发展、增强发展包容性、促进开放发展等方面取得新进展。

关键词：　期货市场　金融创新　金融监管

一　期货市场运行状况

（一）2015年第四季度

中国期货业协会的统计表明，2015年10月，全国期货市场交易规

* 董昀，中国社会科学院金融研究所副研究员，支付清算研究中心副秘书长，研究方向为金融市场、支付清算、金融发展等。

模总体下降。以单边计算，单月成交量与成交额同比分别下降4.20%和49.81%，环比分别下降22.66%和22.84%。2015年11月交易规模的变化情况为：成交量与成交额同比分别增长18.93%和下降45.70%，环比分别增长51.87%和47.10%。2015年12月交易规模的变化则更加复杂，呈现成交量上升、成交额下降的格局：成交量同比和环比分别增长6.35%和3.79%；成交额同比和环比分别下降73.83%和5.55%。总体上看，2015年全年，全国期货市场累计成交量与累计成交额同比分别增长42.78%和89.81%，仍处于高速发展区间之中[①]。

（二）2016年前三季度

中国期货业协会的统计表明，2016年1～9月，全国期货市场累计成交量与累计成交额同比分别增长19.99%和下降71.68%，相较于上年同期的59.64%和179.69%，增速急剧下跌，主要成因是2015年中股市震荡所引发的监管力度加大和股指期货大幅萎缩所引发的负向冲击效应。

分交易所看，2015年1～9月，郑州商品交易所的累计成交量最高，而中国金融期货交易所的累计成交额则占全国总额的80%以上。如表1所示，2016年1～9月，情况发生了很大变化。上海期货交易所的累计成交量和累计成交额均占全国的四成以上，占据领先地位；大连商品交易所的累计成交量和累计成交额均占全国的三成以上，位列第二；郑州商品交易所的累计成交量和累计成交额同比略有下降，位列第三；中国金融期货交易所的累计成交量和累计成交额同比分别骤降95.96%和96.75%，位列最后。中国金融期货交易所成交量和成交额的狂泻成为2016年1～9月中国期货市场增速放缓的主要因素，这也印证了股指期货大幅萎缩是中国期货市场发展步伐放缓主因的基本判断。

① 中国期货业协会网站。

表1　2016年1~9月全国期货市场成交情况

交易所名称	品种名称	累计成交量（手）	同比增长（%）	累计成交量占全国比重（%）	累计成交额（亿元）	同比增长（%）	累计成交额占全国比重（%）	9月末持仓量（手）	9月末持仓量占全国比重（%）
上海期货交易所	铜	55622647	-8.63	1.72	102030.51	-18.98	7.03	219892	1.68
	铝	28676073	298.25	0.88	17015.43	270.69	1.17	304131	2.33
	锌	49613661	141.00	1.53	38355.19	137.99	2.64	249358	1.91
	铅	1420621	56.56	0.04	963.77	64.30	0.07	25556	0.20
	锡	2405799	571.20	0.07	2675.48	539.52	0.18	6168	0.05
	镍	78542296	112.88	2.42	58045.49	76.98	4.00	245600	1.88
	黄金	27897382	49.59	0.86	74607.01	67.09	5.14	159314	1.22
	白银	64754905	-48.46	2.00	37979.21	-42.97	2.62	280315	2.15
	天然橡胶	75724119	31.62	2.34	88005.09	17.01	6.07	175098	1.34
	燃料油	979	-73.20	0	1.23	-77.49	0	9	0
	石油沥青	142795248	1133.42	4.40	27188.47	779.83	1.87	612610	4.69
	螺纹钢	776940333	88.55	23.96	172923.90	86.71	11.92	1588276	12.17
	线材	47	-84.59	0	0.01	-86.38	0	2	0
	热轧卷板	28394594	2046.66	0.88	7054.28	2214.85	0.49	168910	1.29
	总　计	1332788704	76.86	41.10	626845.08	35.41	43.22	4035309	30.92

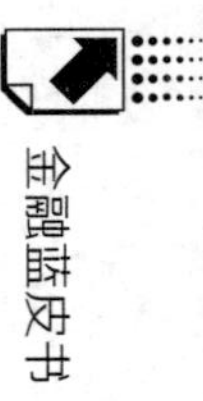

续表

交易所名称	品种名称	累计成交量（手）	同比增长（%）	累计成交量占全国比重（%）	累计成交额（亿元）	同比增长（%）	累计成交额占全国比重（%）	9月末持仓量（手）	9月末持仓量占全国比重（%）
郑州商品交易所	一号棉	66330323	308.42	2.05	43977.82	314.96	3.03	250193	1.92
	早籼稻	1185	-61.88	0	0.65	-57.38	0	29	0
	甲醇	101048532	-60.57	3.12	19207.60	-67.42	1.32	317213	2.43
	菜籽油	15759973	191.36	0.49	9670.51	202.50	0.67	117415	0.90
	油菜籽	16706	-61.26	0	6.78	-58.38	0	0	0
	菜籽粕	211298932	-5.79	6.52	49625.55	1.86	3.42	302155	2.32
	白糖	95545116	-24.44	2.95	54683.80	-18.33	3.77	517611	3.97
	PTA	113978230	-37.37	3.51	26838.19	-39.50	1.85	767459	5.88
	普麦	142	-51.37	0	0.17	-54.05	0	2	0
	强麦	379936	123.63	0.01	211.06	128.67	0.01	4931	0.04
	玻璃	49740967	79.51	1.53	10602.38	109.65	0.73	142571	1.09
	动力煤	34856915	2409.34	1.07	14701.85	1166.29	1.01	135154	1.04
	粳稻	248	153.06	0	0.16	158.33	0	1	0
	晚籼稻	147	-85.74	0	0.08	-85.96	0	0	0
	硅铁	170285	5829.14	0.01	39.21	5234.69	0	1290	0.01
	锰硅	540932	4600.90	0.02	169.02	5173.48	0.01	8928	0.07
	总　计	689668569	-17.89	21.27	229734.81	-3.92	15.84	2564952	19.65

续表

交易所名称	品种名称	累计成交量（手）	同比增长（%）	累计成交量占全国比重（%）	累计成交额（亿元）	同比增长（%）	累计成交额占全国比重（%）	9月末持仓量（手）	9月末持仓量占全国比重（%）
大连商品交易所	黄大豆一号	23668902	84.98	0.73	8671.28	59.90	0.60	90328	0.69
	黄大豆二号	1698	-63.83	0	0.60	-57.71	0	25	0
	胶合板	439	-99.76	0	0.20	-99.81	0	20	0
	玉米	83870039	341.76	2.59	13193.99	229.53	0.91	1500103	11.49
	玉米淀粉	45230528	1394.20	1.39	8992.08	981.64	0.62	557915	4.27
	纤维板	227	-99.66	0	0.06	-99.70	0	1	0
	铁矿石	279989961	57.24	8.63	110798.15	53.50	7.64	897251	6.88
	焦炭	39956073	255.60	1.23	37640.26	268.17	2.60	137914	1.06
	鸡蛋	16506224	47.25	0.51	5950.81	26.65	0.41	153777	1.18
	焦煤	28895839	165.61	0.89	12314.54	181.63	0.85	184743	1.42
	聚乙烯	83919874	-8.77	2.59	36089.73	-13.75	2.49	291314	2.23
	豆粕	316797680	36.01	9.77	90834.29	43.96	6.26	1098165	8.41
	棕榈油	104972506	44.88	3.24	54903.41	57.37	3.79	389886	2.99
	聚丙烯	109920847	72.80	3.39	37579.69	46.80	2.59	421587	3.23
	聚氯乙烯	3709481	230.53	0.11	1012.68	232.92	0.07	117810	0.90
	豆油	69521513	5.82	2.14	42084.05	14.05	2.90	441458	3.38
	总　计	1206961831	55.89	37.22	460065.81	51.09	31.72	6282297	48.14

续表

交易所名称	品种名称	累计成交量（手）	同比增长（%）	累计成交量占全国比重（%）	累计成交额（亿元）	同比增长（%）	累计成交额占全国比重（%）	9月末持仓量（手）	9月末持仓量占全国比重（%）
中国金融期货交易所	10年期国债期货	3739380	683.96	0.12	37412.63	716.49	2.58	46127	0.35
	沪深300股指期货	3459038	-98.75	0.11	32397.96	-99.05	2.23	42050	0.32
	5年期国债期货	2112304	12.87	0.07	21293.44	16.48	1.47	26452	0.20
	上证50股指期货	1264755	-96.39	0.04	7992.48	-97.37	0.55	22244	0.17
	中证500股指期货	2939884	-86.36	0.09	34741.25	-90.92	2.40	31331	0.24
	总　计	13515361	-95.96	0.42	133837.77	-96.75	9.23	168204	1.29
全国期货市场交易总计		3242934465	19.99	100	1450483.46	-71.68	100	13050762	100

注：①本表根据上海期货交易所、郑州商品交易所、大连商品交易所和中国金融期货交易所提供数据计算；②表中数据均为单边计算；③表中数据均不含期转现数据。

资料来源：中国期货业协会网站。

二　2016年期货市场重大事件与主要观点

（一）重大事件

1. 行业监管政策趋于完备

在经历2015年中的“股灾”冲击之后，期货业监管政策再度收紧，行业监管步入以完善制度和鼓励创新发展为主基调的调整期。

《期货法》已经被列入第十二届全国人大的立法规划，且已草拟出《期货法（草案）》的第二版草稿。不过令人遗憾的是，2015年的股市剧烈波动导致《证券法》的修订和《期货法》的立法工作被迫推迟。

与此同时，在政府监管层面，一方面，着力强化市场风险监测监控、预警以及防范和处置机制；另一方面，加强基础性制度建设，不断完善监管规则，推动市场持续健康发展。

2015年10月，中国证监会在借鉴国际监管经验的基础上，起草了《证券期货市场程序化交易管理办法》，并向社会公开征求意见，各期货交易所也将在相关指导下制定配套实施细则。该办法对单独备案、事前风控、事中处理和事后追责都做了详细规定，有利于行业健康发展。

2016年7月，中国证监会就修订《期货投资者保障基金管理暂行办法》（以下简称《暂行办法》）及配套通知公开征求意见。原有《暂行办法》中的一些规定已经不太适应市场发展的需求，此次修订旨在更好地建立健全期货投资者保护的长效机制，降低市场运行成本。

2016年9月，中国证监会就《证券期货投资者适当性管理办法》公开征求意见。该办法明确和强化了各类经营机构的适当性义务，明确指出经营机构在向投资者销售产品时，必须遵循一系列适当性行为准则，并制定相应的内部制度和程序，将卖者充分揭示风险作为“买者自负、风险自担”的前提，这就强化了对违规机构或个人的监督管理，明确了其法律责任，是投资者保护制度的重要进展。值得注意的是，该办法并未扼杀经营机构的创新空间，对供给者的创新权利给予了足够的尊重。

2. “互联网+期货”全面推进

2015年，国务院《关于积极推进“互联网+”行动的指导意见》正式发布。发展包括“互联网+期货”在内的互联网金融体系，自然是其中的重要组成部分。就期货领域而言，除了市场交易和资产管理之外，互联网开户成为2015年下半年以来期货市场的重大突破。2015年7月开通网上开户业务，2015年12月开通手机APP开户业务。此后，新入期市的投资者多数是通过网络进行开户活动的。这必将促进期货公司客户范围的全国化，消除期货交易客户碎片化、地方化、区域化等问题，促使拥有核心竞争力的优质期货公司在竞争中胜出。

3. 期货公司上市破题

长期以来，融资渠道过于单一是期货公司发展的瓶颈。2015年以来，监管政策逐渐放松，期货公司与资本市场的融合步伐加快。2015年7月，鲁证期货在港交所挂牌上市，成为内地首家在港股上市的期货公司。2015年12月，弘业期货正式在港交所挂牌上市。创元期货、永安期货等5家期货公司已在“新三板”上市。截至2016年9月30日，共有7家期货公司在排队挂牌“新三板”。

今后一个时期，中国监管部门将继续支持期货公司拓展融资渠道，鼓励其通过境内外发行上市、“新三版”挂牌等方式扩大筹资规模。

4. 期货行业产品创新蓄势待发

各大期货交易所在坚持“为实体经济服务”这一宗旨的前提下，

积极研发和筹备新品种。上海期货交易所致力于丰富产品系列，提高中国价格、中国标准在国际贸易定价体系中的权威性和影响力。中国金融期货交易所注重丰富国债期货产品，研究开发外汇期货产品，努力建立一个产品多、功能全、监管严格的市场。郑州商品交易所不仅全力做深做细已上市品种，扎实推进“期货+保险”试点，而且大力推进新品种、新工具研发，以适应实体企业需求。大连商品交易所以豆粕期权上市、铁矿石国际化、场外市场建设等工作为抓手，推动该所向多元、开放的综合性衍生品交易所转型。

（二）主要观点

1. 政策层对期货业发展的看法

中国证监会副主席李超在2015年12月召开的第十一届中国（深圳）国际期货大会上对2015年中国期货监管部门的工作进行了总结。他指出，中国证监会主要开展了四方面的工作：一是严防市场风险，其中主要包括打击违法违规，采取措施积极应对股市和股指期货市场的复杂形势；二是完善监管规则，推进法治建设，重点是研究制定《证券期货市场程序化交易管理办法》，推进《期货法》立法进程；三是积极稳妥推进市场中的各类创新，重点是筹备原油期货上市和农产品期权试点，稳步推进“期货+保险”及“粮食银行”等试点创新；四是深化期货市场功能，发挥期货市场在资源配置方面的优势，特别是在助力企业经营、改善产业链运行、服务产业政策、策应宏观调控等方面的积极作用。

2016年1月16日召开的全国证券期货监管工作会议强调，要稳妥推进期货及衍生品市场发展。要在充分评估、严防风险的基础上，做好原油等战略性期货品种的上市工作，完善股票期权试点，推进白糖、豆粕等农产品期货期权试点。加大对商品指数期货、利率及外汇期货的研发力度。稳步推进“期货+保险”“粮食银行”“基差报价”“库存管理”等创新试点，进一步拓展期货市场服务“三农”的渠道和机制。研究论证碳排放权期货交易，探索运用市场化机制助力绿色发展。这也构成了2016年期货市场发展的主基调。

在2016年9月召开的首届中国（郑州）国际期货论坛上，中国证监会副主席方星海强调，要积极提升对期货市场功能作用的认识，不断开创期货市场服务实体经济的新格局。具体而言，要坚持服务实体经济发展的国际化、市场化、法治化改革方向，积极发挥期货市场的作用，努力建设一个与实体经济风险管理要求相适应的具有较强竞争力的期货市场，服务于供给侧结构性改革等国家战略。具体到战术层面，中国证监会将研究建立以市场需求为导向的产品创新机制，稳步推进白糖、豆粕等农产品期权试点工作，做好棉纱、乙二醇及商品指数期货等品种的研发上市工作，积极推进原油期货市场建设。所有这些政策都是朝着促进实体经济创新发展的方向制定的。

2. 学术界期货研究的新成果

2016年学术界对期货业的研究集中反映了期货业发展的热点、难点问题，有必要做一个简要介绍。

夏步刚等分析了互联网金融的发展对我国期货业的影响。他们认为，互联网金融给期货行业提出了泛金融化、去中介化、长尾化三个新课题，期货行业需要以创新发展和包容发展的理念，更好地为长尾客户提供有效服务，加快实现场内专业化投资服务与互联网金融个性化服务的有机结合和良性互动，如此方可成功应对挑战①。

尹力博、柳依依将中国商品期货的金融化问题作为研究对象，发现中国商品期货市场与国际股票市场之间有着明显的信息溢出效应，而且在全球金融危机期间这一效应尤为显著，这表明我国商品期货市

① 夏步刚、石松、马莉：《互联网金融对中国期货市场发展的影响与对策研究》，《上海金融》2016年第4期。

场存在金融化现象[①]。

朱波等同样将商品期货的金融化问题作为研究对象，从投机行为与市场联动的视角研究了金融化程度的提高对我国能源期货市场风险的影响。结果表明，金融化因素对能源价格极端变动具有重要影响。当前我国能源金融产品交易趋于活跃，因而需要警惕国际市场投机行为对我国能源市场稳定的负向冲击[②]。

黄锐将研究焦点对准股指期货市场中的量化交易。研究结果显示，量化交易在震荡阶段和暴涨阶段可以提高流动性，在暴跌阶段可以降低流动性，并在所有市场情况下都降低了波动性。不过，量化交易对波动性抑制的程度在不同市场条件下存在差异。建议对量化交易采取分类监管的办法[③]。

李宗龙的模型分析显示，我国沪深300股指期货市场存在明显的波动聚集现象；加入交易量和未平仓合约量后随机波动效应明显减弱；大的交易量会加剧市场波动，未平仓合约有利于稳定市场；交易量和未平仓合约量仅通过风险溢价间接影响收益率[④]。

陈萌的研究则是对期货行业立法的探讨，从境外成熟期货市场立法、监管和发展的实践出发，回顾了我国期货市场发展所取得的成就以及法治建设和监管发展的变化情况，最后提出了我国期货市场立法、监管转型和市场发展的建议[⑤]。

三　2016年末及2017年期货市场发展趋势

第一，期货产品创新将进入快车道。“十三五”时期，创新发展

① 尹力博、柳依依：《中国的商品期货金融化了吗?》，《金融研究》2016年第3期。

② 朱波、牛锋、邵华明：《我国能源期货市场极端风险形成机制》，《财经科学》2016年第4期。

③ 黄锐：《量化交易改善了中国股指期货市场质量吗?》，《金融经济学研究》2016年第3期。

④ 李宗龙：《我国沪深300股指期货市场高频波动与风险研究》，《中国物价》2016年第8期。

⑤ 陈萌：《期货立法演变与我国期货市场的监管转型》，《中国物价》2016年第9期。

成为贯穿始终的第一动力。实体经济的创新离不开金融部门的有力支持。与实体经济发展需求形成鲜明对比的是，我国期货市场的创新功能发挥不够，很多实体经济需要的期货产品尚未出现。基于这一背景，监管部门对期货产品创新给予了高度重视，中国证监会副主席方星海指出，如果服务实体经济的能力不能尽快得到提升，我国期货市场将面临严峻的国际国内竞争，最终会失去市场份额。也正因如此，各大期货交易所将创新放在重要位置。可以预期，在确保市场平稳运行的基础上，各大期货交易所将不断降低市场参与成本，提升市场效率和服务质量，推出更加丰富的新产品。据悉，上海期货交易所将在近期审慎推进品种业务创新，深化原油期货上市准备工作。此外，建立猪肉期货市场以稳定国内猪肉市场价格，推进白糖、豆粕等农产品期货期权试点，加大对商品指数期货、利率及外汇期货等新品种的研发投入等都是期货业促进实体经济创新发展的着力点。

第二，期货业的国际化程度将持续提高。2015 年 11 月底，国际货币基金组织决定将人民币纳入特别提款权（SDR）的货币篮子，人民币成为继美元、欧元、日元、英镑之后被纳入 SDR 货币篮子的第五种货币。这无疑有助于提升人民币的国际影响力，扩大人民币计价的商品贸易和金融服务范围。相应的，大宗商品用人民币定价的可能性将进一步增大，而且以人民币定价的期货品种也会被境外投资者在更大范围内接受。上述情况对增强我国期货市场定价的有效性、提升我国期货市场的国际影响力均有着正向推动作用。另外，“一带一路”建设正如火如荼地推进，未来中国与“一带一路”沿线国家或地区在原材料、大宗商品现货贸易和期货交易方面的合作空间巨大，而中国国内金融市场的逐步开放也对期货市场的发展提出了迫切要求。由此可以预见，中国期货市场将深度融入全球经济金融体系，中国期货业的国际化程度也将不断提高。

面对这一新格局，我国将利用新机遇，加速推动商品期货市场的开放进程，不断提升中国期货市场在国际市场的影响力。一方面，中国应利用原油期货上市的契机，允许外资金融机构、实体企业在合规的前提下进入中国期货市场。中国也有必要将在全球已经有一定影响力的若干期货产品逐步向境外投资者开放，进一步提升这些品种在全球的影响力。另一方面，要支持竞争力较强的国内期货企业开展境外期货业务，设立境外分支机构，重复利用国际国内两个市场进行资产配置，更好地为境内实体企业和投资者提供期货及衍生品市场服务，为中国企业“走出去”提供金融支持。

第三，期货业将在实现共享发展中发挥更大的作用。作为五大发展理念之一，共享发展理念的实施同样需要金融的支持。例如，贫困地区涉农主体可以利用期货市场来管理和分散生产经营风险。我国期货市场目前已有21个农产品期货品种上市，总体形成了覆盖粮、棉、油、糖的品种体系，这在一定程度上发挥了促进共享发展的作用。但也要看到，现阶段我国农产品期货的供给水平与实体经济对期货市场的需求还不匹配。

未来我国监管部门在服务“三农”、助力共享发展方面将可能有以下政策出台。一是推进农产品期权上市准备工作，力争尽早上市白糖、豆粕期权，为涉农主体提供更加精细化的风险管理服务。研究农产品期货市场对外开放的路径和突破口，逐步提升我国农产品期货市场的定价效率和国际定价话语权。二是进一步完善农产品期货合约及规则制度，不断满足涉农企业套期保值和风险管理需求。三是加强一线监管，做好农产品期货市场监测监控和风险预警，防止市场过度投机炒作，严格防范市场价格操纵等违法违规行为。

第四，期货业立法工作将继续推进。众所周知，期货市场是典型的规则导向型市场，无规矩不成方圆。《期货法》作为中国期货市场位阶最高的法律，目前是缺位的，这很不利于我国期货市场的规范化、国际化发展。2015年股指期货的波动恰恰说明了完备的制度规则对期货市场发展的重要性。认真梳理总结“股灾”和救市的经验教训、做好立法工作的必要性怎么强调都不为过。着眼未来，商品和金融期货市场的进一步发展与繁荣，以及交易所自律监管职能的充分发挥，都迫切需要期货立法和执法水平的不断提升。因此，稳步推进《期货法》势在必行。

与上述理念相匹配，全国人大财经委副主任委员尹中卿在2015年12月表示，将进一步推动期货市场的法治化进程，加强对期货和衍生品市场的研究，争取尽快出台《期货法》。尹中卿表示，在期货立法中，应更加重视促进实体经济发展；重视场内场外市场联动；统筹国际国内期货市场；重视防范期货市场系统性风险；重视交易者保护制度。全国人大财经委副主任委员辜胜阻在2016年3月表示，目前《期货法》立法时机已经成熟，可加速推进《期货法》的立法工作。立法者应在反思总结上年股市异常波动的基础上，将一些改进措施纳入期货立法的范畴，夯实市场发展的法律保障基础。这些观点在一定程度上体现了立法机构的工作思路。因此可以预期，2017年《期货法》立法工作有望取得新的进展。

B.13 2016年的中国金融租赁市场

何海峰　邱楠宇*

摘　要：随着我国经济结构转型的推进，作为连接金融与产业、服务实体经济的金融租赁业，在国内相关政策的支持和市场的积极响应下得到了长足发展。2015年10月至2016年9月，我国金融租赁业总体仍保持快速扩张趋势，但在增长幅度上有所放缓，市场结构趋于稳定，业务创新不断提速。本报告主要分为四个部分：首先，总结了2016年中国金融租赁业总体的经营发展状况，指出金融租赁业正进入一个逐渐趋于稳定和规范的阶段；其次，整理了2015年第四季度以来国内租赁行业发生的重大事件；再次，搜集并梳理了行业发展过程中一些新的、重要的观点；最后，在对2016年中国金融租赁业发展状况进行总结和分析的基础上，对未来一个阶段的发展提出展望。

关键词：金融租赁业　融资租赁　租赁公司　指导意见

一　2016年金融租赁行业运行概况

经过近年来的政策支持和市场努力，国内广义的金融租赁业整体

---

* 何海峰，中国社会科学院金融研究所金融政策研究中心主任，副研究员，硕士生导师，结构金融研究室主任。邱楠宇，泰达宏利基金管理有限公司行业研究员。

上实现了快速发展，市场规模不断扩大，企业竞争力显著提高，这对正处于经济转型和改革时期的中国经济而言，日益显示出其对实体经济的支持和促进作用。自2015年国务院发布《关于加快融资租赁业发展的指导意见》以来，整个金融租赁业在快速发展的同时，结构调整、业务创新、管理体制和发展环境等都在发生积极的变化。

（一）行业规模继续扩大，增速有所放缓

得益于国家和地方相继出台的针对租赁行业发展的相关支持政策，国内金融租赁业进入高速发展阶段，2011～2015年，企业数量和业务总量均保持较快扩张速度且逐年提高，企业数量的年复合增长率高达90%，业务总量的年复合增长率达45%。截至2015年末，全国融资租赁[①]企业数量继续激增至4508家，较2014年增长105%，以快于以往复合增长率的速度高速扩张，对应的业务合同余额达4.44万亿元，同比增长39%，仍保持稳定、较快增长态势（见图1）。

2016年以来，整个融资租赁行业在积极扩张的趋势下增速逐渐放缓。截至2016年9月末，国内的融资租赁企业数量增至6392家，业务合同余额高达4.95万亿元，注册资本跃升至2.19万亿元，企业数量、业务体量、企业资本规模依然在抬升。不过，在经历了2014年、2015年的超高速扩张之后，2016年的行业增速有所放缓。截至2016年9月，融资租赁企业数量同比增长71%，不论是与2015年的增速相比还是与以往5年的复合增长率相比都有明显下滑，对应的业务合同余额同比增长24%，增速同样有所放缓，但放缓幅度小于企业数量（见图2）。在行业内企业数量增长放缓的同时，行业注册资本规

① 为了便于下文将“金融租赁”与“内资租赁”和“外资租赁”进行分类讨论，文中“融资租赁业”等同于广义的“金融租赁业”定义。

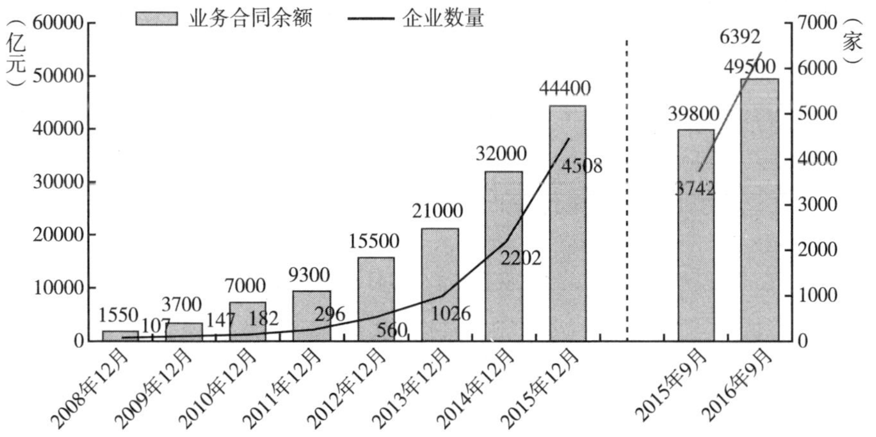

图 1　全国融资租赁企业数量与业务合同余额

资料来源：根据 Wind 资讯整理。

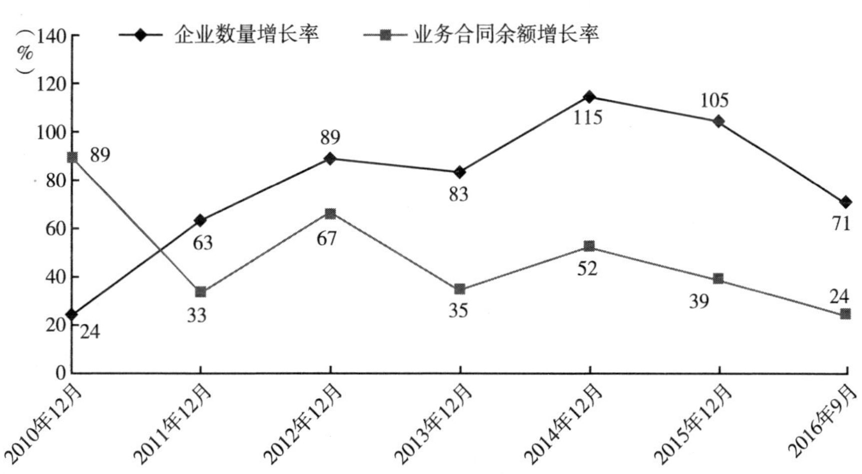

图 2　全国融资租赁企业数量增长率与业务合同余额增长率

资料来源：根据 Wind 资讯整理。

模也相应地出现增速放缓迹象，2016 年 9 月底、2015 年、2014 年的行业注册资本规模分别为 2. 19 万亿元、1. 52 万亿元、0. 66 万亿元，同比分别增长 45%、129%、116%，放缓比较显著。总的来看，行业竞争者的快速增长期逐渐过去，增速放缓是正常现象。而行业业务规模的稳定扩大和行业资本规模的合理扩张更为重要，未来企业数量和业务体量的增加势必趋于稳定、一致，这才是符合行业规律和市场要求的。

（二）行业格局保持稳定

延续过去两年形成的行业格局，国内融资租赁业受区域性和政策导向性影响明显，在区域分布上的高集中特征保持稳定。截至2015年底，全国融资租赁企业数量排名前10位的省份合计占全国的95%，其中排名前5位的省份合计也占到全国的82%，高集中度特征显著。进一步细分来看，企业数量排名前10位的省份主要是经济体量较大、活跃度较高的地区。此外，政策的支持和导向也是造成融资租赁企业在特定区域聚集的重要原因。正因如此，国内第一批自贸区试点——上海、广东和天津的融资租赁企业数量最多，且大幅领先于其他地区，相关的自贸区优惠政策极大地促进了众多企业入驻和参与，尤其是外资租赁企业的积极参与。而且，上海、广东和天津三地的聚集趋势还在进一步加剧。从图3可以看出，相较于2014年，2015年上海、广东和天津三地的融资租赁企业数量占比分别提高12.7个、2.4个和0.5个百分点。区域的经济优势和政策优势为融资租赁企业扩张提供了良好的市场空间和环境，如果没有发生大的政策变化，预计未来将持续维持这样的行业稳定发展格局。

就行业类别而言，中国金融租赁行业的“三支队伍”格局趋于稳定，但未来仍有变化的可能。所谓的“三支队伍”，是指当前中国金融租赁市场中同时存在的金融租赁公司、中外合资租赁公司（以下简称外资租赁公司）和获商务部批准进行融资租赁试点的内资租赁公司（以下简称内资租赁公司）。目前三类公司的业务体量基本形成了稳定的市场结构，截至2016年9月末，金融租赁公司总的业务余额达1.91万亿元，内资租赁公司总的业务余额达1.46万亿元，外资租赁公司总的业务余额则为1.58

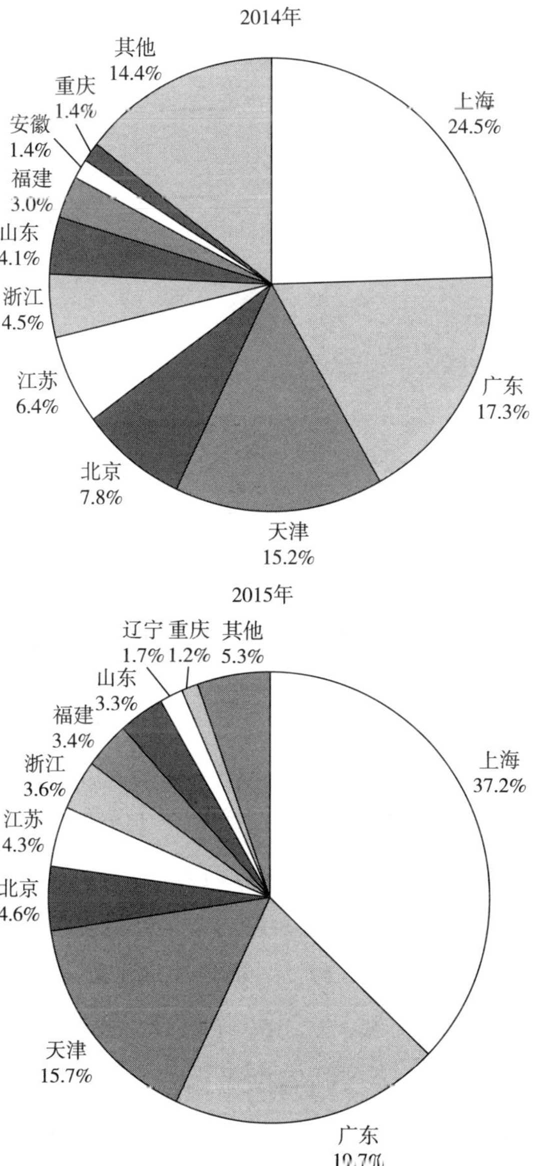

图3　融资租赁企业在全国主要地区的分布情况

资料来源：根据 Wind 资讯整理。

万亿元，三者的业务体量占比分别为 38.6%、29.5% 和 31.9%，与 2014 年、2015 年的格局类似，基本上形成了 4∶3∶3 的格局（见图4）。

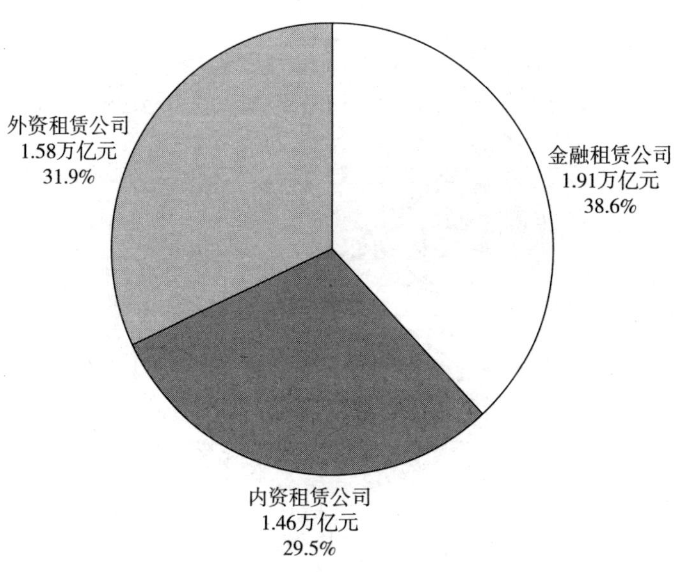

图4　2016年9月末金融租赁行业业务体量结构

资料来源：Wind资讯。

尽管业务体量上的差距不大，但三类公司在数量上的差距则十分巨大，呈现较显著的“马太效应”。对于股东实力雄厚、业务资源丰富的金融租赁公司而言，总的数量只有55家（截至2016年9月），占全行业总数的比重仅为0.9%；而需要符合条件才能获得牌照的内资租赁公司总数也仅为198家，数量多于金融租赁公司，占全行业总数的比重为3.1%；外资租赁公司的绝对数量为6139家，远远超过金融租赁公司和内资租赁公司，是行业中的主要参与者，占全行业总数的比重为96.0%，并且数量仍在快速增加，这一占比可能还将提升（见图5）。产生这种现象的原因是多方面的，主要还是行业政策导向的结果，不同的监管主体、资格审批方式和背景导致“三支队伍”在市场中的优劣势差异很大，未来如果其中的影响因素发生变化，尤其是进入门槛的差异将推动行业格局发生变化。

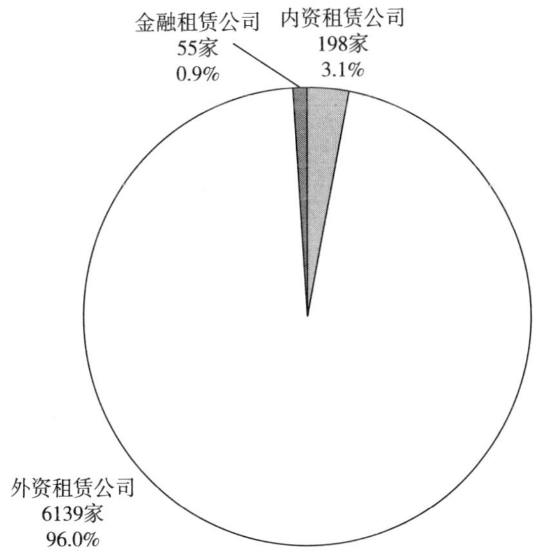

图5　2016年9月末金融租赁行业企业数量结构

短期来看，国内金融租赁的行业格局基本形成稳态——业务体量和竞争格局趋于稳定，但随着行业发展的日趋成熟、内资租赁试点的放开，以及外资租赁的优胜劣汰，内资租赁的竞争者还会进一步增加，而外资租赁则会从数量扩张逐渐向业务扩张转变，形成更为合理的行业格局。就2016年第三季度的数据来看，三者的格局仍将保持稳定。金融租赁、内资租赁、外资租赁的企业数量较2015年分别增长17.02%、4.21%和43.74%，可以看出，外资租赁的扩张仍是行业扩张的主要原因；三者的业务合同余额较2015年分别增长10.23%、12.54%和12.06%，三者的业务增速差距不大，预计仍将维持现有业务体量格局（见表1）。

（三）"空壳化"现象仍存在，但趋势逐渐改善

在行业参与者高速增长的背景下，金融租赁业依然存在"空壳化"现象。从2011年开始，国内融资租赁企业数量的扩张速度就一

表 1　中国金融租赁业相关指标变化情况

主　体	2016 年第三季度				2016 年第二季度				2015 年	
	企业数量（家）	较 2015 年增长（%）	业务合同余额（亿元）	较 2015 年增长（%）	企业数量（家）	较 2015 年增长（%）	业务合同余额（亿元）	较 2015 年增长（%）	企业数量（家）	业务合同余额（亿元）
金融租赁	55	17. 02	19070	10. 23	52	10. 64	18200	5. 20	47	17300
内资租赁	198	4. 21	14630	12. 54	190	0	13800	6. 15	190	13000
外资租赁	6139	43. 74	15800	12. 06	5466	27. 98	14800	4. 96	4271	14100
合　计	6392	41. 79	49500	11. 49	5708	26. 62	46800	5. 41	4508	44400

资料来源：中国银监会网站、商务部网站、Wind 资讯。

直远远高于业务规模的增长速度，企业数量 90% 的年复合增长率远远高于业务规模 45% 的年复合增长率，由此带来的直接问题是行业的高速增长更多的是竞争者的涌入，而不一定是同等程度的业务繁荣。尽管我国的金融租赁业仍有较大的发展空间，但增速不匹配反映出的是很多公司并未实质性开展融资租赁业务，这样的“繁荣”对实体经济的转型和发展也是没有意义的。截至 2016 年 9 月，国内融资租赁企业数量的同比增速为 71%，高于业务规模 24% 的增速，显示出行业“空壳化”现象依然存在。

放眼长期，金融租赁业的“空壳化”显然是不符合行业健康长远发展要求的，随着行业经营环境的日益规范以及业务模式的日渐成熟，市场参与者趋于更加理性和专业，这样的情况将会得到改变，目前能从数据上看到一些改善的迹象。一方面，企业数量的高增长不是无止境的，一味地追求高增长并不合理，2016 年已经开始显露出放缓的态势，而业务发展仍保持稳定增长。可以看到，就单个融资租赁公司的平均业务余额①而言，2012 ~ 2015 年分别是 27. 68 亿

① 平均业务余额 = 总融资租赁业务合同余额/总融资租赁企业数量。

元、20.47 亿元、14.53 亿元、9.85 亿元，但同时也能看到2013～2015 年平均业务余额的同比下降幅度是逐年收窄的，分别减少 7.21 亿元、5.94 亿元、4.68 亿元，2016 年 9 月的平均业务余额为 7.74 亿元，较 2015 年同期减少 2.89 亿元（见表 2）。由此可以看出，随着融资租赁公司数量的大幅增加，平均业务余额的确是逐年减少的。在融资租赁企业数量快速扩张的同时，单个公司的平均注册资本也在逐年提升，由 2013 年的 2.98 亿元提升到 2016 年 9 月的 3.43 亿元，资金实力的增强有利于业务的开展，这在一定程度上显示出新增加的融资租赁企业中参与实际业务的企业逐渐增多。

表 2　中国金融租赁业相关指标变化情况

单位：家，亿元

时间	企业数量	业务合同余额	注册资本	平均注册资本	平均业务余额	平均业务余额同比增加
2012 年 12 月	560	15500	1890	3.38	27.68	-3.74
2013 年 12 月	1026	21000	3060	2.98	20.47	-7.21
2014 年 12 月	2202	32000	6611	3.00	14.53	-5.94
2015 年 12 月	4508	44400	15165	3.36	9.85	-4.68
2016 年 9 月	6392	49500	21944	3.43	7.74	-2.89

资料来源：中国银监会网站、商务部网站、Wind 资讯。

（四）业务创新方面的一些变化

2015 年 8 月，国务院常务会议确定了加快融资租赁和金融租赁行业发展的措施，如鼓励行业创新业务模式、用好“互联网 +”等。在这一政策背景下，依托广大中小企业的借贷需求和居民理财配置需求，再加上融资租赁企业的融资渠道狭窄和 P2P 网贷投资人对较高收益率的预期回报，促使融资租赁企业与 P2P 平台结合在一

起，产生了众多融资租赁 P2P 平台，以进行业务创新。2015 年，这类融资租赁 P2P 平台实现井喷式发展，从 2015 年初的仅 14 家发展到 2015 年末的 50 家（见图 6），累计成交额从 2014 年底的 16 亿元增加到 2015 年底的 786 亿元，增幅达 4812.5%（见图 7）。然而，2016 年却停滞不前，截至 2016 年 8 月，此类融资租赁 P2P 平台共 59 家，单月成交额为 8.5 亿元，累计成交额为 852.44 亿元，较 2015 年底仅增长 8.45%。这类业务创新在 2016 年骤冷的主要原因是 e 租宝网涉嫌"非法集资"被深圳公安机关查处，由此引起监管层重视并加以进一步规范，同时督促互联网理财投资人更加理性地看待 P2P 业务，因此，融资租赁 P2P 平台的创新尝试经过了爆发、狂热到逐渐理性的过程，市场规模的扩张趋于缓慢、平稳。由此也反映出融资租赁的业务创新一直在推进，既然有优势和利处，就会因行业和市场的不成熟而存在一些问题，需要监管、行业与参与人共同成熟才能推进行业的发展。

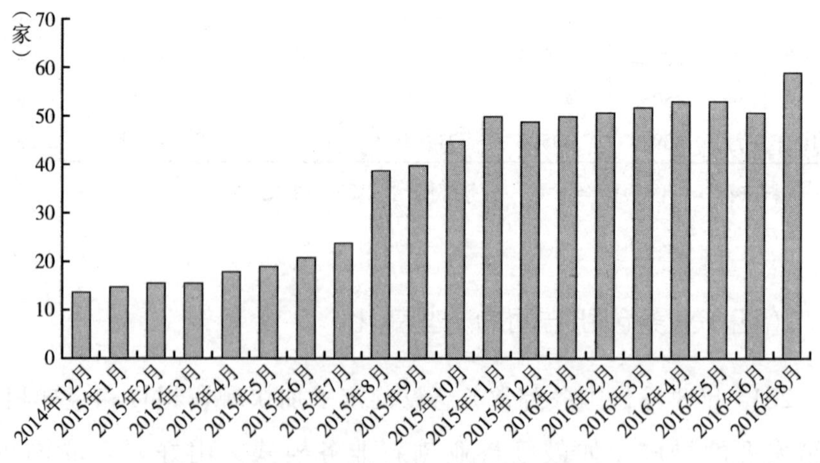

图 6　融资租赁 P2P 平台数量情况

注：2016 年 7 月数据缺失。

资料来源：Wind 资讯。

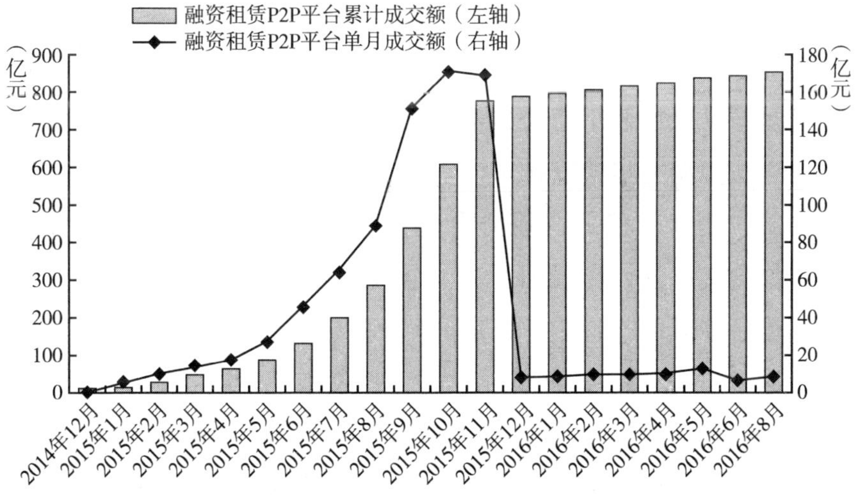

图7　融资租赁 P2P 平台成交额情况

注：2016 年 7 月数据缺失。

资料来源：Wind 资讯。

二　2016年金融租赁业重大事件

2016 年中国金融租赁业的重大事件如下。

第一，全国人大财经委于 2016 年 6 月 15 日对《关于制定融资租赁法的议案》的提案给予了答复，即《对十二届全国人大四次会议第 66 号议案的答复意见》。北京市租赁行业协会融资租赁专门立法或将重启。第十届全国人大会议期间曾将融资租赁立法事项列入全国人大常委会立法规划，并由全国人大财经委主持起草形成法律草案。但由于有关部门对融资租赁专门立法的必要性未达成共识，该法律草案没有被第十届全国人大常委会安排审议，也未被列入第十一届、第十二届全国人大常委会立法规划。北京市租赁行业协会于 2015 年 9 月 30 日组织进行融资租赁立法调研座谈会，会后决定在“两会”期间重提立法议案。此次议案得到全国人大财经委同意，全国人大专门请商务部、中国银监会等相关部门提供协办意见，得到有关部门的赞同。答复意见最后表示将努力推动融资租赁法草案早日列入全国人大常委会立法规划并尽快安排审议。

第二，北京市租赁行业协会建立了“报送信息异常企业名录”制度。如前文所述，在我国的三类金融租赁公司中，外资租赁公司的审批门槛是最低的①，这也导致了外资租赁公司的飞速增长，同时出现了诸如“空壳化”等问题。对此，北京市租赁行业协会试图通过建立“报送信息异常企业名录”制度从而实现“发挥行业组织自律作用”“加强行业自我约束机制建设”，符合商务部《融资租赁企业监督管理办法》第三十一条②的相关规定。主要是针对那些在北京市注册的，未按时、真实、准确填报数据的融资租赁企业，将其列入“报送信息异常企业名录”并予以公布，同时报送监管部门。就北京市租赁行业协会所披露的 2016 年第一季度“报送信息异常企业名录”来看，名单中几乎为外资租赁公司。

第三，2016 年 7 月 11 日，国银金融租赁股份有限公司（以下简称国银租赁公司）在香港联交所实现正式挂牌交易，成为国内首家实现上市的金融租赁公司。作为国家开发银行的控股子公司，国银租赁公司通过 H 股发行的基础规模为 31 亿股，占发行后总股本规模的 24.6%，融资规模约为 53 亿元，上市后的公司资本金规模将达到 126 亿元。国银租赁公司通过 H 股上市，打通了国际资本市场的融资

---

① 金融租赁公司是经中国银监会批准、持有金融牌照的非银行金融机构。融资租赁公司分为内资融资租赁试点企业和外商投资融资租赁公司，前者由商务部和国家税务总局联合审批，后者由商务部审批，是一般工商企业。

② 《融资租赁企业监督管理办法》第三十一条规定：“融资租赁企业应当按照商务部的要求使用全国融资租赁企业管理信息系统，及时如实填报有关数据。每季度结束后 15 个工作日内填报上一季度经营情况统计表及简要说明；每年 4 月 30 日前填报上一年经营情况统计表、说明，报送经审计机构审计的上一年度财务会计报告（含附注）。”

渠道，解决了长期以来的资本瓶颈制约问题，向国际化、专业化发展方向迈出了极为关键的一步。

第四，天津作为融资租赁公司的主要聚集区域之一，发布了《天津市融资租赁业发展“十三五”规划》。2016 年 11 月 9 日，天津市发改委、天津市金融工作局联合发布《天津市融资租赁业发展“十三五”规划》。该规划提出，“十三五”时期，天津市租赁公司总资产和租赁资产年均增速保持在 15% 以上，到 2020 年底，力争租赁公司总资产突破 1.4 万亿元，租赁资产突破 1.2 万亿元，总资产超 100 亿元的租赁公司超过 25 家。按照该规划，天津市将重点围绕以下几个方面进行发展：①在中小微企业、涉农和生活服务领域专业化方面与实际需求紧密结合，在积极参与跨境投资、推动国际产能和装备制造合作方面发挥更加充分的作用；②天津市将大力发展创新型租赁产品服务，巩固其在跨境租赁、SPV 租赁等方面的业务优势，使经营租赁、创投租赁、委托租赁等创新型租赁业务的比重进一步提高，从而实现为客户提供租赁咨询、资产管理、资产处置等全方位服务，最终形成完整的租赁服务链条；③在拓展融资租赁企业资金来源渠道方面，天津市将鼓励银行为租赁公司提供单独授信和银团贷款，开发多元化的适合租赁公司的金融产品，支持符合条件的租赁公司在境内外上市等。

三　代表性观点与看法

（一）行业发展前景

在我国当前的经济新常态发展背景下，金融租赁业作为与产业发展、实体经济联系最为紧密的金融行业，在有着国家政策支持、巨大的市场机遇等背景下，行业取得了飞速的发展，业内人士对其发展前景基本形成了积极、理性的认识。2016 年 9 月 20 ~ 22 日，在天津“2016（第三届）全球租赁业竞争力论坛”上，中国融资租赁企业协会副会长兼秘书长王佳林指出，不论是在发展速度上还是在社会认知度上，国内融资租赁行业从 2015 年国务院出台两份重要文件开始，就可以认为进入了新的全面发展阶段，进入了全球化、综合化、专业化的发展新时期。当前，中国融资租赁业务总量已经位列全球第二，面临在全球融资租赁大市场中取胜的机遇，存在弯道超车的机会。

（二）融资租赁公司业务发展面临的问题

2016 年 8 月 30 日发布的《中国融资租赁业发展报告（2015 ~ 2016）》[①] 提出，目前我国融资租赁业仍处在初级阶段，金融租赁公司的经营模式比较单一，融资租赁业务以融资性租赁为主，“融资”特性比较明显，而更能体现租赁特色的“融物”功能发挥不充分，与银行存在一定程度的同质化竞争，缺乏核心竞争力。主要的制约因素有以下四个方面：一是各公司异地展业，管理能力较薄弱；二是经营粗放，内控机制有待健全；三是短借长用，流动性管理薄弱；四是风险暴露，资产质量管理压力大。随着经济的进一步下滑，潜在的问题开始暴露，突出表现为不良租赁资产和逾期租赁资产余额快速增长。

（三）融资租赁业的政策扶持

我国的融资租赁业在相关政策的支持下面临巨大的发展机遇，取得了飞速的扩张和发展，已经成为全球融资租赁业第二大国，即便如

① 李光荣、王力主编《中国融资租赁业发展报告（2015 ~ 2016）》，社会科学文献出版社，2016。

此，我国现行的融资租赁业政策中存在两类套利现象：其一是存在“假外资”现象，即所谓的外资租赁公司利用其在外债举借方面的政策优惠（可借外债额度为其净资产的10倍）从事外债资金的通道业务；其二是存在大量“空壳公司”，为了鼓励并支持行业的发展从而利于实体经济，许多地区的政府给予新开融资租赁企业或高管丰厚的补贴，这在吸引大量参与者的同时也导致出现“空壳化”现象。其实，政策套利一直存在，可以通过一定的政策手段进行遏制。杨汀、史燕平在《中外租赁业外延政策比较及启示——基于政策扶持及规避政策套利的视角》一文中通过对中外租赁政策的比较，在政策改善方面提出三个建议：①加大税收优惠，帮助企业减税，降低财务成本；②设立专项基金，保证融资租赁业为中小企业提供服务，这样既能帮助中小企业，又能为出租人强化风险保障；③加强对业务开展、股东和承租人背景、资产状况等多维度信息的调查，有针对性地防范和打击政策套利现象[①]。

（四）利用融资租赁解决中小企业融资难问题[②]

融资难是我国中小企业长期面临的现实难题，而作为连接金融与产业的融资租赁业本身具有良好的适用性，可以解决这样的问题。陈丽芹等在《利用融资租赁解决中小企业融资难问题》一文中指出，目前我国中小企业利用融资租赁进行融资的问题主要在于以下三个方面：首先是对融资租赁业务的认识不足；其次是现有法律法规将融资租赁视为银行信用的简单补充，缺乏对相关机构的权益保证；最后是现有的融资租赁业务产品较为单一，并且缺乏行业自律管理。对此，

① 杨汀、史燕平：《中外租赁业外延政策比较及启示——基于政策扶持及规避政策套利的视角》，《现代管理科学》2016年第9期。

② 国家自然科学基金项目“企业公民、信用治理及其评价体系研究———基于企业社会责任的视角”（批准号：70772008）。

提出加大对中小企业的宣传力度、进一步完善相关政策及法规等建议，这样既能给予中小企业支持又能保证相关政策及法规的规范，尽可能地发展多元化租赁方式①。中海集团租赁有限公司副总经理蔺钢在“2016（第三届）全球租赁业竞争力论坛”上谈及融资租赁公司与中小企业合作的新趋势时指出，目前存在两种基本模式：一种是厂商租赁；另一种是自建销售网络。除此之外，还有更高层次的一些突破，主要体现在三个方面，即租保结合、租贷结合、租投结合。

（五）融资租赁业的人才缺失及培养

融资租赁因其连接金融与产业的特点而对“金融 + 产业”的复合型人才的需求特别强，伴随着中国融资租赁业的飞速发展，人才缺失的问题日益凸显。对外经济贸易大学教授史燕平在“2016（第三届）全球租赁业竞争力论坛”上提到，在2015年统计的5000多家融资租赁公司中总共才有3万多名员工，平均每家公司不足10人，由此反映出行业中实际运营的公司并不是很多，同时相当一部分融资租赁公司十分缺乏业务人才。就国内融资租赁业的发展现状看，主要缺乏两方面的人才：一是初级业务人才；二是中高层管理人才。对此，需要构建完善的融资租赁人才培养体系，既要重视一线业务人才的培训，也要重视除基本技能以外的融资租赁公司运营管理方面的培训。一些专家学者认为，既要有自上而下的政策推动，也要有除融资租赁行业本身以外的包括高校在内的其他行业的积极参与和协作，最终配合对融资租赁行业的宣传推广，从而构建完善的融资租赁人才培养体系。

（六）进一步拓宽融资租赁公司的多元化融资渠道

制约国内融资租赁公司业务推广和行业发展的主要难点之一在于

① 陈丽芹、郭焕书、叶陈毅：《利用融资租赁解决中小企业融资难问题》，《企业经济》2011年第11期。

我国融资租赁公司现有筹资渠道较为单一，相比之下，美国的融资租赁公司至少有17种不同的融资方法。因此，融资租赁行业要更好更快地发展，发挥助推实体经济发展的积极作用，就必须尽可能地拓宽其融资渠道。我国现有的金融租赁公司总体经营状况良好，业务体量巨大，而不良资产比例平均不超过1%，之所以能做到这一点，中国租赁联盟召集人、经济学家杨海田认为其中的一个重要原因就是金融租赁公司可以到中国人民银行的拆借市场进行短期融资拆解，从而更好地缓解资金流问题。2016年8月，《全国银行间同业拆借市场业务操作细则》发布，对金融机构进入拆借市场的流程和监管进行了更为具体的安排，连续两年盈利申请进入市场的门槛未变。杨海田提出，为满足融资租赁业迅速发展的需要，建议组建一个行业自助性、会员制的“全国融资租赁同业拆借市场”，这是有利于整个租赁行业发展的。具体设想是：①以各类融资租赁企业为主，吸引银行等金融机构参与，共同出资组建“全国融资租赁同业拆借市场股份有限公司”；②筹集的资金除用于必要的管理支出、提取一定数额的风险准备金外，全部用于会员企业的同业拆借；③企业拆借数额不超过所持股份的10倍，拆借时间最长不超过50天；④拆借利率与中国人民银行同业拆借市场同期基准利率基本持平；⑤“全国融资租赁同业拆借市场”接受行业管理部门的监督和中国人民银行拆借市场的指导。

四　2017年金融租赁业展望

中国的金融租赁业自进入第五阶段以来，进入发展的重要时期，得到了极大的发展，尤其是在近年来实现了飞速扩张，目前在行业的体量上已经成为全球融资租赁业第二大国。随着2015年国务院相关扶持和推动政策的落地实施，国内整个金融租赁业正逐渐开启新的发展阶段：行业扩张和增长的节奏逐渐改善并趋于合理，行业格局保持稳定，业务创新在实践与试错中稳步推进，对实体经济的支持作用不断显现。在此基础上，我们对 2017 年金融租赁业的发展有着以下几个方面的期待。

首先，加快推进我国融资租赁业的立法进度，使行业的发展和成熟有法可依，参与机构的合法权益得到保障，从而推动行业的健康发展。同时，在法律规定的前提下，全国各地的政策支持力度加大，以促进金融租赁业在“十三五”规划中承担起支持实体经济发展的重要任务。

其次，经历了超高速的发展之后，行业的扩张和增长不再盲目和无序，企业扩张的速度将继续放缓，最终以一个合理的与市场供需相适应的速度稳定发展，行业的参与机构在经历优胜劣汰后日趋成熟和理性。

再次，融资租赁业务创新仍将继续，不论是资金端的融资渠道扩张还是业务模式的创新，依然会有新的进展，其中在与新能源、医疗健康、消费升级等产业的协作方面将得到进一步加强。

最后，我国金融租赁业务将更加专业化和国际化。专业化，指的是随着相关政策的制定和实施、行业协会的交流与自律，以及行业内外的实践与合作，将逐渐构建起科学、成熟的运营管理体系和完善的人才培养体系。国际化，指的是将逐渐实现从跨境租赁到跨境融资最终到跨境投资的综合跨越发展。

B.14
2016年的中国外汇市场

宣晓影*

摘　要：　2016年国际金融市场形势更加复杂，中国经济运行基本符合预期，金融市场双向开放不断推进，人民币正式加入特别提款权（SDR）货币篮子，人民币兑美元汇率中间价形成机制更加市场化。首先，本报告描述了2016年中国国际储备资产的总体状况，分析了外汇储备总规模下降的原因，并总结了中国外汇储备经营管理的情况；其次，在分析中国外汇市场建设与发展主要思路的基础上，总结了2016年中国发布的主要外汇管理政策；再次，分析了2016年人民币单边及多边汇率走势、外汇市场基础设施建设、外汇市场交易等情况；最后，对中国外汇市场的发展进行了展望。

关键词：　外汇市场　外汇储备　外汇管理政策　人民币汇率

一　外汇储备与外汇储备管理

（一）外汇储备情况

根据国家外汇管理局公布的数据，2016年前三季度中国国际储

---

* 宣晓影，2008年3月毕业于日本同志社大学，获得政策科学博士学位。中国社会科学院金融研究所国际金融与国际经济研究室助理研究员，主要从事亚洲经济与金融领域的比较研究。

备资产减少2941亿美元，较2015年同期减少664亿美元。其中，外汇储备资产减少2992亿美元，较2015年同期减少720亿美元；特别提款权及在基金组织的储备头寸增加50亿美元①（见表1）。2015年中国外汇储备资产增幅首次出现负值。截至2016年第三季度末，中国外汇储备余额为30697亿美元，较2015年末减少2607亿美元，增幅持续为负。

表1　中国新增国际储备资产

单位：亿美元

项目	2016年第一季度	2016年第二季度	2016年第三季度	2016年前三季度	2015年前三季度	2015年第四季度
国际储备资产	-1233	-345	-1363	-2941	-2277	-1153
货币黄金	0	0	0	0	0	0
特别提款权	0	0	-3	-3	3	0
在基金组织的储备头寸	60	-2	-5	53	-8	-1
外汇储备资产	-1293	-343	-1355	-2992	-2272	-1151
其他储备资产	0	0	0	0	0	0

注：本表计数采用四舍五入原则。

资料来源：国家外汇管理局。

根据国际收支平衡表初步数，按SDR计值②，2016年前三季度国际储备资产减少2108亿SDR，外汇储备资产减少2144亿SDR。

针对外汇储备的连续下降，根据美国财政部披露的数据，截至2016年4月，中国持有1.24万亿美元美国国债（不包括中国通过第三方持有的美国国债及中国持有的其他美元资产），占中国外汇储备

① 剔除汇率、价格等非交易价值变动影响（下同）。

② 自公布2016年第一季度中国国际收支平衡表起，国家外汇管理局在现有美元和人民币的基础上公布以特别提款权（SDR）计值的国际收支平衡表，折算汇率为国际货币基金组织官方网站公布的美元兑SDR季度平均汇率。

的38.6%。然而，中国连续5个月减持美国国债，截至2016年9月底，所持美国国债规模降至1.16万亿美元，创2012年9月以来的新低[①]。据美国财政部公布的报告预测，为了防止人民币快速贬值伤害全球经济，中国自2015年8月至2016年8月共抛售5700亿美元的外汇资产，用来支撑人民币汇率。中国外汇投资研究院院长谭雅玲认为，除了市场情绪、货币储备结构调整、外汇管理干预等因素外，外贸形势的变化也是主要原因。尽管外汇储备总规模下降至近年来的较低水平，但如果用外债偿付能力、进口支付能力等指标来衡量，中国外汇储备仍然比较充裕。

鉴于对全球资产价格和市场走势的影响，中国并不公布外汇储备的货币构成。但根据中金公司的估测：截至2016年6月底，美元在中国外汇储备中占绝对主导地位，份额约为66.7%，高于IMF统计的美元在全球外汇储备中63.6%的占比；欧元资产约占中国外汇储备的19.6%，低于其在全球外汇储备中20.4%的占比；英镑约占中国外汇储备的10.6%，高于4.8%的全球基准；日元在中国外汇储备中约占3.1%，低于4.1%的全球基准。总之，中国外汇储备高配了美元和英镑，低配了日元。同时，随着汇率的波动，外汇储备的货币构成会对其估值产生影响。相应的，外汇储备的变动可能无法准确反映外汇流动的状况。2016年10月1日，IMF宣布人民币加入特别提款权（SDR）货币篮子正式生效。由此，中国外汇储备的货币构成与全球外汇储备的分布可能呈现更大差异。

（二）外汇储备经营管理情况

2016年中国外汇储备经营管理工作的主要思路如下[②]。

---

① 根据美国财政部的数据，除中国以外的外国央行、主权财富基金、基金经理以及其他持有美国国债的官方机构也都在以前所未有的速度抛售美国国债。

② 参考《国家外汇管理局年报（2015）》，第48页。

一是始终把风险防范放在投资和管理工作的中心，加强外汇储备流动性监测与管理，提前谋划、积极实施，做好各项流动性准备工作，保障外汇储备安全、流动和保值增值，维护国家经济金融安全。

二是优化货币资产结构，强化各领域投资交易能力，创新风险管理手段，把握好外汇储备资产总体的风险收益平衡；继续推进外汇储备投资的科学布局和精耕细作，创新投资策略，稳步拓宽投资渠道。

三是创新运用外汇储备，统筹运用多种渠道和平台，服务“一带一路”、国际产能和装备制造合作等重大国家战略。

四是加强信息系统建设，保障生产系统安全运行，提高业务流程效率，控制操作风险。

五是推进外汇储备人才队伍和体制机制建设，不断提高机构管理能力，完善科学管理的方法体系，建设国际一流的资产管理机构。

二　外汇管理政策的制定与实施

2016 年中国外汇市场建设与发展的主要思路是：根据人民币汇率市场化和资本项目可兑换进程需求，继续深化外汇市场发展，改进银行结售汇管理，重点是丰富外汇产品、扩大参与主体、推动对外开放、完善基础设施、促进自律管理、推进简政放权。在此宗旨下，2016 年国家外汇管理局出台了相关政策（见表 2），主要体现在以下三个方面：一是促进重点领域的改革，扩大对外开放，包括推广全口径跨境融资宏观审慎管理、推动银行间债券市场对外开放、改革人民币合格境外机构投资者（RQFII）管理制度等；二是支持实体经济发展，促进贸易投资便利化，包括综合施策、统一并简化资本项目结汇管理政策、完善国际收支统计申报管理等；三是严厉打击外汇违法违规活动，防范跨境资金流动风险。

表2　2016年外汇管理政策的主要内容

序号	政策（发布日期）	主要内容
1	《关于公布废止和失效27件外汇管理规范性文件的通知》（2016年10月28日）	坚持开展法规清理，继2016年5月宣布废止失效14件和修改1件外汇管理规范性文件之后，再次废止和失效法规文件27件
2	《关于规范货物贸易外汇收支电子单证审核的通知》（2016年9月28日）	促进货物贸易外汇收支便利化，允许使用电子单证办理货物贸易外汇收支，并进行规范管理
3	《关于改革和规范资本项目结汇管理政策的通知》（2016年6月9日）	推广企业外债资金结汇管理方式改革，规范资本项目外汇收入意愿结汇及支付管理，进一步便利跨境投融资
4	《关于境外机构投资者投资银行间债券市场有关外汇管理问题的通知》（2016年5月27日）	推动银行间债券市场对外开放： （1）对境外机构投资者实行登记管理； （2）不设单家机构限额或总限额； （3）要求资金汇出入币种基本一致
5	《关于印发〈外币代兑机构和自助兑换机业务管理规定〉的通知》（2016年5月19日）	规范外币兑换管理，优化外币兑换服务，推进简政放权
6	《关于进一步促进贸易投资便利化完善真实性审核的通知》（2016年4月26日）	（1）扩大银行结售汇综合头寸下限； （2）丰富远期结汇交割方式； （3）简化A类企业货物贸易外汇收入管理； （4）统一中、外资企业外债结汇管理政策； （5）规范货物贸易离岸转手买卖外汇收支管理； （6）规范直接投资外汇利润汇出管理； （7）规范货物贸易风险提示函管理措施
7	《银行执行外汇管理规定情况考核内容及评分标准（2016年）》（2016年3月2日）	外汇管理部门根据修订后的考核内容和评分标准，对辖内银行执行外汇管理规定的情况进行考核
8	《合格境外机构投资者境内证券投资外汇管理规定》（2016年2月4日）	改革合格境外机构投资者（QFII）外汇管理制度，进一步扩大境内资本市场开放

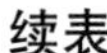
续表

序号	政策（发布日期）	主要内容
9	《中国人民银行　国家外汇管理局公告〔2015〕第40号》（2015年12月21日）	（1）延长银行间外汇市场交易系统运行时间，相关各市场管理制度适用时间也相应延长；（2）引入合格境外主体进入银行间外汇市场，参与全部挂牌交易
10	《关于境外中央银行类机构投资银行间市场外汇账户管理有关问题的通知》（2015年10月28日）	允许境外中央银行、货币当局、其他官方储备管理机构、国际金融组织及主权财富基金投资境内银行间市场，允许其在境内商业银行开立外汇账户

资料来源：根据国家外汇管理局网站信息汇总。

三　外汇市场运行与人民币汇率

（一）人民币汇率

2015年“8·11汇改”以来，人民币兑美元汇率中间价初步形成了“收盘汇率＋一篮子货币汇率变化”的机制，以市场供求为基础，参考一篮子货币进行调节的特征更加清晰。

1. 人民币兑主要货币总体走弱

2016年6月末，人民币兑美元汇率中间价为6.6312（元/美元），较2015年末贬值2.1%（见图1）。银行间外汇市场（CNY）和境外市场（CNH）的即期交易价累计分别贬值2.3%和1.5%。同期，人民币兑欧元和日元的汇率中间价为7.3750（元/欧元）和6.4491（元/100日元），较2015年末分别贬值3.8%和16.5%。2016年上半年，境内外人民币汇率价差（CNH－CNY）总体收窄，即期市场日均价差为161BP，低于2015年全年日均价差（213BP）和“8·11汇改”后的日均价差（440BP），这表明境内外市场进一步认同人民币汇率机制和水平，市场预期趋于稳定。另外，2016 年上半年，银行间外汇市场即期交易价相对于中间价日间最大波幅减小，但受本外币利差、外汇供求、市场预期等因素影响，同期境内外远期外汇市场价格呈现波动态势。

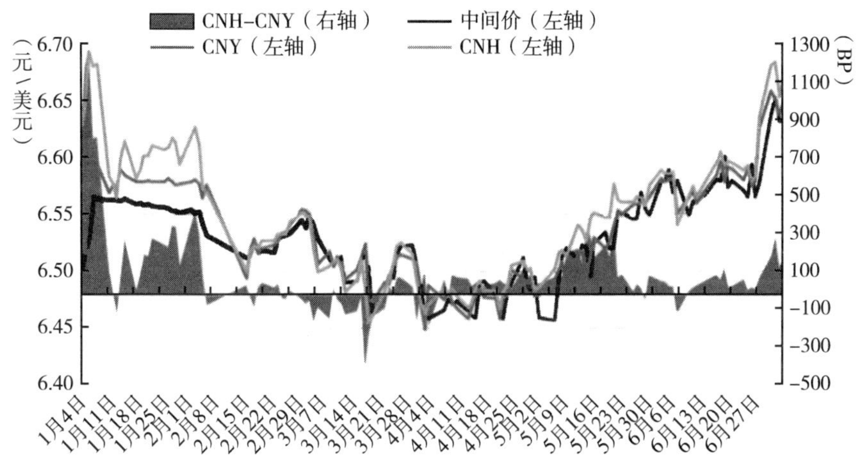

图 1　2016 年上半年境内外人民币兑美元即期汇率走势

资料来源：中国外汇交易中心、路透数据库。

2016 年 10 月以来，人民币兑美元汇率中间价接连刷新 6 年来的新低，继 2015 年“8・11 汇改”以来累计贬值 10.8%。本轮人民币贬值是内外因素共同作用的结果，其中外因为主，主要受美元指数再度走强的影响。美联储加息进程始终是全球外汇市场波动的主线，同时，受经济下行、货币宽松及不确定性上升等因素影响，欧元、英镑、日元等汇率走弱，进一步推动美元汇率上升。而中国国内经济下行压力未减，投资、出口不振，房地产泡沫增大，2016 年第四季度外债偿还压力仍较大，预计资本外流趋势还将延续，从而给人民币汇率造成一定的压力。2016 年 11 月 10 日美国大选结束后，人民币兑美元汇率中间价跌至 6.7885（元/美元），创 6 年来的新低，离岸人民币兑美元汇率也重挫逾400点，失守6.83（元/美元）关口。美国新总统特朗普对华贸易的强硬态度引发了市场对人民币的担心。

2. 人民币兑一篮子货币小幅贬值

根据中国外汇交易中心的数据，2016年6月末，CFETS人民币汇率指数、参考BIS货币篮子和SDR货币篮子的人民币汇率指数分别为95.02、96.09和95.76，较2015年末分别贬值5.9%、5.5%和3.1%。根据BIS对61种货币的持续监测，2016年上半年人民币名义有效汇率和实际有效汇率累计分别贬值5.1%和5.5%（见图2），贬值幅度均居第5位。但长期来看，自2005年人民币汇率形成机制改革以来，人民币名义有效汇率和实际有效汇率累计分别升值38.4%和47.5%。

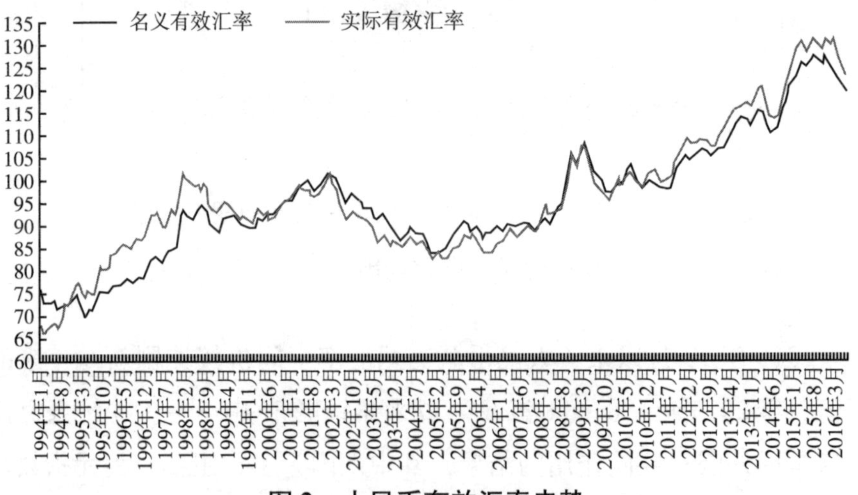

图2　人民币有效汇率走势

资料来源：国际清算银行。

2016年10月以来，CFETS人民币汇率指数有升有跌，总体保持稳定。国际外汇市场动荡加剧，国内汇率市场化改革有序推进，人民币汇率波动上升是正常现象。当前，宏观经济有所企稳，改革持续推进，市场主体的外汇风险管理意识增强，跨境资本流动趋于理性，人民币汇率跌幅可控。

（二）外汇市场的基础设施建设

1. 完善做市商制度

2016年，中国进一步完善了银行间外汇市场做市商制度。截至2016年11月11日，中国共拥有人民币外汇即期做市商30家（另有即期尝试做市机构3家）、人民币外汇远掉做市商26家（另有远掉尝试做市机构5家）。此外，已形成人民币对欧元、日元、英镑、澳元、新西兰元、新加坡元、瑞士法郎、加拿大元、林吉特、卢布、南非兰特、韩元、阿联酋迪拉姆、沙特里亚尔直接交易做市商。自2016年11月14日起，启动人民币对加拿大元直接交易。

2. 扩大银行间外汇市场交易主体规模

2016年，中国银行间外汇市场交易主体规模持续扩大（见表3）。根据中国外汇交易中心的数据，截至2016年8月22日，共有6批23家境外央行类机构在中国外汇交易中心完成备案，进入银行间外汇市场。此外，华为技术有限公司获国家外汇管理局备案同意，于2016年9月14日成为银行间外汇市场第二家非金融企业类型即期会员，这有利于金融服务实体经济以及支持企业进行汇率风险管理。总之，交易主体类型的丰富和规模的扩大对促进外汇市场供求多元化，以及加大人民币汇率弹性具有重要意义。

表3　银行间外汇市场交易主体的规模

单位：家

年份	人民币外汇即期会员	人民币外汇远期会员	人民币外汇掉期会员	人民币外汇货币掉期会员	人民币外汇期权会员
2012（截至10月31日）	350	76	75	—	—
2013（截至11月6日）	394	87	86	—	—
2014（截至11月7日）	448	97	96	84	36
2015（截至10月28日）	503	111	110	91	55
2016（截至11月11日）	569	143	143	118	79

资料来源：中国外汇交易中心。

3. 丰富交易机制

近年来，中国在丰富银行间外汇市场交易机制方面做出了以下努力：一是推出以双边授信为基础、自动匹配的标准化外汇掉期交易功能，加强市场的流动性；二是扩大清算服务，推出外汇代理清算业务，通过搭建分层清算体系为中小银行提供净额清算服务，降低参与机构的交易成本；三是推动外汇市场规范发展。

（三）外汇市场交易情况

根据外汇管理局公布的数据，2016 年上半年，中国外汇市场的交易总量和日均成交量分别为 8.90 万亿美元和 742 亿美元，实现了持续高速增长（见表 4）。其中，银行对客户市场和银行间外汇市场

表 4　人民币外汇市场交易概况

单位：亿美元

交易品种	交易量					
	2011 年上半年	2012 年上半年	2013 年上半年	2014 年上半年	2015 年上半年	2016 年上半年
即期	29096	30861	33819	35523	36306	39913
银行对客户市场	11589	13603	14751	14800	15676	14595
银行间外汇市场	17507	17258	19068	20724	20629	25318
远期	2965	2376	2964	3207	2683	1525
银行对客户市场	1805	1731	2892	2948	2511	1083
银行间外汇市场	1159	645	72	259	173	442
外汇和货币掉期	7999	11528	15456	21380	32702	44898
银行对客户市场	73	156	332	905	1645	542
银行间外汇市场	7926	11372	15124	20476	31057	44356
期权	3	70	352	365	1858	2679
银行对客户市场	0.2	59	312	233	650	842
银行间外汇市场	3	11	39	132	1208	1837
合　计	40063	44835	52591	60475	73549	89015
日均成交	336	383	465	508	618	742

注：数据均为单边交易额，采用四舍五入原则。

资料来源：国家外汇管理局、中国外汇交易中心。

分别成交1.71万亿美元和7.20万亿美元[①]；即期和衍生产品（包括远期、外汇和货币掉期、期权）分别成交3.99万亿美元和4.91万亿美元，衍生产品在外汇市场交易总量中的占比达55.2%，创历史新高，交易产品构成进一步接近全球外汇市场状况。

2016年上半年，外汇市场交易呈现以下特点：①即期市场累计成交3.99万亿美元，同比增长9.9%；②远期市场累计成交1525亿美元，同比下降43.2%；③外汇和货币掉期市场累计成交4.49万亿美元，同比增长37.3%；④期权市场累计成交2679亿美元，同比增长44.2%。这显示出在人民币汇率双向浮动环境下，期权交易对管理汇率风险的灵活性和吸引力进一步突出。除此以外，外汇市场参与者结构保持稳定。

（四）外汇收支情况

跨境贸易人民币结算是影响涉外人民币收付的主要因素。根据国家外汇管理局公布的数据，2016年前三季度，银行累计结汇7.13万亿元（折合1.08万亿美元）、售汇8.73万亿元（折合1.33万亿美元）、结售汇逆差1.6万亿元（折合2434亿美元）。同期，银行累计代客涉外收入13.60万亿元（折合2.07万亿美元）、对外付款15.27万亿元（折合2.32万亿美元）、涉外收付款逆差1.67万亿元（折合2543亿美元）。

2016年前三季度，我国外汇收支呈现以下特点：一是银行结售汇和涉外收付款均为逆差；二是跨境资金流出压力总体有所缓解；三是售汇率连续下降，企业外汇融资意愿回升；四是结汇率先升后降，总体保持基本稳定；五是银行远期结售汇逆差先降后升，近期市场主体的汇率避险意识有所增强。

2016年10月以来，银行涉外人民币收付款转为大幅逆差。由于离岸人民币并不比在岸人民币更有吸引力，因此套利机制不足以解释

① 银行对客户市场采用客户买卖外汇总额，银行间外汇市场采用单边交易量，下同。

人民币的加速流出。据中金首席经济学家梁红分析，2016 年以来，经常项下人民币流出增大，而资本项下回流减少，意味着流出的人民币并未形成离岸人民币资产①。在人民币贬值预期和在岸外汇管理趋严的情况下，人民币流出可能已成为规避外汇管理、实现资本跨境，并最终转为外汇资产的资本外流的重要通道，而人民币流出与外汇流出同样会使汇率承压或导致外汇储备下降。

四　2017年中国外汇市场发展展望

（一）外汇储备有效管理

在全球政治经济局势不稳的情况下，中国经济进入新常态，“一带一路”倡议的提出，以及人民币国际化进程的推进，都对中国外汇储备管理提出了更高的要求。随着人民币汇率形成机制规则性和透明度的明显提高，中国市场主体的适应能力不断增强，市场情绪更加理性和稳定，相关的涉外收支行为调整也会更加平稳。同时，经过较长时期和较大幅度的对外债务去杠杆化，中国企业的债务偿还压力已明显减弱，跨境融资意愿也将有所回升。总体来看，人民币正式加入 SDR 货币篮子以及中国债券市场对外开放等都将改善外汇市场的供给。目前，中国外汇储备也足以应对国际收支、外债兑付和居民跨境资产配置等的需求。但未来应稳妥渐进地寻找官方储备和民间对外资产的合理配比。一方面，在追求民间对外资产增长的同时，要关注民间对外负

---

① 2015 年 9 月之前，人民币对外净支付额与香港人民币存款呈现同步、同向变化，这表明流出的人民币有相当一部分转化为离岸人民币存款。但自 2015 年 10 月以来，在人民币净流出加速的同时，香港离岸人民币存款快速萎缩，从 2015 年 9 月底的 8954 亿元下降至 2016 年 9 月底的 6655 亿元。据不完全统计，其他离岸中心人民币存款同期也下降了至少 1393 亿元。自 2015 年 10 月以来，境外共发行人民币债券 822 亿元，而债券存量实际减少 383 亿元。总体来看，离岸人民币资产规模是收缩的。

债过快积累的风险；另一方面，要坚持金融安全的“底线思维”，保持稳定的外汇储备以增强危机应对能力，为中国经济和金融改革保驾护航。

（二）外汇管理政策取向

2017年，国家外汇管理局将继续推进简政放权，不断提升贸易投资便利化水平。同时，加强统计监测，强化真实性、合规性审核要求，切实防范跨境资本流动风险，维护外汇市场稳定。重视人民币流出对汇率稳定的影响，以及本外币资本管理差异可能引发的监管套利，加强对人民币流出的管理，将其纳入本外币一体化的宏观审慎监管框架。这可能给离岸人民币市场发展造成一定的短期影响，但有利于长期发展。接下来，中国将继续坚定不移地推进深化改革的战略部署，进一步推动各项外汇管理政策的出台与落实，为促进全球经济增长和完善全球经济金融治理做出积极贡献。

（三）人民币汇率走势展望

2017年，中国将继续坚持有管理的浮动汇率制度，并在此基础上加大参考一篮子货币的力度，保持一篮子货币汇率的基本稳定。2017年，外部的诸多不确定事件，包括美联储加息、英国脱欧的后续影响、部分国家的经济因素和政治因素等，将引发跨境资本的短期波动，人民币兑美元汇率也将存在下降的压力。同时，中国国内资产价格的上涨导致投资者产生减少人民币资产配置而进行全球配置的需求，也对汇率造成一定压力。但是，近两年投资者对人民币温和贬值和汇率波动已有所适应，加上央行参考一篮子货币指数维稳的原则，人民币汇率有望呈现“兑美元下降、兑一篮子货币基本稳定、理性波动”的合理均衡态势，对中国经济的直接冲击有限。

（四）人民币国际化进程

2016年10月1日，人民币正式加入SDR货币篮子。由此，SDR

货币篮子的币种和权重正式扩大至美元、欧元、人民币、日元、英镑五种货币；人民币汇率和 3 个月国债利率分别进入 SDR 汇率和利率的计算；各国央行持有的人民币资产被 IMF 承认为外汇储备；IMF 将人民币纳入统计报表，IMF 各种官方交易均可使用人民币进行。无疑，加入 SDR 货币篮子是人民币国际化的重要里程碑，也是国际社会对中国经济和金融改革发展成果的充分肯定。伴随着境外央行类机构逐步进入中国银行间外汇市场，人民币资本项目可兑换和人民币国际化将得到进一步推进，外国央行持有人民币作为外汇储备的动力将会增强。这将极大地提高人民币在岸市场的成交量，最终对中国赢得人民币国际定价权起到积极的作用。当然，国际市场增持人民币资产是一个循序渐进的过程，人民币作为全球储备货币的地位是否稳固还取决于人民币在全球贸易投资结算领域的广泛应用，以及人民币离岸业务的发展。

（五）外汇市场改革展望

伴随着人民币正式加入 SDR 货币篮子，中国金融市场双向开放不断推进，包括国内股票市场、债券市场、外汇市场等进一步开放，国内主体合理安排跨境投融资的主动性将进一步增强，国际投资者投资中国资产的需求也会明显提升。然而，人民币加入 SDR 货币篮子对跨境资金流动的影响是一个长期渐进的过程，跨境资金流动的规模和方向在很大程度上会受到国内外宏观经济形势、境内外资金成本以及汇率预期等因素的影响。因此，人民币加入 SDR 货币篮子后跨境资金流动的波动趋势会更加明显，但规模并不会显著扩大。为此，国家外汇管理局将继续稳步推进资本项目可兑换，完善对跨境资金流动的宏观审慎管理框架，并加强对其进行统计监测和分析预警，坚决避免发生系统性区域风险，促进国际收支基本平衡。

B.15
2016年的中国国际收支

林　楠*

摘　要：2016年，中国国际收支继续呈现“经常账户顺差、资本和金融账户逆差”的格局。截至2016年9月，中国经常账户顺差占GDP的比重为2.5%，外汇储备余额为3.12万亿美元。2016年中国货物贸易顺差下降并非简单的周期性现象，贸易差额与贸易条件及人民币实际有效汇率之间存在一定的正向关联，对外贸易结构与布局优化成为供给侧结构性改革的外需发力点；资本和金融账户其他投资项下资本流动成为影响国际收支状况的重要因素，非直接投资项下差额与其他投资项下资本流动是跨境资金流动监测的重点；“藏汇于民”、人民币国际化和“一带一路”建设有助于化解货币错配风险。预计2017年“藏汇于民”效果将继续显现，国际收支“新常态”与人民币国际化将继续形成良性互动的正向循环。

关键词：国际收支　国际投资头寸　跨境资金流动　特别提款权　供给侧结构性改革

* 林楠，副研究员，经济学博士，金融学博士后。现供职于中国社会科学院金融研究所国际金融与国际经济研究室，主要研究领域为人民币汇率和国际化战略、国际货币体系改革等。

2016年3月16日，第十二届全国人大第四次会议审议通过了《“十三五”规划纲要》，提出了全面建成小康社会的新的目标要求。其中，“发展协调性明显增强”明确要求“对外开放深度广度不断提高，全球配置资源能力进一步增强，进出口结构不断优化，国际收支基本平衡”①。当前，中国在世界经济中的分量快速提升。从对外贸易发展看，尽管当前全球贸易发展已进入低迷期，但中国货物出口占世界总额的比重仍保持稳增长态势，2015年为14.2%（见图1）。从对外投资发展看，2008年国际金融危机后，中国ODI流量及存量的全球占比较之前均有大幅度提升，2015年中国ODI流量占全球的比重近9%（见图2）。但是，中国经济大而不强问题依然突出，经济实力转化为国际制度性权力依然需要付出艰苦努力②。党的十八届五中全会提出，推动人民币加入特别提款权（SDR）货币篮子。自

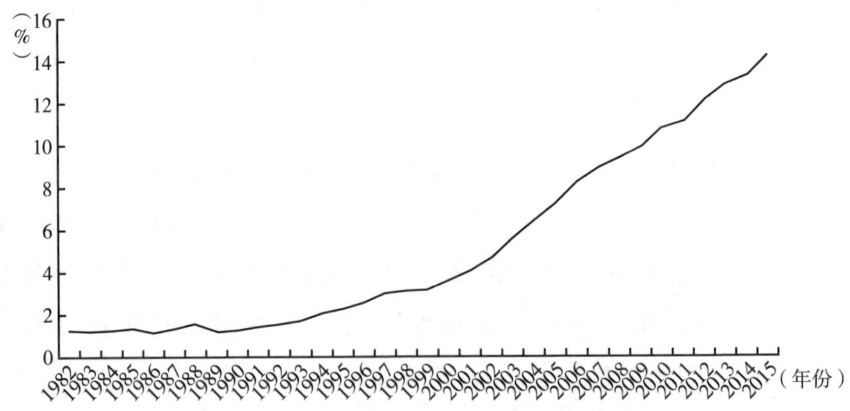

图1　中国货物出口占世界总额的比重

资料来源：Wind资讯和笔者计算。

① 中共中央宣传部：《习近平总书记系列重要讲话读本》，学习出版社、人民出版社，2016，第56~57页。

② 习近平：《在省部级主要领导干部学习贯彻党的十八届五中全会精神专题研讨班上的讲话》，《人民日报》2016年5月10日。

2016 年 10 月 1 日起，人民币“入篮”正式生效。总之，2016 年既是中国经济特别是国际收支“新常态”进入后 SDR 时代的第一年，也是全面推进供给侧结构性改革的重要开局之年。

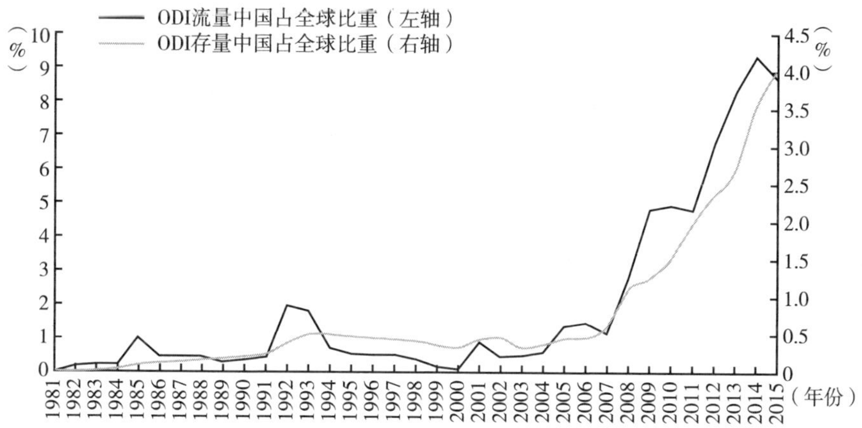

图 2 ODI 流量和存量中国占全球比重

资料来源：Wind 资讯和笔者计算。

一 2016年总体情况：基于国际收支平衡表和国际投资头寸表

国际收支既反映流量，也反映存量①。其中，国际收支平衡表记录的是一定时期涉外经济交易的总额，即流量；国际投资头寸表则是一个存量统计，记录的是某个特定时点上，一个经济体的对外金融资产和负债规模。2016 年，中国国际收支平衡表和国际投资头寸表体现了“藏汇于民”的效果，反映出境内主体本外币资产负债结构的不断调整。

① 国家外汇管理局国际收支司：《诠释国际收支统计新标准》，中国经济出版社，2015，第 7 页。

（一）国际收支概览

2016 年，中国国际收支继续呈现“经常账户顺差、资本和金融账户（不含储备资产，下同）逆差”的格局。按最新的国际收支统计口径[①]，2016 年前三季度，经常账户顺差为 1747 亿美元，同比下降 26.8%；资本和金融账户逆差为 3798 亿美元，同比增长 18.9%，储备资产减少 2941 亿美元，相比 2015 年前三季度储备资产减少 2277 亿美元，同比增长 29.2%。从 2016 年第三季度初步数看，经常账户顺差为 712 亿美元，同比增长 8.7%；资本和金融账户逆差为 2075 亿美元，同比增长 27.6%，储备资产减少 1363 亿美元，相比 2015 年第三季度储备资产减少 1605 亿美元，同比下降 15.1%（见表 1）。

表 1　中国国际收支平衡表（季度表）

单位：亿美元

项目	2015 年上半年	2015 年第三季度	2015 年前三季度	2015 年全年	2016 年上半年	2016 年第三季度	2016 年前三季度
1. 经常账户	1732	655	2387	3306	1035	712	1747
1. A 货物和服务贸易	1709	958	2666	3846	1163	676	1839
1. A. a 货物贸易	2518	1573	4091	5670	2298	1371	3669
1. A. b 服务贸易	-809	-615	-1425	-1824	-1135	-695	-1830
1. B 初次收入	22	-251	-229	-454	-96	48	-48
1. C 二次收入	1	-52	-50	-87	-33	-12	-45
2. 资本和金融账户	-897	-21	-918	-1424	-145	-712	-857
2. 1 资本账户	3	0	3	3	-1	-2	-3
2. 2 金融账户	-899	-21	-920	-1427	-143	-710	-853
2. 2. 1 非储备性质的金融账户	-1571	-1626	-3197	-4856	-1721	-2073	-3794
2. 2. 1. 1 直接投资	608	-67	541	621	-466	-314	-780

① 按照《国际收支和国际投资头寸手册》（第六版）标准编制的国际收支数据。

续表

项目	2015 年上半年	2015 年第三季度	2015 年前三季度	2015 年全年	2016 年上半年	2016 年第三季度	2016 年前三季度
2.2.1.2 证券投资	-241	-172	-413	-665	-331		
2.2.1.3 金融衍生工具	-7	-14	-21	-21	-24	-1759	-3014
2.2.1.4 其他投资	-1931	-1373	-3304	-4791	-900		
2.2.2 储备资产	671	1605	2277	3429	1578	1363	2941
3. 净误差与遗漏	-836	-634	-1470	-1882	-890	0	-890

注：表中 2016 年前三季度初步数由 2016 年上半年正式数与 2016 年第三季度初步数累加而成，表内计数采用四舍五入原则。

资料来源：国家外汇管理局。

（二）经常账户概览

在新常态下，中国经常账户顺差基本稳定，2016 年 3 月触底后有所回升。从构成看，中国经常账户顺差长期以来主要源于货物贸易顺差，2008 年国际金融危机后，服务贸易逆差成为经常账户差额的主要逆差项（见图 3）。在新常态下，货物贸易顺差和服务贸易逆差均较为稳定（见图 4）。2016 年前三季度，货物贸易顺差为 3669 亿美元，同比下降 10.3%；服务贸易逆差为 1830 亿美元，同比增长 28.4%；初次收入逆差为 48 亿美元，同比下降 79.0%；二次收入逆差为 45 亿美元，同比下降 10.0%。从总量看，中国对外贸易依存度和经常账户季度差额占当期 GDP 的比重（CA/GDP）在持续下降后已于 2016 年下半年开始回升（见图 5）。相对于国际金融危机期间的历史峰值，目前 CA/GDP 已收敛于合理区间（见图 6）。2016 年第三季度中国的 CA/GDP 为 2.51%，比 2015 年第三季度的 2.34% 有所提升。

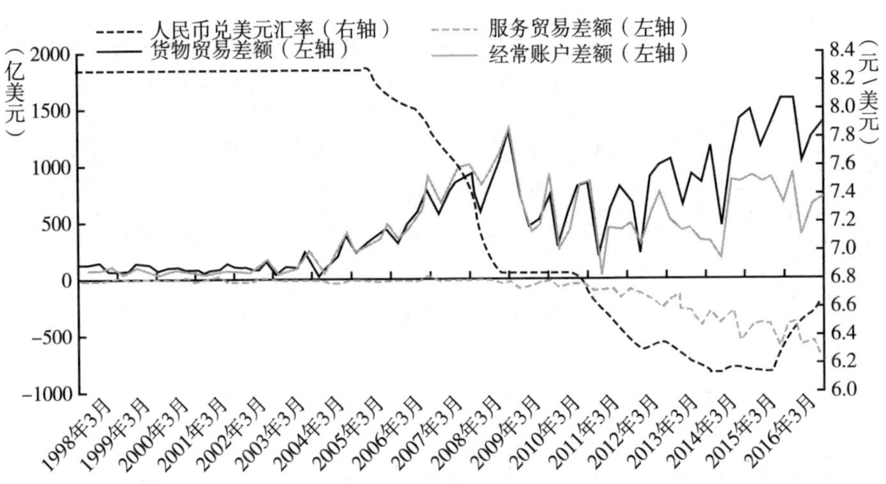

图 3　亚洲金融危机后中国经常账户收支状况

资料来源：CEIC。

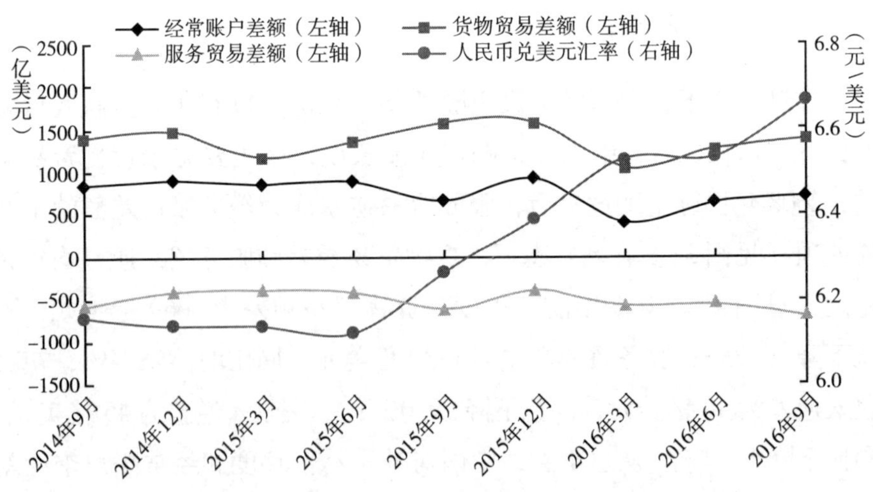

图 4　新常态下中国经常账户收支状况

资料来源：CEIC。

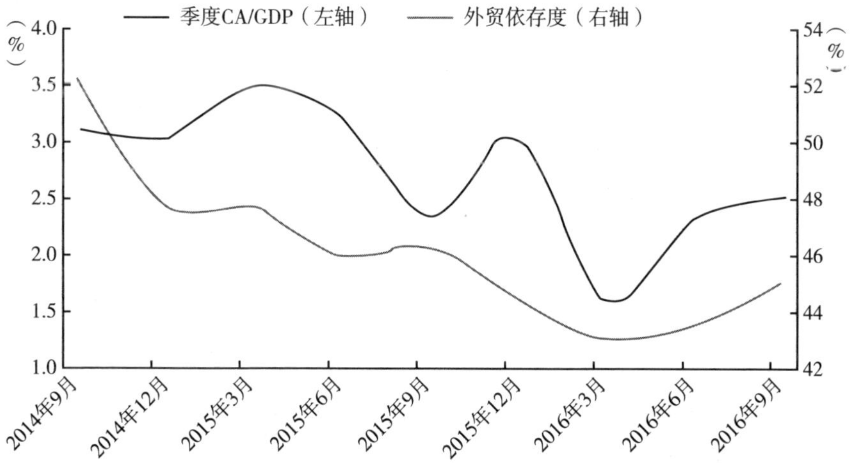

图5　新常态下中国外贸依存度及季度 CA/GDP

资料来源：CEIC 和笔者计算。

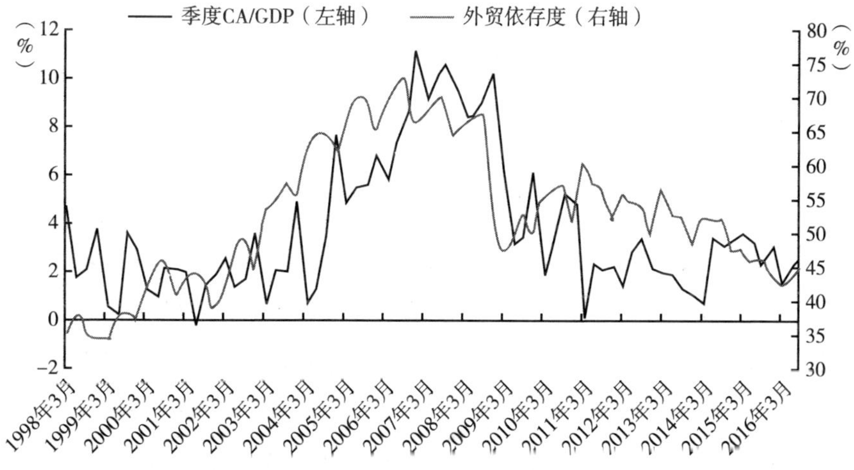

图6　近 20 年中国外贸依存度及季度 CA/GDP

资料来源：CEIC 和笔者计算。

（三）资本和金融账户概览

新常态下，中国资本和金融账户逆差反映了境内主体增加外汇资产或境外资产配置，即“藏汇于民”的效果。《“十三五”规划纲要》明确提出“有序实现人民币资本项目可兑换”。其中的资本项目，对应的是国际收支平衡表［《国际收支和国际投资头寸手册（第六版）》］中的非储备性质的金融账户。从 2015 年第三季度到 2016 年第三季度，非储备性质的金融账户逆差从 1626 亿美元扩大至 2073 亿美元。截至 2016 年上半年，非储备性质的金融账户逆差为 1721 亿美元，同比增长 9.5%。其中，逆差（净资产增加，下同）主要来自其他投资，其他投资逆差为 900 亿美元（占比为 52.3%），比上年同期逆差 1931 亿美元下降 53.4%；其次来自直接投资，直接投资逆差为 466 亿美元（占比为 27.1%），上年同期为顺差 608 亿美元；再就是来自证券投资，证券投资逆差为 331 亿美元（占比为 19.2%），比上年同期逆差 241 亿美元增长 37.3%。

（四）国际投资头寸概览

2016 年，中国国际投资头寸呈现对外净资产（并且继续稳步增长），全口径外债规模在 2016 年 3 月触底后有所回升（见表 2）。截至 2016 年上半年，中国的对外资产为 63114 亿美元，对外负债为 46477 亿美元，对外净资产为 16636 亿美元。2016 年 6 月末，中国的对外净资产比 2015 年 6 月末增加了 1996 亿美元，同比增长 13.6%。中国作为国际资本供应的一支重要新兴力量，在国际金融动荡中发挥着越来越重要的稳定作用[①]。此外，2016 年全口径外债总额头寸自 2016 年第二季度开始扭转了 2015 年以来持续下降的态势，表明中国外债去杠杆化在加速。

---

① 国家外汇管理局国际收支司：《诠释国际收支统计新标准》，中国经济出版社，2015，第 9 页。

表 2　中国国际投资头寸表（季度表）

单位：亿美元

项目	2015 年 6 月末	2016 年 6 月末
净头寸	14640	16636
资产	64337	63114
1. 直接投资	10129	12515
1.1 股权	8309	10178
1.2 关联企业债务	1820	2337
2. 证券投资	2760	3065
2.1 股权	1777	1867
2.2 债券	983	1199
3. 金融衍生工具	39	61
4. 其他投资	13695	14441
4.1 其他股权	1	1
4.2 货币和存款	3125	3477
4.3 贷款	4658	4999
4.4 保险和养老金	200	110
4.5 贸易信贷	4547	4937
4.6 其他应收款	1165	917
5. 储备资产	37713	33032
5.1 货币黄金	624	774
5.2 特别提款权	105	104
5.3 在国际货币基金组织的储备头寸	46	104
5.4 外汇储备	36938	32052
5.5 其他储备资产	0	-3
负债	49697	46477
1. 直接投资	28274	29082
1.1 股权	26027	26878
1.2 关联企业债务	2247	2203
2. 证券投资	8997	7839
2.1 股权	6727	5775
2.2 债券	2270	2064
3. 金融衍生工具	108	119
4. 其他投资	12318	9437

续表

项目	2015 年 6 月末	2016 年 6 月末
4.1 其他股权	0	0
4.2 货币和存款	4611	3391
4.3 贷款	4341	3043
4.4 保险和养老金	85	94
4.5 贸易信贷	2987	2414
4.6 其他应付款	195	397
4.7 特别提款权	98	98

注：根据《国际收支和国际投资头寸手册》（第六版）编制。
资料来源：国家外汇管理局。

二 2016年运行评价：国际收支监测与国际投资头寸风险提示

（一）中国货物贸易顺差下降：周期性现象还是结构性转变？

2016 年，中国货物贸易季度顺差较 2015 年有所缩减。从同比增长情况看，中国货物出口季度增速延续了 2010 年以来的持续下滑趋势（见图 7），2016 年 9 月末同比增长下降至 6%。在新常态下，中国货物贸易顺差下降，是外需下降的周期性现象，还是结构性转变？从中国货物出口占世界的份额看，改革开放初期的 1982 年为 1.2%，在 2001 年加入 WTO 后显著提升，到 2015 年已大幅提升至 14.2%。从一些世界贸易大国的实践看，当货物出口占世界总额的比重达到 10% 左右时就会出现拐点，增速要降下来[①]。中国的现实情况是进入

① 中共中央宣传部：《习近平总书记系列重要讲话读本》，学习出版社、人民出版社，2016，第 142 页。

2016 年，中国货物出口当季值同比增长已基本呈现连续下降态势。由此来看，提高出口份额的难度增大并非简单的周期性现象。

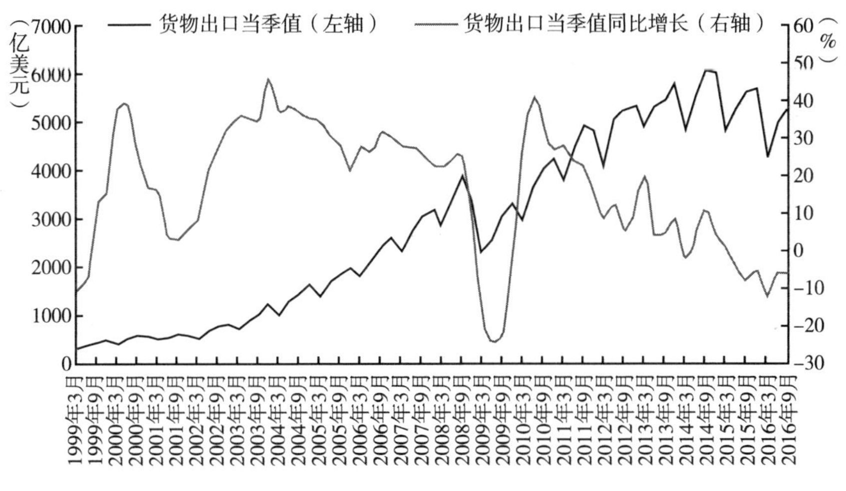

图 7　中国货物出口当季值及其同比增长情况

资料来源：Wind 资讯和笔者计算。

（二）对外贸易结构与布局优化：供给侧结构性改革的外需发力点

《“十三五”规划纲要》明确指出，要“促进货物贸易和服务贸易融合发展，大力发展生产性服务贸易，服务贸易占对外贸易的比重达到 16% 以上”。迈入“十三五”，中国的货物贸易结构不断优化。从 2015 年 9 月到 2016 年 9 月，机电产品和高新技术产品的出口占比分别长期稳定在 60% 和 30% 左右的水平（见图 8）。与此同时，贸易附加值较高的服务贸易也快速发展。2016 年旅行项目逆差增加仍然是服务贸易逆差扩大的主要原因，这与在中国居民收入增长的带动下境外实际购买力的提升有关，体现了广大人民日益增长、不断升级和个性化的物质文化需要，也表明有效供给能力不足所带来的大量“需求外溢”，以及消费能力外流。而从供给侧发力，需要找准在世界供给市场上的定位[①]。从对外贸易布局看，2016 年中国加快对“一带一路”沿线国家或地区的出口增长步伐。其中，对巴基斯坦、俄罗斯、波兰、孟加拉国和印度等国的出口分别增长 14.9%、14.0%、11.7%、9.6% 和 7.8%[②]。截至 2016 年第三季度，中国对部分“一带一路”国家或地区的出口保持了良好增长势头。

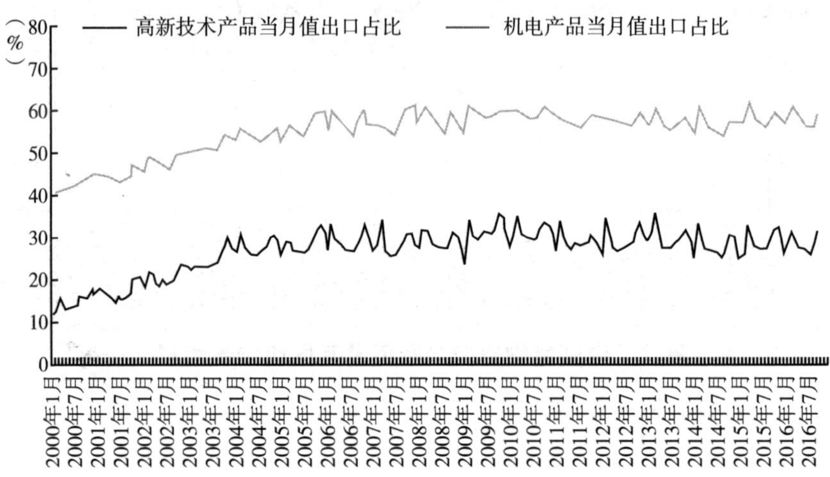

图 8　机电产品及高新技术产品当月值出口占比

资料来源：Wind 资讯。

（三）贸易差额顺差与贸易条件改善：量价关系及其对人民币汇率的影响

伴随着新常态下货物贸易顺差收窄、服务贸易逆差扩大，人民币兑美元汇率（季度均值）开始向 2008 年国际金融危机后固定水平收敛，人民币呈现阶段性贬值态势。结合贸易条件指数月度值（见图

① 中共中央宣传部：《习近平总书记系列重要讲话读本》，学习出版社、人民出版社，2016，第 155 页。

② 商务部国际贸易经济合作研究院：《中国对外贸易形势报告（2016 年秋季）》，商务部官方网站，2016 年 11 月。

9），从2016年6月开始，贸易条件相比之前5个月有所改善，与此同时，贸易差额月度值也相对稳定。由于贸易条件与大宗商品价格紧密相连，大宗商品价格下跌，贸易条件得以改善，从而实现贸易顺差，人民币实际有效汇率上升；反之，当大宗商品价格上涨时，贸易条件恶化，贸易顺差下降，人民币实际有效汇率下降。综合来看，贸易差额与贸易条件及人民币实际有效汇率之间存在一定的正向关联。

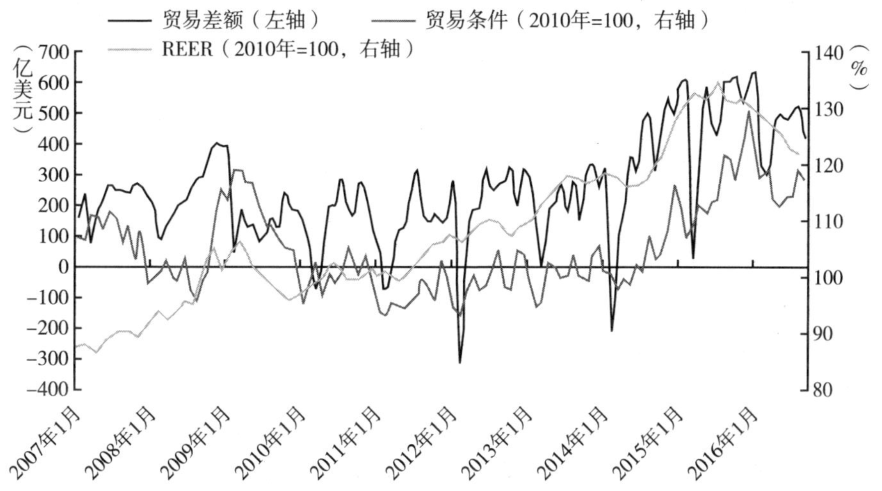

图9　贸易差额月度值与贸易条件指数及人民币实际有效汇率指数

资料来源：CEIC和笔者计算。

（四）对外直接投资与对外投资增长："一带一路"建设与全球资源配置

"一带一路"倡议的落实是促进中国对外直接投资快速增长的宏观条件。2016年前三季度，中国国际收支口径的直接投资净流出780亿美元，比2016年上半年净流出466亿美元有所回升，而上年同期为净流入541亿美元，表明直接投资已由净流入转为净流出。其微观基础是中国企业的国际竞争力和全球配置资源意愿的提升。进一步来看，当前中国对外直接投资快速增长，2016 年上半年，中国对外直接投资项下资产流出 1214 亿美元，同比增长 71%，与其他国家相比，中国对外直接投资快速发展的势头十分强劲[①]。在“一带一路”倡议下，国内企业“走出去”的步伐不断加快，对外投资的意愿也不断增强。对外投资增加，即“藏汇于民”（其中主要包括对外直接投资和证券投资、存放和贷放境外等，对应于国际收支平衡表中的“非储备性质的金融账户”资产项下），是中国资本外流的正规渠道之一，2015 年下半年至 2016 年上半年对外投资增加 4342 亿美元，与 2014 年下半年至 2015 年上半年对外投资增加 4418 亿美元相比略有下降。从交易角度看，对外投资增加也是同期中国外汇储备下降的重要原因。

（五）非直接投资项下差额与其他投资项下资本流动：跨境资金流动监测

对于跨境资金流动监测，IMF 通常使用非直接投资形式的资本流动，而非简单使用外汇储备变动减 FDI 流入和贸易顺差[②]。非直接投资项下差额主要包括证券投资、金融衍生工具和其他投资，其中其他投资又包括其他股权、货币和存款、贷款、保险、养老金和标准化担保计划、贸易信贷和预付款、其他应收/应付款以及特别提款权分配等子项目[③]。并且，境外对我国其他投资项下资金净流入也即我国对外负债净增加。2016 年前三季度，非直接投资项下逆差为 3014 亿美元，相比 2015 年前三季度逆差 3738 亿美元下降 19.4%；但是 2016

① 国家外汇管理局国际收支分析小组：《2016 年上半年中国国际收支报告》，国家外汇管理局官方网站，2016 年 9 月。

② 管涛：《汇率的本质》，中国金融出版社，2016，第 60 页。

③ 国家外汇管理局国际收支司：《诠释国际收支统计新标准》，中国经济出版社，2015，第 263 页。

年第三季度非直接投资项下逆差为1759亿美元，直接贡献了2016年前三季度逆差的近60%。这表明从2015年第一季度到2016年第三季度，非直接投资项下当季逆差所反映的跨境资金流动呈现“W”形。再结合其他投资项下净流出（净资产增加）情况，2016年上半年为900亿美元，同比下降53.4%。当前其他投资项下资本流动已成为影响中国国际收支状况的重要因素。截至2016年上半年，其他投资主要子项目大多为净资产增加，这表明境内主体对境内外利率、汇率和市场风险等预期变化下的境外债务偿还以及资金境外运用的扩大。综合来看，2016年上半年，中国的跨境资金流出有所缓和，但是进入第三季度，跨境资金流出压力又有所回升。

（六）国际投资头寸表的风险提示：主体错配和货币错配风险

国际投资头寸表与国际收支平衡表的直接关联是中国国际投资头寸表中对外净债权的增加源于国际收支平衡表中的金融账户逆差。中国国际投资头寸的主要特征是以股权型负债吸引外资，通过外汇储备对外投资，并面临主体错配和货币错配风险。具体表现为：对外资产主要集中于货币当局，以外汇储备为主，2016年6月末外汇储备占比为50.8%（比2015年6月末下降6.6个百分点）；对外负债主要集中于私人部门，以来华直接投资为主，2016年6月末来华直接投资占比为62.6%（比2015年6月末上升5.7个百分点）。作为非成熟对外净债权人，我国对外金融资产和负债存在较为明显的主体错配，即对外净资产集中于公共部门（包括中央银行和政府部门），对外净负债集中于银行和企业等民间部门①。此外，目前中国对外资产负债的主要风险是货币错配风险，集中表现为中国对外资产和对外负

① 国家外汇管理局国际收支分析小组：《2014年中国国际收支报告》，中国金融出版社，2015，第36页。

债投资收益差额长期为负。2016 年上半年，中国国际收支平衡表中投资收益为逆差 205 亿美元，同比增长 55%。对外净资产下收益为负是由我国对外金融资产负债结构决定的。随着“一带一路”建设的不断推进以及人民币汇率的双向波动，一方面，我国民间对外资产仍有增长空间，资本项目稳步开放不仅拓宽了民间外汇投资渠道，而且将促进对投资对象国经济增长收益的分享；另一方面，通过人民币国际化，在负债方面，人民币在中国对外负债中的比重将有所增加，中国的对外负债成本也将有所下降。

（七）外汇储备与短期外债：开放条件下宏观审慎管理重点

在新常态下，中国的外汇储备余额持续下降。截至 2016 年 9 月，中国外汇储备余额为 31206 亿美元，比 2015 年 9 月的 35141 亿美元减少 3935 亿美元，同比下降 11.2%。从外汇储备余额走势看，其与央行外汇占款走势高度一致（见图 10），2016 年基本稳定但略有下降[①]。从外汇储备余额的变动看，2016 年外汇储备月度余额同比增长已有所回升（见图 11），外汇储备月度余额同比增速快于央行外汇占款月度余额。在概念口径上，外汇储备余额变动大于央行外汇占款余额[②]。从现实情况看，也与之相吻合。此外，加强对货币错配的审慎监管，外债管理和外汇储备管理是关键。从亚洲金融危机的经验教训看，短期货币错配指标（短期外债占外汇储备的比例）在危机期间相对较高，甚至有上升的情况；在危机爆发后，短期货币错配指标迅速下降[③]。从中

① 央行外汇占款和金融机构外汇占款分别作为央行和金融机构买入外汇占用的人民币资金。央行外汇占款数据来自中国人民银行统计数据→货币统计概览→货币当局资产负债表→外汇；金融机构外汇占款数据来自中国人民银行统计数据→金融机构人民币信贷收支表→外汇买卖。

② 国家外汇管理局国际收支司：《诠释国际收支统计新标准》，中国经济出版社，2015，第 298 页。

③ 〔美〕莫里斯·戈登斯坦、菲利浦·特纳：《货币错配——新兴市场国家的困境与对策》，李扬、曾刚译，社会科学文献出版社，2005，第 16 页。

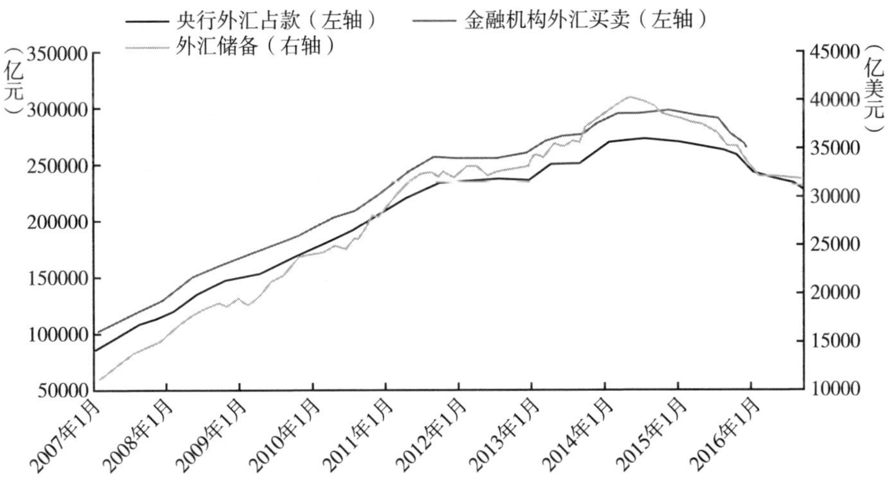

图 10　外汇储备余额与外汇占款

资料来源：Wind 资讯。

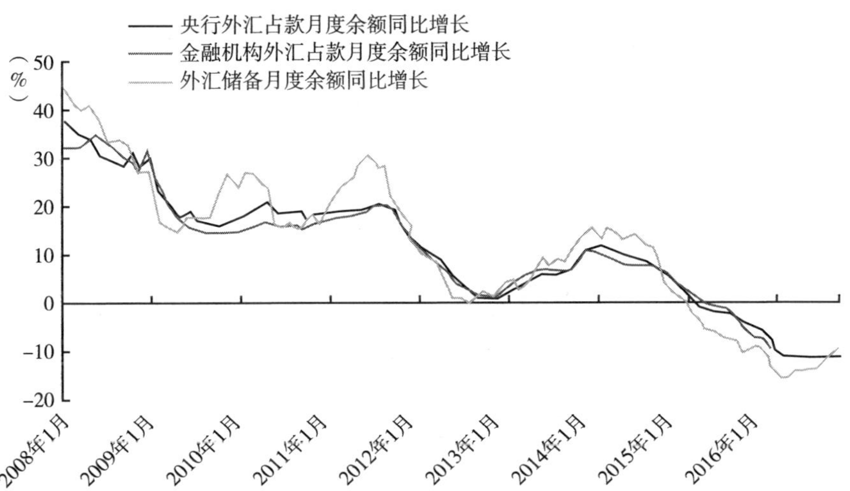

图 11　外汇占款与外汇储备月度余额同比增长

资料来源：Wind 资讯和笔者计算。

国的季度数据看，进入 2016 年，短期外债占外汇储备的比例不断下降（见图 12），2016 年第二季度为 27%，同比下降 4.68 个百分点。从短期外债占外债余额的比例看，2016 年第二季度为 62%，同比下降 8 个百分点。综合来看，尽管在一定程度上表明中国外债“去杠杆”进程接近尾声，但外债管理仍任重道远。伴随全口径外债规模的短期波动成为新常态，健全本外币全口径外债和资本流动审慎管理日益紧迫。

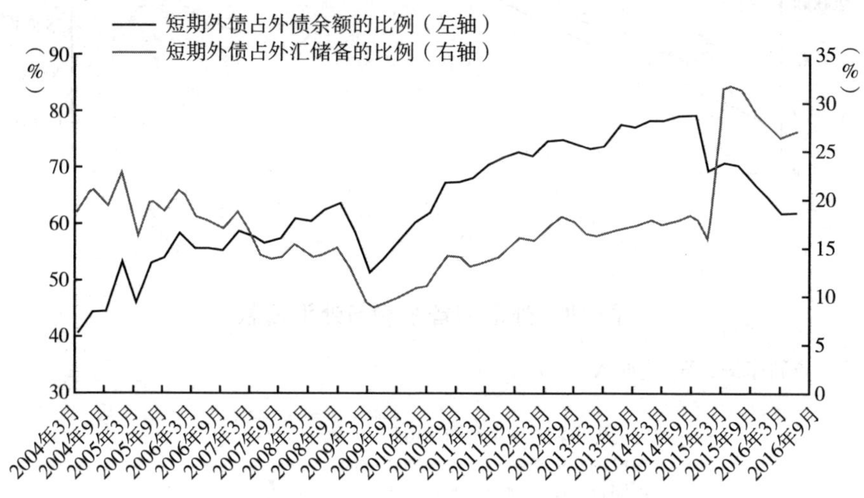

图 12　短期外债占外汇储备及外债余额的比例

资料来源：Wind 资讯。

三　国际收支平衡战略：后 SDR 时代供给侧结构性改革

习近平总书记指出，“主要国家去杠杆、去债务，全球需求增长和贸易增长乏力，保护主义抬头，市场成为最稀缺的资源，利用国际市场扩张增加出口的条件发生深刻变化，必须把发展的立足点更多放在国内，更多依靠扩大内需带动经济增长”①。《“十三五”规划纲

① 中共中央宣传部：《习近平总书记系列重要讲话读本》，学习出版社、人民出版社，2016，第 62 页。

要》紧紧围绕全面建成小康社会新的目标要求，提出了“十三五”经济社会发展的主要目标。其中，“发展协调性明显增强”，进一步要求“对外开放深度广度不断提高，全球资源配置能力进一步增强，进出口结构不断优化，国际收支基本平衡”[①]。

（一）国际市场份额与货币竞争：迈入后SDR时代人民币国际化的基础

新常态下，利用国际市场扩张增加出口的条件已发生深刻变化。尽管中国的对外贸易依存度在不断下降，但是从近10年来中国出口额占G20出口总额的比重看，始终在10%以上并保持稳步增长态势（见图13）。该比重与人民币在SDR新货币篮子中的比重（10.92%）基本一致，也为逐渐步入后SDR时代的人民币国际化进程奠定了基础。结合中国银行人民币跨境指数CRI（见图14），2016年人民币国际化与跨境人民币（货物贸易）结算业务同步。具体来看，2016年前三季度，经常账户跨境人民币收付金额合计为4.03万亿元，同比下降26.3%。其中，货物贸易收付金额为3.18万亿元，服务贸易及其他经常项下收付金额为8496.3亿元[②]。进入2016年下半年，人民币跨境指数与跨境贸易人民币业务结算金额均有所回落，但总体上基本稳定，维护好国际市场足够份额的货币，其竞争压力将会增大。

（二）流动性视角下的国际收支：人民币国际化进程中的本外币流动性

进一步考虑人民币国际化进程，在初级阶段，国外银行持有的人

① 中共中央宣传部：《习近平总书记系列重要讲话读本》，学习出版社、人民出版社，2016，第56～57页。

② 中国人民银行货币政策分析小组：《中国货币政策执行报告——二〇一六年第三季度》，中国人民银行官方网站，2016年11月。

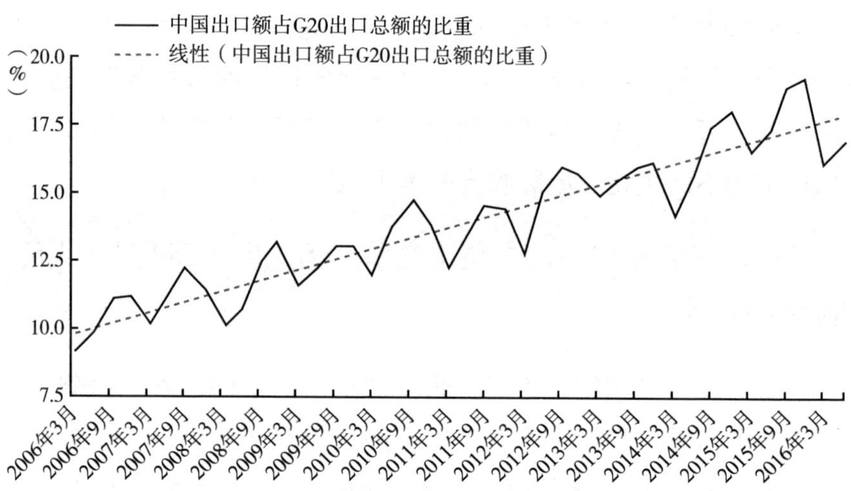

图 13　中国出口额占 G20 出口总额的比重

资料来源：CEIC 和笔者计算。

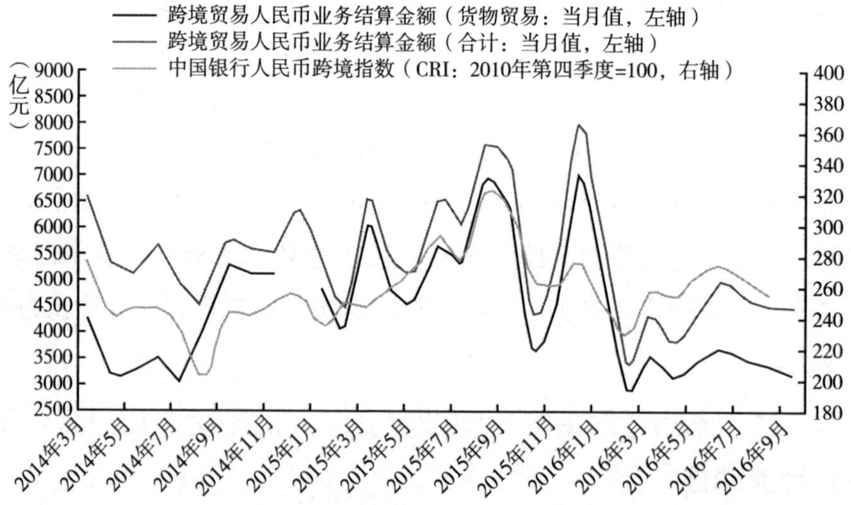

图 14　中国银行人民币跨境指数与跨境贸易人民币业务结算金额

资料来源：Wind 资讯。

民币存款主要停留在持有在岸银行人民币存款的地步，其反映在国际收支上，是列入“其他投资”的“货币和存款”。从流动性角度看，资产的流动性，是外币流动性（包括外汇储备和境外存款）；负债的流动性，是人民币流动性（指的是非居民在华存款）。2016 年上半年，外汇储备资产减少 1636 亿美元（见表 3），其他投资项下货币和存款项的资产方（居民在境外的存款）为 -42 亿美元（表示逆差为 42 亿美元），这表明作为外币流动性，在由央行持有外汇资产减少的同时，由非央行部门持有外汇资产有所增加，也即“藏汇于民”。此外，2016 年上半年其他投资项下货币和存款项的负债方（非居民的存款）为 220 亿美元（表示顺差为 220 亿美元），这意味着境外主体在境内持有的人民币存款有所上升。对比涉外收付款数据（作为非银行部门本外币跨境收入和支出情况的反映），2016 年上半年，涉外收付款逆差为 1.10 万亿元（折合 1688 亿美元），即人民币实际上净流出。值得注意的是，其他投资负债项下的货币和存款项顺差 220 亿美元以及涉外收付款逆差 1688 亿美元，表明境外主体在境内的人民币存款增加后，很可能购买某种在岸资产并再次变现流出，从而使跨境资金双向流动显著上升。

表 3　跨境资金流动情况

单位：亿美元

项　目	2015 年第三季度	2015 年第四季度	2016 年第一季度	2016 年第二季度	2016 年上半年
2.2.1 非储备性质的金融账户	-1626	-1659	-1233	-488	-1721
资产	-857	-1127	-1098	-1259	-2358
负债	-769	-532	-135	771	636
2.2.1.1 直接投资	-67	80	-163	304	-466
2.2.1.1.1 资产	-508	-661	-574	-640	-1214
2.2.1.1.2 负债	441	741	411	337	748
2.2.1.2 证券投资	-172	-252	-409	78	-331
2.2.1.2.1 资产	-1	-159	-220	-157	-377
2.2.1.2.2 负债	-171	-93	-189	234	46
2.2.1.3 金融衍生工具	-14	0	10	-34	-24
2.2.1.3.1 资产	-12	0	-17	-29	-46

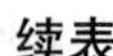

项　目	2015 年第三季度	2015 年第四季度	2016 年第一季度	2016 年第二季度	2016 年上半年
2.2.1.3.2 负债	-2	0	27	-5	22
2.2.1.4 其他投资	-1373	-1487	-672	-228	-900
2.2.1.4.1 资产	-337	-307	-287	-433	-720
2.2.1.4.1.1 其他股权	0	0	0	0	0
2.2.1.4.1.2 货币和存款	-524	-325	4	-46	-42
2.2.1.4.1.3 贷款	-309	375	-204	-237	-441
2.2.1.4.1.4 保险和养老金	17	7	-2	75	73
2.2.1.4.1.5 贸易信贷	-400	-190	307	-107	200
2.2.1.4.1.6 其他	878	-173	-392	-118	-510
2.2.1.4.2 负债	-1036	-1181	-385	206	-179
2.2.1.4.2.1 其他股权	0	0	0	0	0
2.2.1.4.2.2 货币和存款	-509	-542	70	150	220
2.2.1.4.2.3 贷款	-375	-533	-349	31	-318
2.2.1.4.2.4 保险和养老金	5	5	1	-1	0
2.2.1.4.2.5 贸易信贷	-140	-126	-340	33	-307
2.2.1.4.2.6 其他	-16	15	233	-7	226
2.2.1.4.2.7 特别提款权	0	0	0	0	0
2.2.2 储备资产	1605	1153	1233	345	1578
2.2.2.4 外汇储备	1606	1151	1293	343	1636

（三）维护宏观金融稳定：后 SDR 时代跨境资金双向流动下的挑战与应对

随着中国跨境资金双向流动的显著上升，中国宏观经济和金融稳定性将面临更大的挑战，特别是在人民币加入 SDR 货币篮子后，中国的金融体系将全方位暴露在国际金融冲击下，缺乏深度和广度的国内金融市场将会放大国际金融冲击的外部影响[①]。人民币加入 SDR 货

① 曹远征、于春海、闫衍：《新常态下中国宏观经济政策框架的重构》，中国社会科学出版社，2016，第 78 页。

币篮子是世界和中国的双赢，这对未来的中国经济和金融发展具有深远的意义。与此同时，中国宏观经济和金融稳定也面临很多新的改革与监管挑战。关键是必须通过改革保障金融安全，有效防范系统性风险，加强和改善金融宏观调控，维护金融稳定。通过人民币加入SDR货币篮子的努力，改革和建立宏观货币框架，将有利于防范、化解金融风险，维护金融稳定。如何打破中国经济可持续发展的瓶颈？从根本上而言，切实推进供给侧结构性改革是必由之路[①]。伴随着中国进入外汇形势从持续净流入到趋向基本平衡、管理方式从经常项目可兑换到资本项目可兑换的新常态[②]，以供给侧结构性改革重构中国经济持续、高效发展的基础，人民币国际化也将走得更坚定、更长远。

（四）供给侧结构性改革：习近平总书记提出新要求

党的十八届五中全会提出了“十三五”时期全面建成小康社会的新的目标要求，《“十三五”规划纲要》强调牢固树立和贯彻落实创新、协调、绿色、开放、共享的新发展理念，并且从我国经济发展进入新常态的实际出发，明确将供给侧结构性改革作为主线，强调必须以提高供给体系的质量和效率为目标，扩大有效供给，满足有效需求。习近平总书记指出，“从国际上看，当前世界经济结构正在发生深刻调整。国际金融危机打破了欧美发达经济体借贷消费，东亚地区提供高储蓄、廉价劳动力和产品，俄罗斯、中东、拉美等提供能源资源的全球经济大循环，国际市场有效需求急剧萎缩，经济增长远低于潜在产出水平。主要国家人口老龄化水平不断提高，劳动人口增长率持续下降，社会成本和生产成本上升较快，传统产业和增长动力不断

① 中国人民大学国际货币研究所：《人民币国际化报告2016：货币国际化与宏观金融风险管理》，中国人民大学出版社，第158页。

② 易纲：《外汇管理改革的方向》，《中国金融》2015年第19期。

衰减，新兴产业体量和增长动能尚未积聚。在这个大背景下，我们需要从供给侧发力，找准在世界供给市场上的定位”[①]。面对发达经济体所编织的全球流动性网络和全球贸易投资协定网络的虚实相济，中国参与世界市场，维护我国在国际市场中的足够份额，已日益紧迫。人民币加入 SDR 货币篮子不是为了国际化而国际化，而是要以服务“贸易投资和产业链升级”为重点。从国际分工和比较优势看，将人民币打造成为“中国创造”支撑的生产性世界货币，是与“中国制造”向“中国创造”转型相得益彰、相辅相成的，要将立足国内和全球视野相统筹，强调在全球范围内提高配置资源的能力。正如习近平总书记所指出的，“既以新理念新思路新举措主动适应和积极引领经济发展新常态，又从全球经济联系中进行谋划，重视提高在全球范围配置资源的能力”[②]。伴随五大政策支柱（宏观政策要稳、产业政策要准、微观政策要活、改革政策要实、社会政策要托底）的实施和“三去一降一补”五大任务（去产能、去库存、去杠杆、降成本、补短板）的不断完成，可以预期，未来“藏汇于民”效果将继续体现，中国国际收支“新常态”与人民币国际化将继续形成良性互动的正向循环。

① 习近平：《在省部级主要领导干部学习贯彻党的十八届五中全会精神专题研讨班上的讲话》，《人民日报》2016 年 5 月 10 日，第 2 版。

② 习近平：《关于〈中共中央关于制定国民经济和社会发展第十三个五年规划的建议〉的说明》，载《〈中共中央关于制定国民经济和社会发展第十三个五年规划的建议〉辅导读本》，人民出版社，2015。

皮书起源

“皮书”起源于十七、十八世纪的英国，主要指官方或社会组织正式发表的重要文件或报告，多以“白皮书”命名。在中国，“皮书”这一概念被社会广泛接受，并被成功运作、发展成为一种全新的出版形态，则源于中国社会科学院社会科学文献出版社。

皮书定义

皮书是对中国与世界发展状况和热点问题进行年度监测，以专业的角度、专家的视野和实证研究方法，针对某一领域或区域现状与发展态势展开分析和预测，具备原创性、实证性、专业性、连续性、前沿性、时效性等特点的公开出版物，由一系列权威研究报告组成。

皮书作者

皮书系列的作者以中国社会科学院、著名高校、地方社会科学院的研究人员为主，多为国内一流研究机构的权威专家学者，他们的看法和观点代表了学界对中国与世界的现实和未来最高水平的解读与分析。

皮书荣誉

皮书系列已成为社会科学文献出版社的著名图书品牌和中国社会科学院的知名学术品牌。2016 年，皮书系列正式列入“十三五”国家重点出版规划项目；2012~2016 年，重点皮书列入中国社会科学院承担的国家哲学社会科学创新工程项目；2017 年，55 种院外皮书使用“中国社会科学院创新工程学术出版项目”标识。

中国皮书网

发布皮书研创资讯，传播皮书精彩内容
引领皮书出版潮流，打造皮书服务平台

栏目设置

关于皮书：何谓皮书、皮书分类、皮书大事记、皮书荣誉、皮书出版第一人、皮书编辑部

最新资讯：通知公告、新闻动态、媒体聚焦、网站专题、视频直播、下载专区

皮书研创：皮书规范、皮书选题、皮书出版、皮书研究、研创团队

皮书评奖评价：指标体系、皮书评价、皮书评奖

互动专区：皮书说、皮书智库、皮书微博、数据库微博

所获荣誉

2008 年、2011 年，中国皮书网均在全国新闻出版业网站荣誉评选中获得“最具商业价值网站”称号；

2012 年，获得“出版业网站百强”称号。

网库合一

2014 年，中国皮书网与皮书数据库端口合一，实现资源共享。更多详情请登录 www.pishu.cn。

权威报告·热点资讯·特色资源

皮书数据库

ANNUAL REPORT(YEARBOOK) DATABASE

当代中国与世界发展高端智库平台

所获荣誉

- 2016年，入选“国家‘十三五’电子出版物出版规划骨干工程”
- 2015年，荣获“搜索中国正能量 点赞2015”“创新中国科技创新奖”
- 2013年，荣获“中国出版政府奖·网络出版物奖”提名奖
- 连续多年荣获中国数字出版博览会“数字出版·优秀品牌”奖

成为会员

通过网址www.pishu.com.cn或使用手机扫描二维码进入皮书数据库网站，进行手机号码验证或邮箱验证即可成为皮书数据库会员（建议通过手机号码快速验证注册）。

会员福利

- 使用手机号码首次注册会员可直接获得100元体验金，不需充值即可购买和查看数据库内容（仅限使用手机号码快速注册）。
- 已注册用户购书后可免费获赠100元皮书数据库充值卡。刮开充值卡涂层获取充值密码，登录并进入“会员中心”—“在线充值”—“充值卡充值”，充值成功后即可购买和查看数据库内容。

数据库服务热线：400-008-6695
数据库服务QQ：2475522410
数据库服务邮箱：database@ssap.cn
图书销售热线：010-59367070/7028
图书服务QQ：1265056568
图书服务邮箱：duzhe@ssap.cn

社会科学文献出版社 皮书系列
SOCIAL SCIENCES ACADEMIC PRESS (CHINA)
卡号：4900622697487187
密码：

S 子库介绍
Sub-Database Introduction

中国经济发展数据库

涵盖宏观经济、农业经济、工业经济、产业经济、财政金融、交通旅游、商业贸易、劳动经济、企业经济、房地产经济、城市经济、区域经济等领域，为用户实时了解经济运行态势、把握经济发展规律、洞察经济形势、做出经济决策提供参考和依据。

中国社会发展数据库

全面整合国内外有关中国社会发展的统计数据、深度分析报告、专家解读和热点资讯构建而成的专业学术数据库。涉及宗教、社会、人口、政治、外交、法律、文化、教育、体育、文学艺术、医药卫生、资源环境等多个领域。

中国行业发展数据库

以中国国民经济行业分类为依据，跟踪分析国民经济各行业市场运行状况和政策导向，提供行业发展最前沿的资讯，为用户投资、从业及各种经济决策提供理论基础和实践指导。内容涵盖农业，能源与矿产业，交通运输业，制造业，金融业，房地产业，租赁和商务服务业，科学研究，环境和公共设施管理，居民服务业，教育，卫生和社会保障，文化、体育和娱乐业等 100 余个行业。

中国区域发展数据库

对特定区域内的经济、社会、文化、法治、资源环境等领域的现状与发展情况进行分析和预测。涵盖中部、西部、东北、西北等地区，长三角、珠三角、黄三角、京津冀、环渤海、合肥经济圈、长株潭城市群、关中—天水经济区、海峡经济区等区域经济体和城市圈，北京、上海、浙江、河南、陕西等 34 个省份及中国台湾地区 。

中国文化传媒数据库

包括文化事业、文化产业、宗教、群众文化、图书馆事业、博物馆事业、档案事业、语言文字、文学、历史地理、新闻传播、广播电视、出版事业、艺术、电影、娱乐等多个子库。

世界经济与国际关系数据库

以皮书系列中涉及世界经济与国际关系的研究成果为基础，全面整合国内外有关世界经济与国际关系的统计数据、深度分析报告、专家解读和热点资讯构建而成的专业学术数据库。包括世界经济、国际政治、世界文化与科技、全球性问题、国际组织与国际法、区域研究等多个子库。

法律声明